COVSTVMES
GENERALES DES PAYS
ET DVCHÉ DE BRETAGNE.

Nouuellement reformees par les Commiſſaires du
Roy, & les deputez des Eſtats dudit pays.

*Publiees en l'aſſemblee generale des gens deſdits trois Eſtats,
en la ville de Ploërmel, au mois d'Octobre, 1580.*

A RENNES,
Par Iulien du Clos, Imprimeur du Roy.
M. D. LXXXII.
Auec priuilege de ſa Majeſté.

Extraict du Priuilege.

PAr lettres patentes du Roy, emologuees en la Court de Parlement de Bretagne, le cinquiefme iour d'Aouft 1581. il eft permis à Iulien du Clos Imprimeur & Libraire, d'imprimer les Couftumes de Bretagne, reformees par les Commiffaires & deputez des eftats dudiçt pays, en tel volume que bon luy femblera. Et defences faiçtes à tous autres de fon Royaume, ne les imprimer : & à tous Libraires d'en vendre autres que celles que lediçt du Clos aura imprimees, fur peine de confifcation defdiçts liures, dommages & interefts dudiçt du Clos, & d'amende arbitraire, comme plus à plein eft declaré efdiçtes lettres.

SOMMAIRE DES
TITRES CONTENVZ
en ce liure Couſtumier.

ã ii

TABLE DES MATIERES

contenuës en ce liure Couſtumier.

Le nombre ſignifie l'article, & nó le fueillet.

ã iii

TABLE.

ã iiij

TABLE.

TABLE.

TABLE.

ē

TABLE.

TABLE.

ẽ ii

TABLE.

TABLE.

TABLE.

FIN.

COVSTVMES
GENERALES DES PAYS ET DVCHÉ
DE BRETAGNE,

Des Iustices & iurisdictions, ministres & droits d'icelles.

TITRE PREMIER.

ART. I.

LES Iuges ordinaires ne pourront tenir leurs iurisdictions, plaids & deliurances, ny faire exploicts de iurisdiction contentieuse és iours de festes commandees garder par l'Eglise

A

& chommables du peuple, au lieu où
s'exerce la iurisdiction : sur peine de
nullité de ce qu'aura esté faict, & des
defauts obtenuz esdits iours.

II.

Pourront neantmoins les Commis-
faires venans d'autres lieux & iurisdictions , vacquer au faict de leurs commissions, és iours de festes, qui ne sont
vniuersellement commandees & gardees au Duché.

III.

Les Iuges seculiers peuuent en tous
cas de delict requerant capture , prendre & apprehender Prebstres , Clercs,
& Religieux, & aussi les arrester, au cas
qu'ils denieroient & refuseroient dõner seureté à autres : sauf à les rẽdre aux
Iuges ecclesiastiques du lieu où le delict aura esté cõmis, s'ils en sont requis
& faire se doit. Et seront tous les fraiz
raisonnables de la iustice seculiere, autres que ceux qui auroiẽt esté faits par

les parties , payez par lesdits Iuges ecclesiastiques, s'il n'y auoit cas priuilegié : auquel cas ne seront lesdicts fraiz
payez que pour la moytié. Et sera tenu
le Iuge seculier, incontinēt apres qu'il
sera informé de la qualité & priuileges
des Prebstres, & autres Clercs priuilegiez, en aduertir le iuge ecclesiastique,
pour les retirer.

IIII.

Ne iouyront du priuilege des Clercs
sinon ceux qui sont constituez és ordres sacrez : & pour le moins Sousdiacres, ou Clercs beneficiez, ou actuellement residens & seruans aux offices,
ministeres & benefices qu'ils tiennent
en l'Eglise, ou Escholiers actuelement
estudians, & sans fraude.

V.

Le Iuge seculier, à la requeste du iuge d'Eglise, sera tenu prendre quelque
personne que se soit, accusé de tous
crimes, dont la cognoissāce appartiēt

aux Iuges d'Eglise, faisant apparoir
du decret.

VI.

Les gens d'Eglise peuuent proceder
par semonces & monitions : mais ne
pourront proceder par censures & ex-
cōmunications contre aucun debteur
seculier, par faute de payer sa debte.

VII.

Si les Prestres, Diacres, Sousdiacres
& Religieux profes, ont delinqué en
la monnoye, ou commis autres delicts,
où y ait cas priuilegié, leurs proces leur
seront faicts aux prisons des Iuges Ecclesiastiques, s'ils en ont sur le lieu de
seures & commodes, sinon és prisons
des Iuges seculiers, concurremment
par les Iuges d'Eglise & seculiers, tant
sur le delict commun que cas priuilegié. Et serōt tenuz à ceste fin les Prelats
assister ou commettre Vicaires pour
faire & parfaire le proces sur les lieux,
& donner sentence par iugements sé-

parez. Et feront lefdits Prelats tenuz
degrader les fufdits delinquants, s'ils
font conuaincuz dudit crime de faulfe
monnoye, ou autre meritant degradation : pour eftre puniz de mort par le
Iuge feculier, s'ils l'ont defferuy.

VIII.

Toutes perfonnes feront conuenues
par deuant le Iuge de leur domicile,
pour raifon de contracts, refcifion de
contracts, demãde de retraict conuen-
tionnel : & en toutes actiõs perfonnel-
les. IX.

Et quant aux inftances petitoires, &
actions pures, reelles, le Seigneur, ou
fon Iuge, eft Iuge competãt pour toutes les terres & heritages qui font en
fon diftroict & iurifdiction. Et quant
aux actions de retraict lignager, & autres femblables, appellees en droict efcrites (in rem,) ferõt pourfuyuies par
deuant les Iuges du domicile, ou de
l'heritage, à l'option du demandeur.

A iii

X.

Pourront toutes perſonnes ſe ſub-
mettre à la iuriſdiction du Iuge, au dedans du diſtroict duquel ne ſont demeurans ny iuſticiables par prorogation & ſubmiſſion expreſſe : & au cas
qu'elle ſoit faicte par contract, n'y aura lieu de retraict de barre : & vaudra
la prorogation tãt pour le prorogeant
que pour ſes hoirs.

XI.

Les delinquants non domiciliers,
ſont iuſticiables du Iuge au diſtroict
& territoire duquel ils ont commis le
delict, pour raiſon d'iceluy delict, s'ils
ſont apprehendez audit lieu, ou preuenuz par decrets, ou adiournements
executez, au cas que le Iuge ſoit capable de la cognoiſſance dudit delict. Lequel Iuge procedera cõtre leſdits delinquans, où ils ne comparoiſtroient,
ou ne pourroient eſtre apprehendez,
par defauts & contumaces, iuſques à

sentence de forban: laquelle il sera tenu donner dedãs quatre mois, à compter du iour dudit delict. A faute dequoy, & ledit temps passé, le Iuge du
domicile en pourra & deura cognoistre, & faire iustice, selon l'exigẽce du
cas : sans qu'il soit tenu en faire renuoy au Iuge du delict. Et où il ne seroit capable de la cognoissance dudit
delict, doit intimer la iustice du Seignr
superieur, qui doit & est tenu prendre
& receuoir les accusez, pour en faire
iustice & punition, selon la qualité du
delict, s'ils n'estoient Clercs priuilegiez, qui doiuent estre renduz aux Iuges d'Eglise, cõme il est dict cy dessus.

XII.

Et si le delict est commis en foire ou
marché, où la chose desrobee ou rauie
soit portee ou menee audit marché ou
foire, pour y estre vendue & exposee,
la cognoissance en appartiẽdra au Iuge dudit marché ou foire, s'il n'y auoit

preuention & pourfuite continuelle,
faite par le Iuge dudit delict, iufqu'aufdits foire & marché : fi le delinquant
n'eſtoit Clerc priuilegié, cõme deuãt.

XIII.

Si aucun delinquant eſt prins hors
du lieu ou diſtroict du delict & de ſon
domicile, par autre iuſtice, & apres l'a-
uoir intimé aux Iuges des lieux du delict & domicile, iceux Iuges ne le
youloiẽt retirer pour en faire iuſtice,
le Iuge qui l'a apprehẽdé en pourra &
deura faire iuſtice, & le punir felon le
meffaict & qualité du delict: fi le delinquant n'eſt Clerc priuilegié, comme
deuant.   XIIII.

Si le Seigneur inferieur ou ſa iuſtice,
eſtoit negligent de faire ſon deuoir
d'informer & decreter dans quinzaine, à compter du iour du delict cõmis,
le Seignr fuperieur en cognoiſtra, fans
qu'il ſoit tenu en faire aucun renuoy,
s'il n'en eſt requis dans ladite quinzai-

ne. **XV.**

Vn Sergent delinquant & forfaisant
en son office, est iusticiable de la iustice du Seigneur duquel il est commis,
ou de la iustice superieure. Et où il
predroit faulse qualité de Sergent, seroit puny par le Iuge du delict, cõme
il est dict cy dessus.

XVI.

Si le Iuge a condamné aucun, & ne
trouue biens du condamné, dans son
distroict & iurisdiction suffisans pour
mettre à execution sa sentence, il peut
requerir le Iuge au distroict & iurisdiction duquel ledit condamné ha biẽs.
Et est le Iuge, qui est requis, tenu obeir
au requisitoire, s'il luy appert sommairement que la condamnation soit
dõnee par Iuge competant : autremẽt
ne seroit tenu y obeir.

XVII.

Les parties peuuẽt librement cõpro-
mettre de leurs differẽts en telles per-

fonnes que bõ leur femble: fors & excepté en leurs Iuges ordinaires, qui
ne peuuent eftre arbitres entre leurs
fubiects.   XVIII.

Et ne peuuent lefdits arbitres executer leurs fentences, finon qu'ils euffent
les chofes cõtentieufes en leurs mains,
pour les bailler à la partie, qui obtient
gaing de caufe.

XIX.

Les Iuges ne tiendront leurs iurifdictions, ne feront exploicts de Iuftice
de nuict, & tiẽdront leurs iurifdictiõs,
plaids & deliurances és lieux fuffifans,
honneftes, & à ce deputez. Et auffi ne
ferõt les Sergents exploicts de iuftice,
de nuict: fi ce n'eftoit pour forfaict &
delict, ou autre cas requerant celerité.

XX.

Quand on faict outrage au Sergent
exerçant fon office, & qu'il crie & demande ayde, les fubiects qui le pourront ouyr & fecourir, & ne l'auront

faict, sont puniſſable & amendables,
selon le meſſaict.

XXI.

Sergent executant ou exploictant
pour ſon Seigneur, ne peut demander
aucun ſalaire, ſinõ qu'il y euſt vne bãnie & commãdement faict au proſne
de grand' Meſſe, à tous les ſubiects, de
payer les rentes deues au Seigneur : &
outre ſommation particuliere par eſcrit. Auquel cas les executions & autres exploicts de iuſtice, ſeront faicts
aux deſpens des ſubiects, ſi par l'euenement ils s'y trouuẽt auoir indeuement
refuſé de payer, ſi le Sergent n'eſtoit
feodé, lequel n'aura aucun ſalaire. Et
ſi le Seigneur, apres ladite bannie &
ſommation, faiſoit exploicter par autre que par ſon Sergent, il n'aura autre
ſalaire que celuy que deuroit auoir
ſondit Sergent. Et quãd iceluy Sergent
exploictera pour autre que le Seigñr,
il aura ſalaire raiſonnable, s'il n'eſtoit

feodé. Et si les subiects faisoiēt entr'eux
exploicter par autres Sergēts que ceux
dudit fief, ils ne pourroiēt pretēdre repetition de plus grād salaire que celuy
qu'eust deu auoir le Sergent d'iceluy
fief, si n'estoit en cas de refus du Sergēt
dudit fief.　　　XXII.

Nul n'est tenu respondre ny proceder en iugemēt, s'il n'ha adiournemēt.

XXIII.

Nul terme n'est competant s'il n'est
assigné de trois iours francs pour le
moins, qui sont sans comprendre le
iour de l'adiournement donné, & celuy de l'assignatiõ, exceptez les cas qui
ensuyuent, sçauoir, du meffaict du
iour, ou du faict d'entre marchãs pas-
sans, ou de faict de marché, ou de foire, dont la iustice peut faire expedition
de iour en iour, & d'heure en autre, ou
de meffaict commis entre les assignations & termes pendans entre les parties, ou de spoliation de biens, dont la

premiere affignation peut eftre faicte
du iour au lendemain, s'il n'y a fefte.

XXIIII.

En toutes caufes, l'adiournement en
premiere affignation eft competant,
quand il a huict iours d'interuale, &
que celuy qui eft adiourné n'eft en di-
ftãce de plus de trois lieües : & au deffus de dix lieües, y aura quinzaine : &
au deffus de vingt lieües, trois fepmaines, s'il n'y a autre conuention entre
les parties. Toutes lefquelles affigna-
tions feront franches, comme il a efté
dict des trois iours cy deffus.

XXV.

Si l'adiournement eft faict au domicile, aux gëns y eftans, en l'abfence de
celuy ou ceux qu'on veut adiourner,
& à la premiere affignatiõ, celuy à qui
aura efté faict fçauoir l'adiournemẽt,
iure qu'il n'a veu l'adiourné depuis
l'adiournement, il aura vn delay pour
le faire comparoir.

XXVI.

En toutes actions, le Seigneur peut retirer son subiect de court superieure, és cas dont le Seigneur ou sa iustice peut auoir cognoissance : & se fera le retraict dudit subiect, de degré en degré. Et si le Seignr ne le retiroit, pource n'aura-il perdu sa Iustice en autre cas. Et en cause de douaire, ny d'officiers delinquants en leurs offices, n'y a retraict à court inferieure.

XXVII.

En matiere d'arrest ou de plegemēt par court superieure, le Seigneur peut retirer son subiect, ores qu'on pretēde infraction d'arrest, ou attentat de plegement auoir esté faits par le subiect. Et s'il se trouue infraction ou attentat, le Iuge inferieur condamnera l'infracteur en l'amende enuers la court superieure : de laquelle amēde sera tenu certifier & rapporter au Iuge superieur.

XXVIII.

Si le Seigneur veut pretendre plus
grãd denoir luy eſtre deu par ſon ſubiect, que le ſubiect n'aduoue & reco-
gnoiſt, iceluy ſubiect peut decliner la
iuriſdiction deſondit Seigneur, & aller à la iuriſdiction ſuperieure.

XXIX.

Quiconque propoſe exception, ou
fait autres exploicts empeſchant proceder au principal, s'il en eſt vaincu,
cela vaut defaut au principal.

XXX.

Les Iuges qui indeuement & iniuſtement taxent, & font leuer amendes,
ſont puniſſables de peine arbitraire,
iuſqu'à ſuſpenſion ou priuation de
leurs offices, & plus grande, ſi le cas le
requiert.

XXXI.

Toutes perſonnes meſprenãt ſciem-
ment en leurs offices, és choſes qu'ils
doiuent garder, ſerõt punies ſans diffi-

mulation, selon le cas & meffaict.
XXXII.
Et doiuent refpondre du meffaict
mis fur eux, & des doleances fur le
champ, fans autre adiournement, au
cas qu'ils feroiët officiers au temps de
la doleance, & fans retraict d'autre
court, toutes dilations & plaidoiries
ceffantes. Et s'ils font hors de leurs offices, font tenuz refpõdre defdits ma-
lefices & maluerfations en les adiour-
nant. ·　XXXIII.
Et doiuent les Seigneurs s'informer
& s'enquerir fouuent & fecrettement
du gouuernemët de leurs officiers en
leurs charges & offices, & s'ils font aucunes oppreffions fur leurs fubiects.
XXXIIII.
Et fi defaut eft trouué efdits Officiers, ou s'ils mefprennent en leurs offices, lefdits Seigneurs font tenuz le
leur faire reparer, ou le reparer eux-
mefmes, & en defdomager les parties,
　　　　　　　　& amender

& amender à Iustice superieure.

XXXV.

Le Seigneur ne doit refuser ne differer de faire iustice par luy ny ses officiers, chacun en son regard. Et s'il y
failloit, il perdroit sa iustice & iurisdiction, specialemēt en celuy cas, s'il en
estoit reprins, de la iustice superieure.

XXXVI.

Si le Seigneur subiect & ses officiers
vouloient cognoistre des faicts &
droicts qui appartiēnent au Seigneur
superieur, ledit Seigneur subiect le
doit amender. Et si c'estoient ses officiers, seulemēt en ce cas, & autres qui
feroient contre le serment de fidelité
deu au Seigneur superieur, pourra ledit Seigneur subiect desaduouer ses
officiers, s'ils n'auoient mandement
special de luy.

XXXVII.

Iuge ou autre officier de Iustice qui
est prouué pariure, est infame & inca-

B

pable d'eſtre Iuge,&auoir autre office
public.   XXXVIII.

Le Seigneur peut pourſuyure ſes
hommes par ſa court, pour les choſes
qui luy touchent : ſçauoir , pour les
deuoirs de ſon fief, pour le meſfaict &
meſdict à ceux qui ſont en ſa garde,
ou qui viennent prendre droict par ſa
court, ou qui contreuiēnent aux com-
mandements &defenſes faictes par ſadite court, qui attētent contre ſes plegements & arreſts, qui troublent &
rompent ſon marché ou foire, ou ſon
brandon, ou ſemblables cas.

XXXIX.

Et quant aux meſfaicts ou meſdicts
faicts par les ſubiects, & par les hōmes
d'autres iuriſdictions, au Seigneur, ſes
femme, enfans, ou domeſtiques, en
ſon diſtroict & iuriſdiction , ledit Seigneur ou ſon Iuge les pourra pourſuiure iuſques à capture ſeulement, ſans
qu'il les puiſſe retenir plus de vingt-

quatre heures, apres ladite capture
faicte : ains fera tenu les renuoyer à la
iuſtice ſuperieure.

XL.

Cognoiſtra auſſi le Seigneur ou ſon
Iuge, des choſes qui ne touchent ſon
faict, & neantmoins appartiennent à
ſon office : cõme, faict de crime commis en ſa iuriſdiction, ſoit à denunciation de partie, ou ſans denunciation.

XLI.

Nul ne ſera contrainct reſpondre en
cauſes d'heritage deuant le Iuge du
Seigneur qui veut retirer à ſoy ou à
ſon hoir, l'heritage contentieux, ſi celuy qui ſeroit conuenu, ne l'auroit accepté à Iuge : auquel cas ne pourroit
reſſortir à court ſuperieure, ſi n'eſtoit
de grief faict depuis l'acceptation.

XLII.

Auſſi ne peut le Seigr̃ pourſuiure ſõ
hõme proche, ou arriere, par ſa court,
des obligations & cõtracts que le Sei-

gneur diroit auoir faicts auec son hõme, d'autres choses estranges qui ne
toucheroiēt l'office ou le faict du Seigneur: comme, exploict de sa court, a-
mendes, ou autre cas, dõt est dict, que
le Seigneur peut poursuyure son hõme par sa court, s'il ne l'auoit accepté
pour Iuge.

XLIII.

Le Seigneur n'ha aucune iustice sur
son mestayer ou censier, si n'estoit de
contract faict par sa court, auec sub-
mission & prorogation expresse, ou de
meffaict commis en sa iurisdiction, s'il
n'ha autre seigneurie & iurisdiction
sur luy.

Des droits du Prince, & au-
tres Seigneurs & des ai-
des coustumiers.

TITRE SECOND.

XLIIII.

A V Roy, Duc, feul appartient bailler fauue-garde.

XLV.

Au Roy, Duc feul & à fes Iuges appartient la cognoiffance de mõnoye: & peuuent auoir la cognoiffance fur toutes perfonnes, foient Prebftres, Clercs priuilegiez, ou gẽs de religion, comme dict eft au precedent.

XLVI.

Threfor d'or ou d'argent trouué en terre par bechement ou ouuerture, eft au Prince, s'il n'y a pourfuite. Et fi terre n'eftoit bechee & ouuerte, ce qu'eft trouué doit eftre rẽdu à la Iuftice deffur les lieux, pour le faire bannir, & rendre à qu'il appartient.

XLVII.

Chofe trouuee doit eftre gardee par quarãte iours, & durant ledit temps doiuent eftre faictes trois bannies par trois Dimanches confecutifs apres la grãd' Meffe de la parroiffe où la chofe

B iii

a esté trouuee, & vne fois au prochain
marché. Lesquelles bannies serōt verifiees du Iuge du Seigneur du lieu: &
apres lesdits quarante iours & bānies
deuëment faictes & verifiees, le Seignr
qui a haute iustice sur les lieux, la peut
exploicter & en retenir à luy les deux
parts, & en bailler l'autre tier à celuy
qui l'a trouuee, tous despens & mises
prealablement payez sur icelle. Et si
parauant qu'elle fust despendue, ou
que lesdits quarante iours soient passez, aucun aduouë & verifie la chose
sienne, il la doit auoir & recouurer
quelque part qu'elle soit, ou l'argent
qui en sera prouenu, en payāt par luy
tous loyaux fraiz, mises & despens. Et
apres ladite chose despendue, lesdits
quarante iours passez & bannies faictes, verifiees comme dessus, le Seignr
ny autres ne seront tenuz respondre
de ladite chose: & celuy qui l'exploi-
cteroit sans garder la forme cy dessus,

chet en crime.

XLVIII.

Il n'appartient à aucun auoir iouyſſance des choſes egarees, s'il n'ha haute iuſtice aux lieux où elles ont eſté
trouuees.

XLIX.

Les Seigneurs qui ont iuriſdiction
ſur les hommes en leur terre, doiuent
garder & bourner les voyes & routes
qui ne ſont de ville marchande à ville
marchande : & tous les autres chemins ſont en la garde du Prince. Et
les Seigneurs doiuent mettre les deniers de leurs amendes pour reparer
& amender les mauuais chemins. Et
s'il n'y a deniers d'amende, pourront
les Iuges deſdits Seigneurs contraindre les poſſeſſeurs des terres voiſi-
nes, de contribuer à la reparation deſdits chemins, ſi leſdits Seigneurs ou
autres n'y ſont d'ailleurs tenuz & o-
bligez.

B iiii

L.

Aucun n'ha cognoiſſance de punition de feu, ſi n'eſt le Prince, ou les anciens Barons en leurs baronnies.

LI.

De toutes les nobleſſes qui ſont
deuës au Prince ſeulement (nonobſtãt
qu'autres ayent accouſtumé à en vſer)
ils n'en iouyront, s'ils n'auoient titre
certain.   LII.

Si aucune choſe tenuë en fief eſt
venduë, les ventes en appartiẽnent au
prochain Seigneur, ores que le ſuperieur euſt droict de bannies ſur ladite
choſe, ſinõ qu'elle fuſt tenuë comme
iuueigneur d'aiſné: auquel cas les ventes appartiennent au prochain Seignr
lige.   LIII.

Et ſi le vendeur de quelque choſe
tenuë en fief, a faict maiſons, ou qu'il
ait bois de haute fuſtaye, tenans lieu
d'immeuble, & il vẽd l'heritage à l'vn,
& à l'autre les edifices, bois & ſuperfi-

ces, en fraude des ventes deuës au Seigneur, il sera payé des ventes du tout.

LIIII.

Celuy qui engage ses heritages, & a-
pres les vend, & faict entrer le pris de
l'engage en la vente, il doit payer les
ventes tant de l'engage que de la vendition.   LV.

Et s'il aduient qu'aucun baille son
heritage pour iouyr des fruicts d'iceluy, en payemēt des deniers prins par
le bailleur ou autrement à titre d'engage qui passe neuf ans, ventes sont
deuës : & s'il ne passe, ventes ne sont
deuës.   LVI.

En contract de vēdition où y a condition de reemere & recousse, ventes
ne sont deuës pendant ladite condition de recousse, si elle ne passe neuf
ans ; & le temps de la premiere condition escheu & passé, si le remboursement n'est faict au dedãs d'iceluy, ventes sont deuës, ores que la grace eust

esté prolongee, ou autre de nouueau
ottroyee par l'acheteur.

LVII.

Ventes sont deuës au Seigneur
quãd le bien-faict, douaire, vsufruict,
ou autre viage sont venduz ou appreciez à deniers.　　LVIII.

Ventes ne sont deuës quand deniers
se baillent pour partage, pour dot, ou
que assiette se faict pour deniers promis & baillez en dot.

LIX.

Quand heritages sont baillez au
creancier en payement de debtes mobilieres, ventes sont deuës.

LX.

En tous contracts faicts à titre de
rentes cens, s'ils excedent dix solds de
rente, ventes sont deuës : qui seront e-
stimees à la vraye valeur de la terre.
Enquoy ne seront comprins les ar-
rêtemẽts faicts par grains, sans fraude.

LXI.

Si le Seigneur proche acquiert heritage de son hôme, dont il euſt eu ventes, ſi autre l'euſt acheté, le prochain Seigneur ſuperieur doit auoir les ventes. LXII.

Et ſi le ſubiect acquiert de ſon Seigneur proche, les rentes & obeiſſances, les ventes en appartiēnent au Seigneur ſuperieur:& pareillement le rachapt ou le bail.

LXIII.

Et où l'obeiſſance ſeroit retenuë, ne ſeroit deu que les ventes au Seigneur ſuperieur, demeurans le rachapt & autres droicts au Seigneur vendeur.

LXIIII.

L'acquereur payera & acquittera le tout des droits de ventes, ſans que le vendeur en paye aucune choſe.

LXV.

Le Seigñr peut auoir le ſermēt du vēdeur & de l'acheteur, cōmēt a eſté fait le marché, pour raiſon duquel il pretend auoir ventes ou retraict.

LXVI.

En contract d'eschange & donation
ny pour retraict de premesse, n'appartiennent ventes: sinon que l'eschange
fust fraudeuse. Et si l'vn des contrahãs
s'oblige luy ou personne interposee,
de fournir ou faire fournir deniers,
pour la chose par luy baillee, l'eschange sera estimee fraudeuse, verifiant ladite promesse par actes ou sermẽt seulement. Sera aussi l'eschãge presumee
fraudeuse, si l'vn des contrahans est
trouué posseder l'vne & l'autre des
choses eschangees, dedans l'an, s'il ne
verifie que la seigneurie luy en soit ad-
uenuë par succession.

LXVII.

Quand aucun meurt, en quelque
aage que soient ses heritiers, le Prince
ou autre ayãt droict de rachapt, prendra & leuera pour vn an les fruicts &
issues des terres, heritages & rentes du

decedé, sans coupper bois, soient tailliz ou autres, prendre ny vendre les
bois tombez & abbatuz par impetuosité de vents ou autrement: pescher
estangs, courir en garēne ny en forest,
prēdre ny desairer oiseaux de proye,
Hairons, Palles ny autres, ny iouyr des
fuyes & colombiers. Et neantmoins
quant ausdits bois tailliz & autres de
reuenu, le Seigneur aura le pris de ce
qu'ils seront estimez valoir en chacun
an. LXVIII.

Durant l'an du rachapt, le Seigneur
ne pourra desloger le suruiuant des
mariez, leurs enfans, ny heritiers de
celuy par le deces duquel sera le rachapt aduenu: sauf au Seigneur à vser
& iouyr des logis ordonnez & requis
pour la cueillette des fruicts.

LXIX.
Et si ledit decedé auoit baillé à ses iuueigneurs quelque heritage ou douaire à femme, le Seigneur ne prendroit

les fruicts ne les issues de l'annee des
terresque les iuueigneurs ou la douairiere tiendroient, iusques à ce que lesdits iuueigneurs ou douairiere meurent. Et apres le deces desdits iuueigneurs ou douairieres, le Seigneur en
prendra la iouyssance d'vne annee,
comme l'annee dessusdicte.

LXX.

Et aduenant qu'en mesme annee
deux ou plusieurs vassaux Seigneurs
d'vne mesme terre decederoiët, en ce
cas le Seignr du fief iouyra depuis le
deces du premier, iusques au deces du
second: & depuis le deces du dernier,
vn an entier.   LXXI.

Femme mariee ne doit aucun rachapt, à cause de son mariage, si elle
l'a payé par le deces de celuy duquel
elle aura esté heritiere.

LXXII.

L'aisné n'ha bail, rachapt, ventes, ny
haute iustice sur sô iuueigneur, à cause

de la terre qu'il tiẽt cõme iuueigneur
d'aifné. **LXXIII.**

Le Seigneur ayant bail, ne peut empefcher que le pere ne laiffe la garde
de fes enfans & de fes biẽs à qui il luy
plaira, ny les fraiz & autres ordõnan-
ces teftamentaires du defunct. Et où il
n'y auroit teftamẽt, les tuteurs & proches parents pourront ordonner des
obfeques & aumofnes fur les fruicts
de la terre, fans que le Seigneur, pour
raifon de fõ bail, le puiffe empefcher.

LXXIIII.

Les rolles & rentiers des iurifdictiõs
ferõt reformez de dix ans en dix ans.
Et pour ce faire, pourront les Seigñrs
affigner par trois bannies qui fe ferõt
par trois Dimãches confecutifs à certain lieu & competant iour & heure,
aux hommes, de venir nommer & declarer leurs rentes, & s'enroller. Et en
cas de default, pourra le Seigneur enroller fon hõme abfent, par fes Iuges

& officiers, par prouiſiõ, informatiõ
ſommairement faicte de ſa rente ac-
couſtumee, tant par l'inſpection des
precedents rolles , que par ceux qui
auront eſté Sergents , & recueilly les
rentes des heritages, ladite prouiſion,
en tout ou partie , toutesfois reuoca-
ble par appel ou cõtredict, par le prochain Iuge Royal.

LXXV.

Et ledit rolle faict & accomply, tout
homme venant à nouuelle poſſeſſion,
& auparauant qu'il puiſſe faire les
fruicts d'icelle, ſe fera au Greffe dudit
Seigneur, enroller de la rente que deuoit celuy en la place duquel il eſt
ſubrogé, ſoit par ſucceſſiõ ou acqueſt,
dont ſera faicte declaration.

LXXVI.

Et ne pourra le Seigneur contraindre ſes hommes à faire la cueillette de
ſes rẽtes, que tout premier n'ait four-
ny de rolle, ſigné du Greffier, ou d'vn
Notaire,

Notaire, à la requeste du Seigneur, par
la maniere deuant dicte.

LXXVII.

Et les hommes qui font subiects à
faire la cueillette des deniers, rentes,
& deuoirs de leur Seigneur, feront ladite cueillette des rêtes du fief, chacun
en son bailliage, à l'ordre du rolle,
pourueu qu'ils soient soluables: & re-
spondront des deniers. Et n'est pour
tout ce attribué droict aux Seigneurs,
lesquels par-cy deuant n'ont eu droicture & possession de côtraindre leurs
hômes & subiects à faire ladite cueillette, & recepte des rentes & deuoirs.
Et apres diligence deuë & suffisante
faicte par le Sergent institué pour faire la cueillette des rentes du Seigneur,
de se faire payer desdites rentes, si aucun se plege ou luy baille autre empeschement de payer la rente, en portant & baillant par ledit Sergent audit
Seigneur ou son Procureur, son ex-

C

ploict & relation dudit empeschemēt,
il sera & demeurera quitte, d'autant
cōme ledit opposant sera imposé audit rollē & rentier.

LXXVIII.

Et neantmoins le Seigneur, pour
ses rentes, droits & deuoirs, peut faire
executer en son fief, & vendre de iour
en iour, & d'heure à autre, quand les
exploicts sont deuëmēt faicts: mesmes
contre vn nouueau detenteur de son
fief, pourueu que le Seigneur, ses predecesseurs ou autheurs, soient en possessiō desdits deuoirs en l'vn des trois
ans derniers. Et en ce cas sera ledit Sergent tenu garnir la main de la Iustice,
ores qu'il y eust opposition, sans preiudice d'icelle. Et si ledit Seigneur n'e-
stoit en ladite possessiō, faut que, pour
raison desdits deuoirs, il vienne par a-
ction: sinon qu'il y eust contract, iugé,
ou rolle & rentier, portant execution
par ce.

LXXIX.

Aussi peut le Seigneur faire executer, vendre & exploicter en la forme
que dessus, pour ses ventes, au cas que
elles se trouuent liquides par la somme contenuë au contract, alencontre
de l'acquereur ou son heritier, intimation de quinzaine préalablement
faicte audit heritier.

LXXX.

Et où par les contracts, les heritages seroient baillez tenuz de diuers
Seigneurs, & ne seroit le pris de ce que
est tenu de chacun Seigneur distinctement declaré, l'aualuatiõ s'en fera aux
despens de l'acquereur.

LXXXI.

Le Seigneur, son Procureur, n'Officier, ne prendront aucune chose de
leurs subiects, pour la reception des
tenuës, minuz, & declaratiõ des terres,
rentes & deuoirs, directemẽt ne indire-
ctement, sur peine de remboursement

C ii

ſur eux au quadruple, & d'eſtre puniz
côme exacteurs : ſauf que ſi le ſubiect
veut prédre relation, il payera au Procureur & Greffier par moytié, ou à celuy d'eux qui ſignera ladite relation,
deux ſolds monnoye, & non plus.

LXXXII.

Quand le Seigneur marie l'vne de
ſes filles, il doit eſtre aydé par ſes hommes, du pris de la rente que ſes hômes
doiuët chacun an par deniers: & ainſi
doublera ſa rente pour celle annee. Et
n'ha ceſte ayde fors pour l'vne de ſes
filles.   LXXXIII.

Quand le Seigneur eſt faict Cheualier, & auſſi ſon fils aiſné, ſes hommes
luy doiuët faire pareille aide que deſſus.   LXXXIIII.

Quand le Seigneur eſt prins en guerre, pour le profit commun, ou pour
ſon ſouuerain Seigneur, ſi les meubles
du Seigneur ne peuuët ſuffire pour le
payement de ſa rançon, elle doit eſtre

affife & payee fur fes hommes, felon
que chacun aura de biens, par l'aduis
des plus apparents gens de bien, fubiects dudit Seigneur.

LXXXV.

Quand le Seigneur eſt arreſté & detenu, & on le peut deliurer par pleges,
fes hommes font tenuz de le deliurer,
d'autant comme le Seigneur les aſſi-
gnera fur luy, ou fur autres, & non de
plus iufqu'à ce qu'il les ait acquittez,
& defdõmagez, ſi dommage y auoit.

LXXXVI.

Quand le Seigneur achete terres en
fa prémeſſe, ou retiro les heritages de
fon preſme, fes hõmes font tenuz de
luy aduancer tout ce qu'ils luy doinẽt
pour celle annee, leur donnant lettres
de quittance.

LXXXVII.

Auſſi font les hommes tenuz en
tẽps de guerre, aider à leur Seigneur,
pour fortifier fes places, fous lefquél-

les ilſſont hõmes dudit Seigneur, les
nourriſſant eux & leurs beſtes : afin
qu'en temps d'hoſtilité ils y puiſſent
retirer eux & leurs biens, ce que ledit
Seigneur ſera tenu de faire.

LXXXVIII.

Et ſi par meſchef le feu ardoit les
maiſons dudit Seigneur, ou ſi elles tõ-
boient par cas de fortune, leſdits hõmes ſerõt tenuz ayder auecques leurs
corps, charrettes & beſtes: & mener la
matiere neceſſaire à edifier, les nourriſſant comme deuant.

LXXXIX.

Et quand on leue gros bois d'vne
maiſon, chacun voiſin, qui eſt requis,
y doit aller ayder.

XC.

Auſſi quand aucun crie au feu, ou
au meurdre, chacun eſt tenu y aller,
ſans eſpoir de ſalaire.

XCI.

Noble homme n'eſt tenu faire à ſon

Seigneur viles coruees en personne:
mais est tenu pour sa terre noble, luy
aider aux armes, & autres aides de noblesse. Et s'il possede terres roturieres,
dont soient deuës viles coruees, il sera
tenu bailler homme pour les faire.

Des Procureurs.

TITRE TROISIEME.
XCII.

Eluy qui a fait faire exploict
en qualité de Procureur d'au
cun, doit faire apparoir de
procuratiõ generale ou spe-
ciale, selon le cas, en date precedẽt ledit exploict. Et s'il n'ha ladite procuratiõ en main, le Iuge luy baillera delay competant: autrement & à faute à
luy d'en faire apparoir de precedẽt date, l'exploict est nul, & payera ledit
pretendu Procureur, despens à la partie, & amende à la Court.
XCIII.

C iiij

Es procurations (ad lites,) sera le
constituant tenu s'obliger à payer le
iugé sous l'obligation & hypotheque
de ses biens. Et esdites procurations,
sera mis le lieu où elles sont consen-
ties: & seront seellees du seel autenti-
que, ou du constituant, s'il ha seel.

XCIIII.

Et ne seront lesdites procurations
valables ny d'aucun effect, apres les
trois ans de l'ottroy, sinõ qu'au moyẽ
d'icelles il eust esté exploicté, & en la
cause seulement en laquelle il a esté
procedé.　　XCV.

Procureur accepté par la partie en
la cause, peut faire serment pour la liquidation des despens, & tout autre
serment seruant à la cause: pourueu
qu'il ne soit decisif, ny concernant le
faict des preuues, ou que d'ailleurs requiere mandement special.

XCVI.

Nulle personne infame, ne mineur

de dix huit ans, est capable d'estre Procureur en iugement.

XCVII.

Procureurs qui sont establiz sous seel d'Eglise, & n'ont autres lettres, ne sont receuables en court seculiere, s'il n'y a autre seel apposé en leurs lettres.

XCVIII.

En cause criminelle où la presence de la personne est requise, le Procureur n'est receuable à comparoir pour le delinquant, ou pour celuy qui doit comparoir en personne.

XCIX.

Procureur fondé & receu en cause ciuile, peut defendre le constituant, ores qu'il escheust questiõ de crime incidemment pour vn terme seulemĕt: & luy sera baillé delay pour faire venir ledit constituant.

C.

Celuy qui est en pouuoir d'autruy, ne peut establir Procureurs, sans l'au-

ctorité de celuy en pouuoir de qui il
eſt : ſi ce n'eſtoit côtre le faiἀ de celuy
qui deuroit donner l'auἀorité,

CI.

Quãd Procureur ou Aduocat n'ayãs
charge ou memoire ſigné de leur partie, mettent en auant aucun crime ou
iniure alencôtre de partie aduerſe, ils
ſe feront aduouër à leur partie : autrement ſeront tenuz de reparer l'honneur,& deſdommager partie aduerſe,
& l'amender ſelon l'exigence du cas.

CII.

Tous Procureurs ſeront tenuz bailler recepiſſé aux parties , par briefue
certification ou reſcription de la charge, lettres , & argent, au deſſus de cent
ſolds monnoye , qui leur ſeront baillez,& leur charge expiree par iugemẽt
executé,reuocation,ou autrement,ſe-
ront tenuz rendre les lettres & pieces
aux parties , lors qu'ils en ſeront requis: & les parties tenuës de les retirer

dedans trois ans : lequel temps passé,
n'en seront lesdits Procureurs recerchez, iurant ne les auoir, ny par dol
laissé de les auoir : si auparauant ledit
sermēt, la partie ne se charge de prouuer le contraire, autrement que par ledit recepissé. Et ne seront aussi (lesdits
trois ans passez) lesdits Procureurs
receuz à demander leurs salaires &
mises.

Des plegements & attentats
sur iceux.

TITRE QVATRIEME.

CIII.

O N peut former plegements
sur toutes choses qui se
peuuent posseder, tant meubles que immeubles, droits
corporels que incorporels : à ce que
celuy qui se plege ne soit troublé, in-
quieté, ne molesté sur ses possessions,

pour la conſeruation de ſes droits. Et
ſe fera le plegement dedans l'an & le
iour du trouble faict ou comminé.

CIIII.

Nul n'eſt receuable à proceder par
voye de plegement ne arreſt, ſoit pour
defaut d'hommage, payement de rachapt, ou autre cauſe que ce ſoit, contre poſſeſſeur paiſible par an & iour,
luy empeſchāt la ſaiſine : ains doit venir par voye d'action, ſinon pour les
choſes eſcheuës en l'annee : comme,
au cas de fermes, louages, & engage-
ments faicts à brief ou lōg temps finiz
en l'annee qu'on intentera le plegement : meſmes en cas de rachapts aduenuz en ladite annee du plegement.

CV.

Coheritiers, ou autres pretendans
droit en meſme choſe commune, &
par indiuis, & ceux qui ont commencé proces touchant heritage, peuuent
ſe pleger contre le detenteur ou poſ-

sesseur desdites choses, nõobstant longue possession, au cas que ledit possesseur voudroit mettre lesdites choses
hors de sa main par heritage.

CVI.

Le spoliateur ne peut se pleger pour
raison de la chose dont on pretẽd spoliation auoir esté faicte: ains, la spoliation verifiee, doit le spoliateur estre
prins & aresté, iusques à ce qu'il ait
restably ladite chose spolice.

CVII.

Celuy qui attente contre plegement
intimé, doit estre condamné aux despens, dommages & interests du plé-
geur, & en l'amende enuers la Court, à
l'égard de iustice. Et par la Coustume
iceluy n'attente, qui vse de son droict,
pourueu que les choses soient repara-
bles.   CVIII.

L'homme se peut pleger contre son
Seigneur pour grief: & ne sera tenu
luy obeir pendant le plegement. Et si

depuis le grief il obeissoit, il ne pourra plus poursuiure son plegement.

CIX.

Quand aucun est tiré en cause par deux Seigneurs qui le pretendent & vendiquent estre leur subiect, pour mesme chose, il se peut pleger par court superieure, à ce qu'il demeure en souffrance, iusques à ce qu'il soit iugé & determiné entre les deux Seigneurs, auquel il demeurera subiect. Et promettra, par deuant le Iuge du plegement, obeir à celuy desdits Seigneurs qui obtiẽdra en cause. Et pendant le proces, ne sera ledit subiect iusticié par l'vn ne l'autre desdits Seigneurs.

en souffrance
in l'art.
143.

CX.

On se peut pleger en cas de premesse auparauãt que l'acquereur soit approprié. Et en ladite instance de plegemẽt, pourra le plegeur prendre cõclusions pour auoir la chose qui gist en retraict par premesse.

CXI.

On ne peut venir par voye de plegement contre l'heritier du defunct en
droicte ligne, pour luy empescher la
continuation de la saisine de l'heritage, si ce n'est du faict d'iceluy heritier:
parce qu'en ligne directe le mort saisist le vif.

Des Arrests & ostages.

TITRE CINQVIEME.

CXII.

CEluy qui a obligé son corps
à tenir ostage pour debte
ciuile, l'intimatiõ à luy faicte de satisfaire à l'obligé, si
l'obligé ne satisfaict, le creancier le
peut faire arrester par Iustice, en certaine ville, & là tiẽdra arrest. Et s'il aduenoit qu'il enfraignist ledit arrest, le
creancier le peut faire constituer prisonnier en prison fermee.

CXIII.

Et où il y auroit conuention que le
debteur deuſt tenir priſon fermee, le
creancier le pourra faire conſtituer
priſonnier ſans garder l'ordre côtenu
au precedent article.

CXIIII.

Arreſt ſur perſonne ne ſe fera qu'en
villes ou bourgades, où on puiſſe trouuer pain, vin, & autres viures neceſſaires. CXV.

Celuy qui faict arreſter ou oſtager
autruy, luy doit faire ſes deſpẽs à l'ordonnance de iuſtice, au cas que l'arreſté ou oſtagé n'ha dequoy les faire.

CXVI.

Apres que le priſonnier arreſté ou
oſtagé, a faict ceſſion de biens pour la
debte, pour laquelle il eſt arreſté, il ne
peut eſtre retenu en priſon que pour
le temps qu'il ſera arbitré par le Iuge,
pour faire par le creancier diſcuſſion
& execution ſur ſes biens.

CXVII.

Si les

Si les biens du prisonnier arresté ou ostagé sont prins par execution, pour auoir payemēt de la debte, & à la vente d'iceux biens, se trouue opposition ou autre empeschemēt, ledit ostagé ne sera relasché iusques à ce que l'execution soit parfaicte, ou payement faict de la debte.

CXVIII.

Sergent ou autre ministre de iustice ne doit signifier arrest sans s'asseurer du domicile de la partie pour laquelle il exploicte, de Procureur & cautiō resseante en la ville ou autre lieu où se deura traicter l'arrest, laquelle caution signera, si elle sçait signer, ou autre à sa requeste. **CXIX**

Nul ne doit arrester le cheual à Gētil-homme, ou autre homme d'estat, qui est pour son vsage à cheuaucher, si son corps n'est obligé à tenir prison ou arrest. Et aussi ne doit ledit cheual estre prins par execution, si on peut

D

trouuer autres biens meubles ou immeubles.   CXX.

Quand arreſt eſt ſignifié ſur quelque
choſe mobiliere à quelque perſonne
que ce ſoit, Eccleſiaſtique, ou autres,
ores qu'elle euſt eſté deſrobee, le Iuge
ſeculier du lieu de l'arreſt en cognoiſtra, iuſques à ce que celuy auquel eſt
ſignifié ledit arreſt, ait baillé cautiõ de
ſe repreſenter, & la choſe arreſtee, deuant ſon Iuge ordinaire, & d'y eſter à
droiƈt : baillant laquelle caution, luy
ſera faiƈte deliurance de ladite choſe.
Et à faute de la bailler, la iuſtice demeurera ſaiſie de la choſe arreſtee, iuſques à ce que l'arreſt ſoit vuidé.

CXXI.

On peut proceder par voye d'arreſt
ſur la debte deuë au debteur, iuſques à
la concurrence de la debte, ſans aucune diſcuſſion de biens du debteur.

CXXII.

Le Seigneur peut faire arreſter les

fruicts de la terre eſtāte en ſon fief, qui
luy doit redeuance, iuſques à plege de
droict, quand le detenteur n'eſt domi-
ciliaire ne eſtager dudit Seigneur.

CXXIII.

Quand meubles ou fruicts ſont arreſtez en cas requerant celerité, & où
il y a peril euident, le Sergent, ſans autre ordonnance de iuſtice, les peut &
doit mettre en ſauueté: appellez auecques luy deux teſmoings. Et fera rapport, relation, & proces verbal de la
quantité & eſpece des fruicts, par luy
ainſi arreſtez & mis en ſauueté, qu'il
baillera aux parties, s'ils le requierēt.

Des Monſtrees & veuës.

CXXIIII.

MOnſtree peut eſtre faicte tant
pour inſtructiō de iuſtice, que
à la requeſte de la partie, à ce
que la Iuſtice puiſſe faire ſon iuge-

ment plus certain, & que l'execution
du iugé soit plus facilement faicte.

CXXV.

Entre freres & sœurs, quãd l'vn faict
demande à l'autre des heritages de la
succeſſion de leur pere, ou mere, pour
en auoir sa contingente portion, & en
toute autre demande vñiuerselle, n'y
doit auoir aucune monstree ne veue.

CXXVI.

En action personnele, d'attentat,
spoliation de fruicts, ou autre forfaict
sur terre, ou sur maisons, ou couppes
de bois, & en arrachement de bornes,
on peut demander & y a lieu de monstree & veue.

CXXVII.

En toute action reelle concernant le
fait d'heritage, on peut demãder & y a
lieu de monstree & veue, fors és cas cy
apres exceptez.

CXXVIII.

Nul n'eſt receuable à demãder mõ-

ſtree ou veue des choſes qu'il a baillees ou promis bailler par contract ou
autrement de ſon fai ct.

CXXIX.

Le deffendeur en premeſſe n'eſt receuable à requerir monſtree à celuy
qui eſt demandeur en premeſſe, ou au
Seigneur qui demãde quelque choſe
par puiſſance de fief, pourueu qu'il
ſoit queſtion du contract fait par ledit
defendeur.

CXXX.

Nul n'eſt receuable à demander mõ-
ſtree ne veue ſinon qu'il ſoit queſtion
de choſe particuliere.

CXXXI.

En plegement general de non troubler ſur les poſſeſſiõs, ſi le deffendeur
declare qu'il s'oppoſe au plegement
pour quelque piece, ou pieces contenues ſous le plegement general, le defendeur eſt tenu de faire monſtree &
veue des choſes ſur leſquelles il s'eſt

rendu oppofant.

CXXXII.

Si aucun faict demande de la maifon où demeure le defendeur, il n'y
doit auoir monftree ne veue.

CXXXIII.

Le Vaffal eft tenu de faire monftree
&veuë, de ce qu'il tient de fon Seignr
feodal, qui fe fera aux defpens du Seigneur : excepté que le fubiect & vaffal
fera fa defpenfe. Et fi l'homme delaif-
foit aucune chofe à monftrer, le Seigneur la pourra faifir, & mettre en fa
main, iufques à ce qu'il ait efté recogneu. CXXXIIII.

Le iuueigneur ou celuy qui le reprefente, n'eft tenu de faire monftree à
fon aifné, ou à celuy qui le reprefente,
du fief qu'il tient de luy, & qu'il luy a
baillé: finon au cas que le Seigneur fuperieur voudroit côtraindre ledit aifné à luy monftrer fes fiefs en iuuei-
gneurie, auquel feroit le iuueigneur,

ou le representant, tenu monstrer ses
fiefs à son aisné, & l'aisné à son Seignr
superieur.

CXXXV.

Monstree & veuë se peut faire par vn
defaut deuement obtenu.

CXXXVI.

Celuy qui doit faire la monstree &
veuë, est tenu de mõstrer la chose de-
mãdee clairement par tenãs & abou-
tissans, & si mestier est & faire ce peut,
par cerne & circuit des lieux. Et en faisant lesdictes veues, pourrõt les parties
faire telles protestations que bon leur
semblera.

CXXXVII.

Si le defendeur, apres la monstree
faicte, declaroit ne pretendre droict, &
ne vouloir troubler le demandeur sur
les choses monstrees, & ledit demandeur ne peut faire prouue dudit trouble, il seroit tenu desdommager ledit
defendeur.

Des garents & requestes,

CXXXVIII.

LE vendeur n'est tenu garentir l'acheteur de celuy qui retire la chose vendue, soit par retraict lignager, ou par puissāce de fief.

CXXXIX.

En delict & forfaict, n'y a garent.

CXL.

Le nouueau acquereur n'ha recours de garentie contre son bailleur, apres qu'il est deuëmēt approprié de la chose, par bannie ou laps de temps.

CXLI.

Si on vendique ou autrement on met en proces l'acheteur pour choses achetees par executiō, l'acheteur sans autre plaid, doit auoir recours de garentie alencontre de son vendeur : & le vendeur, qui est le creancier, alencontre du debteur, qui sont tenuz de

gârentir : c'est à ſçauoir , le vẽdeur l'a-
cheteur, & le debteur le vendeur.

CXLII.

Entre coheritiers y a garentage des
choſes qui ſont tombees en partage.
Et ſi aucun des coheritiers eſt euincé
de ſon partage , ou de partie d'iceluÿ
ſans ſa coulpe ou ſon faict, ſes coheritiers ſont tenuz le reſcõpenſer & deſdommager, chacun pour ſa quotité &
portion , & proceder à nouuelles loties, ſi autrement ladite recõpẽſe ne
ſe peut commodément faire.

CXLIII.

Quand aucun a eſté receu à amener
garent, & ne l'amene à l'aſſignation
qui luy a eſté baillee , il n'aura plus de
delay de garent, & ſera tenu defendre
en la cauſe de luy-meſmes & de ſon
chef: mais s'il amene garent qui prẽe
le proces , il demeurera en ſurſeance,
iuſques à la ſentence donnee contre
le garent. **CXLIIII.**

Et s'il aduenoit que le garent fust cõ-
damné, la sentence sera executee alencontre du garenti ; sauf des despens,
dommages & interests de l'instance,
dont liquidation & execution se fera
cõtre le garent seullemēt, sans recours
vers le garenti, ores que le garent fust
insoluable.

CXLV.

Si aucun est trouué saisi ou a disposé
de chose desrobee ou mal prinse, il &
ladite chose peuuent estre arrestez. Et
si celuy qui est arresté clame garēt, neātmoins il demeurera arresté, iusques à
ce qu'il amene garent: & s'il amene garent, sera essargy par tout : & ledit garent sera arresté iusques à ce qu'il soit
cogneu à qui appartient ladite chose.
Et s'ils se trouuent coulpables l'vn ou
l'autre, ou tous deux, seront puniz selon l'exigēce du cas, & tenuz l'amender, ou desdommager celuy à qui sera
trouué appartenir ladite chose.

CXLVI.

Vn defendeur pourra appeller tous
ceux que bon luy semblera , pour venir & assister à la cause , en toutes a-
ctions, tant ciuiles que crim nelles : &
leur pourra faire telles inte pellatiõs
& sommatiõs qu'il verra estre requi-
ses & necessaires. Et s'ils n'y viennent,
ou qu'ils ne defendent ausdites som-
mations , serõt forclos de toutes leurs
actions vers ledit defendeur. Toutesfois pendant la principale instance,
ceux qui sont appellez, se pourront
ioindre au proces en l'estat qu'il sera,
pour deduire leur interest : & sur iceluy proceder, cõme de raison, nonobstant le defaut prins cõtr'eux , par faute de venir ou defendre.

Des prouues & serments.

TITRE HVITIEME.

CXLVII.

A prouue qui est faicte par deux tesmoings est suffisante: & neantmoins pourra estre prins le serment de la partie, que ses tesmoings ont dit verité, si requis en est.

CXLVIII.

En toutes matieres où les tesmoings sont examinez en iugemēt en presence de la partie, si elle ne propose reproche contre lesdits tesmoings, ou proteste de les reprocher apres leur examen & depositiōs receues, n'est plus receu à les reprocher.

CXLIX.

Tous tesmoings enquis par Iuges, doiuent estre purgez de conseil.

CL.

Le roturier iusticiable d'aucun Seignaur, soit à cause de la personne, ou de la chose qu'il possede, & Gentilhōme estager, ne peuuēt estre tesmoings pour leurs Seigneurs: fors où il seroit

queſtion de prouuer poſſeſſion de rē-
te, ou autre deuoir feodal pretendu
par ledit Seigneur. Et auſſi en cas de
crime, qui auroit eſté commis en tel
lieu ou heure, qu'on ne peuſt en auoir
prouue par autres que par les ſubiects.

CLI.

Nulle perſonne infame d'infamie
de droict, peut porter teſmoignage, ſinon en cas exceptez de droict: & celuy
eſt infame qui eſt cenſé & reputé infame par diſpoſition de droict ciuil.

CLII.

Nul roturier ne doit eſtre receu en
teſmoignage pour faict de nobleſſe,
des perſonnes ne des fiefs, s'il n'eſtoit
Preſtre, ou de l'eſtat de la Iuſtice.

CLIII.

Couſin germain & ceux qui ſont au
deſſus, ne peuuēt eſtre teſmoings pour
couſins germains, ou ceux qui ſont au
deſſus, en quelque action que ce ſoit:
ſinon que le teſmoing attaigne de li-

gnage autant au demandeur qu'au defendeur, ou qu'il fust question de chose mobiliere de valeur de cent solds mõnoye, vne fois payez, ou au dessous.

CLIIII.

En cause criminelle nul estant de la consanguinité de l'accusateur dedans le neufieme degré, peut estre tesmoing pour l'accusateur, sinon qu'il attaigne en proximité de lignage autant à l'accusé qu'à l'accusateur.

CLV.

Ceux qui sont seruiteurs domestiques, ne peuuent estre tesmoings pour leurs maistres, ne aussi ceux qui ont proffit en la cause, ne qui sont du cõseil, ne peuuẽt estre tesmoings és causes où ils ont donné cõseil, ou esquelles ils pretendent interest: sinon que la cause fust si petite que par iustice fust autrement ordonné, eu esgard à l'estat de la personne.

CLVI.

Auparauant publication d'enque-
ste, on peut mettre à serment des faicts
contestez entre parties, pourueu que
le temps prefix pour informer ne soit
passé. CLVII.

Quand l'vne des parties plaidoyan-
tes faict allegance des faicts retardans
le principal, il est tenu iurer de malice. CLVIII.

Celuy qui se faict non-sçauant d'aucun faict, dont il n'est tenu respondre
à certain, est tenu iurer.
CLIX.

Exploict de court ne se prouuera
par tesmoings, ains par actes, ou par le
serment de la partie, sinõ en cas qu'on
allegast la perte de l'acte : auquel cas
l'exploict & teneur dudit acte se pourra verifier par trois tesmoings.
CLX.

Si aucun est dessaisi de ses biens sans
son consentement, ou auctorité de iustice, il sera creu de la quantité desdits

biens par son serment: informãt prealablement par gens suffisans, que sa
perte peut estre telle.

CLXI.

Quand aucun prend menuës mar-
chandies de ceux qui les exposent en
vête, par fois iusques à douze deniers,
par autres fois plus ou moins, iaçoit
que le preneur desdites denrees le re-
niast, le bailleur en sera creu par serment iusques à la valeur de vingt sols
monnoye, pour le tout & non plus. Et
tout ainsi est ordõné des negotiateurs
& despensiers de maisons: comme,
ceux qui achetent pain, vin, chandelle
& autres prouisions : ou payent ouuriers, lesquels seront creuz par serment contre ceux pour lesquels ils au-
rõt faict la despêse & mise, iusques à
pareille somme de vingt solds monnoye.   CLXII.

Et tous autres entremetteurs du biẽ
d'autruy, cõme tuteurs, curateurs, executeurs

cuteurs de teſtaments, & obſeques des
decedez, ou qui auroient eſté mis par
auctorité & cõtrainete de iuſtice, ſerõt
creuz ſous la moderatiõ de iuſtice, faiſant ſerment que loyaumẽt ils ont fait
la miſe, l'enqueſte prealablement faiete de la qualité de leurs perſonnes.

CLXIII.

Quand à la requeſte de la volonté
de partie, aucun a iuré, la partie qui a
deferé ledit ſerment n'eſt à lieu de le
diſputer ne dire qu'il ait mal iuré, &
s'il s'efforce de le dire ou faire, il eſt
tenu le deſdommager à Court & à
partie.

CLXIIII.

Confeſſion faiete en iugement par
la partie, ou Procureur ſpecialement
fondé, faiet entiere prouue, fors en
cas de crime: auquel cas ne doit nuyre
la confeſſion à celuy qui confeſſe, ſi
autrement il n'appert du delict.

E

Des sentences, appellations & contredicts.

TITRE NEVFIEME.

CLXV.

Outes sentences prouisoires, donnees en matieres subiectes à prouision, par quelque Iuge que ce soit, comme aliments, douaires, medicaments, recreance, reintegrande, garnison de main, & autres semblables, seront executoires, baillant caution, iusques à la somme de cinquante liures monnoye, nonobstãt l'appel, opposition ou empeschement quelconque, & sans preiudice d'iceux. Et au dessus de ladite somme de cinquante liures monnoye, les Iuges subalternes non Royaux, appelleront auecques eux pour conseil, deux autres Iuges, ou Aduocats, qui signeront auec lesdits Iuges, dont fera faicte mention au bas de ladite fentence : autrement ne feront les fentêces defdits Iuges fubalternes, executoires par deffus l'appel.

CLXVI.

Toutes fentences données par Iuge competant en prefence des parties, feront executees reaument & de faict, s'il n'y a appel ou contredict interiecté defdites fentences.

CLXVII.

L'appel de denegation de iustice fufpend la iurifdiction du Iuge, quant audit appellant, en tous autres cas : finon que ledit appellât depuis fondict appel, euft volôtairement obey audit Iuge, auquel cas il renonce à fondict appel. Et fi ledit appellant fuccombe en ladite caufe d'appel, il fera amende à la Iuftice & au Iuge.

CLXVIII.

L'appellant de de certaine fentence ou article, n'eft exempt de la iurif-

E ii

diction du Iuge dont eſt appellé en autre cas.　　CLXIX.

Si la partie intereſſee appelloit de
l'eſlargiſſement du priſonnier nonobſtant l'appel, le priſonnier ſera eſlargi en baillant cautiō ſuffiſante de payer le iugé, & de ſe repreſenter par deuant le Iuge de l'appel, à l'aſſignation
qui luy ſera baillee.

CLXX.

Et où le procureur de la iuriſdiētiō
ſeroit appellant de l'eſlargiſſement du
Priſonnier, il demeurera pendāt l'appel en priſon : ſinon que ledit Procureur euſt conclud à peine pecuniaire
ſeullement : auquel cas, ſera nonobſtant ledit appel, le priſonnier eſlargi,
baillant par luy cautiō, cōme diēt eſt.

Des deſpens & dommages.

TITRE DIXIEME.

CLXXI.

Ous defpens preiudiciaux doiuët, apres la liquidation & esclarcissement d'iceux, estre payez, deuant que la partie, au profit de laquelle les despés font adiugez, foit tenuë proceder outre à la caufe principale.

CLXXII.

Et defpens font reputez preiudiciaux, quand font defpens de defaut donné alencõtre d'vn demandeur, ou defpens adiugez alencontre d'vn fpoliateur, ou adiugez alencontre d'vn defendeur defaillãt en la premiere affignation d'inftãce de plegement, s'il veut puis apres fuyure ledit plegemẽt, ou fi font defpens d'incident qui auroit retardé le principal.

CLXXIII.

Celuy à qui on faict demande de quelque debte, qui ne vient de fon faict, apres que la debte luy eft verifiee, s'il perfifte à la dénier, il doit despens & interests de toute l'instance. Mais apres la verification faicte, s'il veut recognoistre la debte & la payer, il ne deuroit aucuns despens.

CLXXIIII.

On peut proceder à toutes taxes de despens par vn seul default obtenu sur adiournement deuëment intimé: & la taxe des despens faicte par le Cōmissaire, serōt lesdits despens verifiez par le serment de la partie, ou de son Procureur suffisamment fondé.

CLXXV.

Celuy qui pour endommager son voisin, sa chose, ou son estat, faict vilenies en son heritage ou pourprins, comme chambres coyes, ou autres viles choses, le doit amender à Iustice, & à partie: & mettre les choses par luy ainsi faictes, au premier estat & deu.

Des obligations, actions & pleuines.

TITRE VNZIEME.

CLXXVI.

EN toutes choses excedans la somme & valeur de cent liures pour vne fois payez, serõt passez contracts par deuant Notaires, signez des parties, si elles sçauent signer, ou d'vn preud'homme à leur requeste.

CLXXVII.

Et pour le regard des obligations personnelles, passees par deuant lesdicts Notaires, soit pour soy, ou pour autruy, y aura hypotheque du iour & date d'icelles, encores qu'il n'y eust aucune conuention d'hypotheque generale ou speciale. Et si lesdictes obligations & promesses sont seulement par scedules & escritures priuees, y aura hypotheque du iour de la recognoissance ou de negation d'icelles faictes en iugemēt, si apres ladite denegation elles sont verifiees. Et quant aux obligations & promesses n'excedāt ladite somme de cent liures, emporterōt hypotheque: & sera le premier creancier en date preferé, ores qu'il n'eust lettres du deu, en informant du premier temps de sa debte.

CLXXVIII.

Celuy qui reçoit aucune chose pour autruy, ou qui est condamné rendre quelque chose, encores qu'il n'y eust conuention precedente, ou qui faict delict, ses biens demeureront hypothequez du iour qu'il aura receu, esté condamné, ou commis le delict.

CLXXIX.

Si contre le delinquant on a intenté action, ou presenté plaincte par deuant le Iuge, pour raison du delict, & il decede, l'heritier est tenu seulement de l'interest ciuil, pour raison du de-

lict: soit que la cause soit contestee ou
non, sinon que l'heritier fust partici-
pant du delict : auquel cas, il sera tenu
comme delinquant.

CLXXX.

L'action d'iniures verbales ne passe
à l'heritier de l'iniuriant ne iniurié, en
principal, despens, ne autre accessoi-
re, s'il n'y a contestation.

CLXXXI.

Le Seigneur doit estre payé deuant
tous autres, pour les droits & deuoirs
de son fief: & en second lieu, le Seignr
superieur, pour lesdits droits & deuoirs, apres les autres charges deües
sur iceux fiefs.

CLXXXII.

Les bailleurs des terres, maisons,
dixmes, moulins, ou autres choses immeubles à ferme, doiuent estre payez
des fruicts & leuees de ladite ferme,
premierement & deuant tous autres:
ores que lesdits bailleurs ayent plege,

ou autre affeurance de leur debte.

CLXXXIII.

Voituriers qui auroient conduict &
mené vin, ou autres chofes, ou laboureurs &autres mercenaires, qui ont la-
bouré & cultiué la terre, ou qui ont
faict autres chofes pour raifon defquelles la chofe eft venuë ou confer-
uee, font preferez au payemēt de leurs
loyers & falaires, à tous autres, fur lefdites chofes voicturees, ainfi venuës
ou conferuees par leur œuure, peine,
& labeur.

CLXXXIIII.

Obligation peut eftre faicte par autruy, pourueu que la perfonne qui s'o-
blige foit capable, encores que celuy
pour lequel il s'oblige foit incapable
de s'obliger, foient mineurs, prodigues, furieux, ou autres, côtre lefquels
ceux qui fe font obligez n'auront aucun recours, finõ qu'il fe verifiaft que
l'obligation euft tourné à leur profit.

CLXXXV.

Si aucun eſt plege d'autre detenu priſonnier, pour cas de malefice, dont il deuſt eſtre puny de mort , s'il eſtoit prouué que ledit priſonnier euſt faict le cas dont il eſt accuſé, le plege ne ſeroit toutesfois puny corporellement.

CLXXXVI.

Mais ſi le detenu auoit donné plege de tenir ſa priſon , ou ſe repreſenter à Iuſtice à certaine peine , ores que apres les delaiz competans baillez aux pleges, ladite peine fuſt declaree commiſe contre leſdits pleges & cautions, neãtmoins ſi l'accuſé eſt apres reprins & repreſenté à la Iuſtice , ladite peine pourra eſtre moderee : & ſe fera l'execution d'icelle vers le plege, ſans qu'il ſoit beſoing faire diſcuſſion vers le principal.   CLXXXVII.

Et ſi le plege a payé peine ou amende, il peut mettre en vente, & en bãnie la terre deceluy, pour lequel il s'eſt cõſtitué plege, ſans aucune diſcuſſion de meubles.

CLXXXVIII.

Celuy qui ſe conſtitue debteur pour autre, ne doit plus payer que le principal obligé, ores que l'obligation du plege ou fideiuſſeur porte d'auantage.

CLXXXIX.

Celuy qui ſe conſtitue debteur, ou ſe faict plege en certaine ſomme pour autruy, pour dommage faict, ou autre debte qui n'eſt liquide, ſera tenu payer la ſomme en laquelle il s'eſt obligé, ſans qu'il puiſſe dire ne excepter que le dommage ou debte n'eſtoit de ſi grande ſomme, que la ſomme en laquelle il s'eſt obligé.

CXC.

Quand aucun eſt obligé pour autre, le creācier le peut ſommer de le payer ou faire payer, ce que le plege eſt tenu faire, s'il ne monſtre auec effect, biens du principal debteur, ſituez au Duché, lesquels ne soient aucunemēt debatuz: ou bien en cas de debat ou empeschement, ledit plege offre faire la poursuyte desdits biens à ses perils & despens. Et en ce cas, ne pourra le creancier contraindre & executer le plege, fors de ce qu'il restera, & n'aura esté payé de sa debte par le principal, ou de ses despens, dommages, & interests, liquidation prealablemēt faiꞔe d'iceux.

CXCI.

Quand le creancier faiꞔt nouueau contraꞔt auec son debteur, le plege nõ appellé, ledit plege ne sera plus obligé: mais si ledit creancier prolongeoit seulement le terme au debteur, le plege ne seroit pour ce deschargé & quitte de la pleuine, sinon que pendant ladite prolongation, le debteur fust demeuré insoluable.

CXCII.

Si le plege (le temps de payer escheu)

faict fommation au creancier de fe
faire payer fur le debteur , & que depuis icelle fommatiõ par le default &
demeure du creancier , les biens du
debteur fuffent tournez autre part, le
plege n'en eft tenu,& demeurera quitte.　　　　CXCIII.

Et combien qu'il foit cõuenu en l'o-
bligation que le debteur & fes pleges
foiẽt obligez chacun pour le tout, les
biens du principal debteur doiuent e-
ftre tout premier executez, ledit plege
les monftrant par effect, cõme dict eft.

　　　　CXCIIII.

S'ils font plufieurs pleges,& le principal debteur les laiffe contraindre à
payement, chacun en doit porter fa
part, comme ils font tenuz par l'obligation. Et s'ils eftoient folidairement
obligez,& l'vn d'eux fuft prins pour le
tout,il aura recours vers les autres pleges, pour leur portiõ ,fans qu'il foit
befoing d'auoir autre ceffiõ du crean-

cier. CXCV.

Et ne peult le creãcier se faire payer
pour le tout sur l'vn des pleges, au cas
qu'il trouueroit sur chacun à se faire
payer: combien qu'ils fussent tenuz &
obligez chacun pour le tout, s'ils n'ont
renoncé au benefice de diuision.

CXCVI.

Et si le creancier ne trouuoit sur aucun des pleges dequoy se faire payer,
les autres y seroiẽt tenuz, au cas q̃ chacun seroit obligé pour le tout: car s'il
n'est conuenu en l'obligation, chacuñ
ne doit payer fors d'autant qu'ils seroiẽt de personnes, chacun sa portiõ,
s'ils n'ont renoncé, comme dessus.

CXCVII.

Ceux qui sont en pouuoir d'autruy,
cõme mineurs, enfãs de famille, femmes mariees, prodigues qui sont interdicts, & furieux, ne se peuuẽt obliger:
& en sont les obligations du tout nulles, & n'en appartient aucune action:

sinon au cas que la femme s'obligeast
pour ses Pere & Mere, pour son Seigneur espoux, ou pour ses enfans : en
ce cas les obligatiõs desdites femmes
seront valables, estantes auctorisees de
leurs mariz, fors quand l'obligatiõ se
feroit pour leursdits mariz, sans qu'elles se puissent ayder du droict de Velleian.　　CXCVIII.

Nul n'est receuable à demander
payement des marchãdises prinses en
foire, ou marché, soit en ville ou village, s'il n'y a obligation, ou promesse
par escrit, ou qu'il y eust force ou larcin, sans en ce comprendre les marchants trafiquants ensemble.

Des donations.

TITRE DOVZIEME.

CXCIX.

VI ne peut donner plus que la
tierce partie de ses immeubles
par heritage, ou la moytié d'iceux par
vsufruict,

vfufruict : foit de patrimoine ou d'acqueft par donation fimple ou caufee,
ores que foient celles qu'on dit (ob
pias caufas,) ou autres. Et ores que la
donation n'excederoit ladite tierce
partie par heritage, ou moytié par v-
fufruict, toutesfois elle ne feroit vala-
blé fi elle eftoit faite en haine ou fraude des prefumptifs heritiers : aufquels
auffi ny aux defcendans d'eux, nul ne
peut donner aucune chofe, fors la perfonne noble, qui peut dōner fes meubles tout ou partie à fes enfans puifnez, fils ou filles, fes debtes mobilieres
& obfeques prealablement payez fur
iceux.   CC.

Si quelqu'vn ha heritiers de diuers
eftocs & brāchages, il ne peut par donation ou autre titre lucratif, greuer
l'vn defdits heritiers outre le tier de
fon branchage. Et ne fe pourra faire
d'icelle donation, affiette outre le tier
en chacun eftoc. Et fera la tierce par-

tie des choſes dõnees par heritage, ou
la moytié par vſufruict, entenduë des
biens ſituez au Duché ſeulement. Et
quant aux autres, ſe regleront les donations ſelon les Couſtumes des pays,
où leſdits biens ſont ſituez.

CCI.

Et ne ſe fera l'aſſiette de la donation
ſur la principale maiſon de la ſucceſſion: & ſera eſtimee la principale maiſon au choix de l'heritier.

CCII.

Aucun ayant heritiers de deux e-
ſtocs, ne peut donner par heritage ou
vſufruict choſe qui vienne de l'vn d'i-
ceux, à l'heritier de l'autre, ſoit de propre ou d'acqueſt.

CCIII.

Celuy qui ha heritage propre ou acqueſts, peut donner tous ſes meubles à
autre qu'à celuy auquel il auroit dõné
le tier de ſes heritages, ou la moytié de
l'vſufruict d'iceux, pourueu que l'he-

ritage propre ou acqueſt ne ſoient de
moindre valeur que leſdits meubles.
Et s'il n'ha que meubles ou choſes reputees pour meubles, ou que l'heritage propre ou acqueſt ne valuſt autant
que leſdits meubles, il n'en pourra
dõner que le tier. Et s'il n'ha qu'acqueſts, ne pourra donner que le tier
d'iceux, ſes débtes mobilieres & obſeques prealablement payez ſur le tout
deſdits meubles: & où ils ne ſuffiroiẽt,
ſur les conqueſts, dont le donateur
baillera caution, ſi requis en eſt.

CCIIII.

Et ſi ſont meubles donnez & deliurez du viuant dudit donateur ſans
fraude, ils ne ſeront ſubiects aux debtes.   CCV.

Hõme peut dõner à ſa future eſpouſe, ou la femme à ſon futur eſpoux
au traicté de leur mariage, faiſant leurs
fiançailles, & par le contract d'icelles,
la tierce partie de ſon heritage : pour

en iouyr par les donataires eux & leurs
hoirs par heritage, pourueu que le donateur n'ait enfans du premier mariage: auquel cas, il ne peut donner plus
que se monte la portion de celuy des
enfans qu'il ha lors de la donation , &
qui est fondé à prendre le moins en la
succession du donateur: & ce pour en
iouyr le donataire & ses heritiers procreez de luy , soient dudit mariage ou
autre.   CCVI.

Femme ne peut auoir don & douaire ensemble : & sera en son option de
choisir & prendre le douaire ou donation.   CCVII.

Donation faicte , mariage faisant,
entre le mary & la femme, sera bonne
& valable, ores qu'elle soit conceuë en
ces mots, (pour en iouyr luy ou elle, &
les enfans du mariage d'eux deux,) ou
en ces termes, pour luy ou elle, & leurs
hoirs.   CCVIII.

Et au cas qu'il y auroit donation du

tier par heritage, ou de l'vsufruict de
la moytié du tout, ne se pourrōt donner les meubles à celuy auquel aura e-
sté faicte la donation desdits tier &
moytié, soit en faueur de mariage ou
autrement: si ce n'estoit par donation
mutuele desdits meubles, que le donateur aura lors du deces.

CCIX.

Et ne vaudra la donation faicte pendant la maladie de laquelle mourra
le donateur.

CCX.

Mary & femme s'entre-peuuent faire, constant le mariage, donation mutuele des meubles, au plus viuāt d'eux
deux: laquelle passera aux heritiers du
suruiuant. Et s'entre-peuuent donner
par donation mutuele & egale leurs
conquests faicts durant le mariage, o-
res qu'ils vaudroient plus que la tierce partie de leurs heritages. Et ne tiendra celle donation de conquests, que

le cours de la vie du furuiuant : & la
iouyffance de la moytié defdits conquefts retournera aux hoirs du premier decedé.

CCXI.

Et aura le donataire lefdits biens, à
la charge qu'il fera tenu nourrir & entretenir les enfans du donateur, fi lefdits enfans n'ont autres biens, vacation, ou moyen d'eux nourrir felon
leur eftat.

CCXII.

Ne feront reputez pour meubles les
deniers rembourfez apres la feparatiõ
du mariage, tant des rentes conftituees
fur dommaine & recepte du Roy que
autres, mefmes d'offices venaux acquis à cõdition de rachapt perpetuel,
retraict lignager, feodal ou conuen-
tionnel, & tous rembourfements de
contracts d'heritages pour quelque
caufe que ce foit : ains ferõt diuifez &
partagez comme immeubles, comme

eussent esté les acquests.

CCXIII.

La donation mutuele & egale faicte constât le mariage duquel y a enfans, n'aura lieu au cas que le suruiuant se remarie. Et pour la conseruation des dröits de qui il appartiendra, sera faict inuētaire des meubles de ladite communité dés lors du deces du premier mourant.

CCXIIII.

Nul ne peut faire donation de ses meubles, en tout ou partie, pour auoir lieu apres sa mort: sinon à la charge de payer les obseques, aumosnes, legs & debtes pour telle part & portion que se montera ladite donation.

CCXV.

L'homme & femme conioincts par mariage, ne pourront donner l'vn à l'autre aucune chose par testament, ou autre disposition de derniere volonté.

CCXVI.

F iiii

Celuy qui a donné & baillé poſſeſſion actuele de la choſe donnee, ne
doit riē leuer des fruicts depuis la donation. Et s'il en prend aucune choſe,
eſt tenu le rendre au donataire, s'il n'y
a autre conuention.

CCXVII.

Bourgeois, & gens de baſſe condition, ne peuuent donner meuble ny
immeuble à aucun de leurs hoirs, ſoit
pere ou mere, ayeul ou ayeule, biſayeul
ou biſayeule, oncle ou tāte, couſin ou
couſine, à l'vn plus qu'à l'autre : s'il n'y
a cauſe en la donation qui ſoit raiſonnable.

Des Executions.

TITRE TREZIEME.

CCXVIII.

Pres cōdamnation ou ſentence donnee alencōtre d'aucun,
le condamné ha huict iours à

payer & satisfaire à icelle. Et le Iuge
qui a condamné, doit executer sa sentence par luy ou ses commis, si l'execution se peut faire au dedans de son
distroict:autrement faudroit executer
par requisitoire.

CCIXX.

Le Seigneur peut faire executer,
vendre & exploicter pour ses amēdes
alencontre du condamné ou son heritier (intimation de quinzaine prealablement faicte audit heritier) pourueu que l'execution soit faicte dedans
l'an de la cōdamnation d'icelle, sinon
qu'il y eust obligation pour lesdites a-
mendes : auquel cas l'execution se
pourroit faire apres ledit an.

CCXX.

Execution se doit faire iusques à la
somme deue, & pour les fraiz qu'on
faict à l'execution, sinon que l'execution fust faicte sur chose qui ne se peust
diuiser : auquel cas si le pris est plus

grand, l'outre-plus fera rendu au debteur. Et s'il y a biens prins par execution, le Sergent ou miniftre de iuftice
qui execute, doit affigner iour au debteur à huictaine, pour veoir vendre i-
ceux biens, pourueu que ce ne foient
beftes prinfes en la poffeffion du debteur, qui fe peuuent vendre de iour en
autre, pour euiter à fraiz : en baillant,
par l'executeur, affignatiõ au debteur
pour les veoir vendre. Et en cas d'oppofition & debat, ne laifferõt lefdites
beftes d'eftre venduës, & le pris mis és
mains du creancier, en fe conftituant
acheteur de biens, & baillant caution
de rendre ledit pris fi faire ce doit, &
ainfi eft dict par l'iffuë du proces de
l'execution. Toutesfois où ledit tiet
oppofant voudroit verifier fommai-
rement lefdites beftes luy appartenir,
ne fera procedé à la vedition defdites
beftes.   CCXXI.

Si le debteur s'oblige à eftre executé

comme à gages tous iugez, les biens
qui serōt prins sur luy par execution,
pourront estre vēduz promptement
de iour en iour sans attendre ladite
huictaine, le debteur intimé à ladite
vente. CCXXII.

Toute obligatiō ou autre faict clair,
doit estre promptement executé en
tout ou partie, par autant qu'il s'en
trouue de clair.

CCXXIII.

Quand vn tier pretend les biens
prins par execution estre siens, iceux
biens luy seront renduz, si le debteur
confesse que lesdits biens luy appartiennent: & iceluy tier iure lesdits biēs
estre siens, en monstrant par ledit tier
que ledit debteur est soluable, & qu'il
ha meubles suffisans pour faire ladite
execution: si mieux ledit tier ne veut
verifier par autre voye lesdits biēs estre
siens: sauf à l'acheteur ses dōmages &
interests alencōtre du creancier, & au

creancier ses dommages & interests
sur le debteur.

CCXXIIII.

Le debteur peut recouurer les biens
sur luy prins & venduz par execution
dedans l'huictaine apres la vente, en
rendant par luy à l'acheteur, le pris
des choses venduës, auec vn denier
pour chacun sold au dessous de la liure: & au dessus de la liure, douze deniers par liure, & les fraiz & mises. Et
l'huictaine passee, le debteur ne les
pourra plus retirer.

CCXXV.

Apres que les biens prins par execution, ont esté venduz, le creancier
doit faire intimer au debteur la vente
& le pris,& à qui lesdits biens ont esté
venduz.   ### CCXXVI.

En execution, on ne doit prendre
bestes de charrue & de labeur, quand
on trouue autres biens meubles sur
lesquels on puisse faire execution: &

en nul cas ne feront executez les ve-
ftemens à vfage quotidien, ny le lict, &
couëtte où repofent, ny le pain & la
pafte de ceux fur lefquels on execute.

CCXXVII.

Le creancier doit faire vendre les
chofes prinfes par execution le plus
loyaument que faire ce peut. Et pourra le debteur auoir le fermēt du creancier que la vente eft veritable, & fans
dol, ou prouuer la fraude.

CCXXVIII.

La vente des biens prins par execution, qui fe peuuent commodément
déplacer, fe fera és lieux publics & accouftumez. Et quant aux biens qui ne
fe peuuent commodément déplacer,
feront venduz fur le lieu, intimation
prealablement faicte du iour & heùre
de ladite vente publiquement aux
lieux accouftumez.

CCXXIX.

Les mercenaires, pour leur feruice

& loyer, par marché faict ou autremēt, peuuent dedans le iour ou le lendemain de l'accompliſſement de l'œuure, ou de leurs iournees ; apres auoir requis & demandé eſtre payez, en preſence de deux teſmoings , prendre biens de leur auctorité, pour leurſdicts loyer & ſeruice (appellant auſſi deux teſmoings quand ils prēdront leſdits biens) leſquels ils pourront vendre & exploicter au prochain lieu accouſtumé à faire exploits de iuſtice, où leſdits biens ſeront prins. Et qui empeſcheroit leſdits mercenaires en ladite prinſe de biens, celuy qui les auroit empeſchez, deuroit l'amender cōme d'eſcouſſe faicte à Sergent.

CCXXX.

Gens qui ont bois en vente, pourrōt faire executer dedans l'an de la vente ceux qui auroient prins deſdits bois, par Sergents ou Foreſtiers à ce commis, s'il n'y a autre obligation par let-

tres : auquel càs, apres l'an , pourront
faire proceder par execution, comme
pour autres debtes.

CCXXXI.

Si biens prins par execution, eſtoiēt
vēduz, le premier creancier les pourroit faire arreſter dedans huict iours
apres la vente d'iceux biens.

CCXXXII.

Si le Sergent laiſſe emporter & déplacer les biens par luy prins & venduz par execution, dedans huict iours
apres la vendition d'iceux , les creanciers auroient recours côtre le Sergēt.

CCXXXIII.

Ceux qui ſont condamnez au nom
d'autruy, comme Tuteurs, Curateurs,
Procureurs, & autres adminiſtrateurs,
ne doiuēt eſtre executez en leurs perſonnes ne biens : mais doit eſtre l'execution faicte ſur les biens de celuy ou
de ceux pour qui ils s'entremettent,
ou ſe ſont entremis. Et auſſi les ſen-

tences & condamnations donnees au
profit defdits adminiftrateurs pour
autruy, doiuent tourner à l'vtilité &
profit de ceux pour qui ils s'entremettent,& fe font entremis.

CCXXXIIII.

Execution fe pourra faire tant de
meubles que immeubles, fur les debteurs des debteurs,fans aucune difcuf-
fion, lefdits debteurs appellez.

CCXXXV.

Et fi la debte du fecõd debteur n'eft
liquidee,on procedera par arreft fur i-
celle, iufques à ce qu'elle foit liquidee, pour ce faict en auoir execution.

CCXXXVI.

On peut faire execution fur beftes
baillees à my-croift pour la part &
portion appartenante au debteur. Et
fe fera eftimation de ce que vaudra
pour lors ladite part & portion, fauf
au portionnaire fon recours alencontre du debteur executé, pour fes dommages

mages & interests.

CCXXXVII.

Toute condamnation & iugé, doit
estre executé, nonobstant quelcõque
exception que voudroit propoſer le
debteur, s'il ne la verifie promptemēt.

Des Priſages & Appreciations.

TITRE QVATORZIEME.

CCXXXVIII.

Vand aucun ha cõtract ou autre iugé pour auoir aſſiette en
heritage, la partie ſur laquelle
on doit faire l'executiõ ſera appellee,
pour dire ſur les appreciateurs & appreciation, tout ce que bon luy ſemblera, & veoir faire ladite aſſiette, qui
ſera faicte à ſon option, ſi elle compare, s'il n'y a autre conuention ou contract. Et ſi la partie appellee deſaut à

G

l'aſſignation, ſera l'aſſiette faicte à la
diſcretion du Commiſſaire, en enſuyuant le contract ou iugé.

CCXXXIX.

Et doit le Commiſſaire arreſter la
ſomme de la debte., de la miſe des bãnies, du priſage, du ſalaire du Sergent,
& des ventes, pour du tout eſtre faict
aſſiette: ſinon que le debteur payaſt
leſdits fraiz dans huictaine apres la liquidation d'iceux.

CCXL.

Les choſes qui feront annexees à
l'heritage, qui ne pourront eſtre deplacees à profit, demeureront & ſerõt
priſees auecques la terre, comme elles
ſe pourſuiuent, bonnes ou mauuaiſes,
à vingt ans quitte, rente, ſeruices, &
& toutes autres charges rabatuës : &
leſdites choſes ainſi priſees, ſerõt baillées au creancier pour ſa debte, au cas
qu'il ne ſe trouueroit autre acheteur.

CCXLI.

Et si les terres estoient chargees de douaire, ou en bienfaicts, ou qu'autres les tinsent à viage, elles deuroiēt estre baillees à my-pris : c'est à sçauoir, à dix ans quitte.

CCXLII.

Et la proprieté qui est attēdue apres le viage de celuy qui tient à bienfaict, ou de la douairiere, ou d'autre viage, seroit aussi baillé à my-pris, comme dict est.

CCXLIII.

Appreciation d'heritage n'est valable, s'il n'y a trois hōmes nō suspects, qui soient conuenuz : ou sur refus, baillez de Iustice, & iurez de faire bōne & loyale appreciation.

CCXLIIII.

Si l'heritage est noble, & celuy sur qui on fait l'appreciation noble, les Appreciateurs seront nobles gens de sur les lieux, à ce cognoissans, qui feront serment en tel cas requis : & s'en

G ii

querront de la valeur, commodité ou
incommodité, & des charges qui sont
sur les choses qu'on veut apprecier,
pour charges rabatuës, le tout calculer
& liquider, & bailler au creācier pour
sa debte, & payer lods & ventes au Seigneur, & autres fraiz & mises dudit
prisage, à vingt ans quitte : sauf pour
le regard desdits fraiz & mises , si le
debteur ne les payoit dedãs huictaine,
comme il est dict cy dessus.

CCXLV.

Tous prisages & analuations de
fonds , se feront selon la valeur des
fruicts que lesdits fonds rendent par
chacun an, faisant des dix annees vne
commune : commēçant à compter du
temps des dix ans precedans, le temps
cōuenu pour faire l'assiette, & en matiere de rescision , du temps des contracts. Laquelle valeur de fruicts se
doit prendre de l'estimation commune de chacune espece desdits fruicts,

qui se verifie par le rapport des Greffes
des iurisdictions esquelles se font lesdites assiettes, ou des Courts superieures, en cas qu'il ne se trouue rapport
esdites iurisdictions inferieures. Et au
regard des especes dont ne se font rapports, l'estimatiõ s'en fera par fermes,
lettres, & tesmoings, & declaratiõ des
laboureurs & mestayers.

CCXLVI.

Toutes lesquelles estimations de
dix ans accumulees & comptees ensemble, la dixieme partie est le iuste
reuenu de chacun an.

CCXLVII.

Tout achapt de fonds sans iurisdictiõ ou obeissance, noble ou roturier,
faict à vingt ans quitte, est dict & censé
faict à iuste pris.

CCXLVIII.

Toute assiette de rente en fief de
basse iustice, faicte à trente ans quitte,
est censee faicte à iuste pris, tant pour

G iii

le reuenu certain que casuel & obeissance. Et si l'assiette ou vête se faict en fief de moyenne iustice, le iuste pris est au denier trentecinq. Et si elle se faict en fief de haute iustice, la iuste valeur est à quarante ans quitte, y comprins aussi l'obeissance & denier casuel.

CCXLIX.

S'il y a rachapt ou bail, ou autres deuoirs qui ne soient deuz que par la mort du Vassal, le iuste pris sera au denier trente & vn.

CCL.

En fief où n'est deu que simple obeissance sans rente ny rachapt, sera chacun estager estimé deux sols, quelque estenduë de terre qu'il tienne; & s'il n'est estager, douze deniers.

CCLI.

Et si le prisage est faict, & il y ait iuueigneurs, on doit apprecier le fief que les iuueigneurs auroient & tiendroient par parage chacun vingt solds

six deniers de rente : & du furiuuei-
gneur trois deniers de rête, que celuy
tier iuueigneur auroit.

CCLII.

Les grains qui font enfemencez &
en herbe iufques au premier iour du
mois de May, feront prifez comme femence & labourage. Et ledit iour paffé qu'ils commencent eftre en tuyau,
feront prifez pource qu'ils peuuët apporter de grain & paille à l'Aouft, felon ce qu'ils peuuët rendre par iournau, les fraiz de la femence & labourage deduicts & rabatuz.

CCLIII.

Quant aux edifices, s'il y a maifon
feigneuriale, le prifage fera de la moytié de ce que peut auoir coufté la matiere & manufacture, eu efgard au têps
qu'elle fut baftie. Et au regard des
granges & logis du meftayer & autres
neceffaires pour la cueillette & conferuation des fruicts, feront prifez

G iiii

en entier selon leur valeur, lors que
l'assiette sera faicte, ou au cas de vendition, au temps du contract.

CCLIIII.

Et pour le regard des maisons des
villes, serōt estimees selon leur valeur
en entier.　　　CCLV.

Les bois de haute-fustaye , forests,
touches, rabines, & autres bois nō accoustumez d'estre emōdez, en partage
d'entre freres & sœurs & autres parēts
nobles, ne seront estimez & n'entrent
en partage : mais seront estimez les
pasnages, glandees, assents, & autres e-
moluments accoustumez , & prouenans desdites forests , le bois demeurant sauf & debout. Mais entre estran-
gers quand l'assiette est deuë, ou qu'on
demande rescision par deception, lesdits grands bois seront estimez à part
& separez, & le fonds à part, cōme de-
uestu : & l'estimation desdits bois reduicte à fonds.　　CCLVI.

Les moulins seront prisez & estimez
à la raison des dix annes, en faisant v-
ne cõmune, le tier du reuenu de ceux
qui sont sur la mer, riuieres, & grands
estangs rabbatu, & le quatt de ceux
qui sont sur ruisseaux & autres estãgs.
Et quãt aux moulins à vent, se ra rabbatu le tier dudit reuenu.

CCLVII.

Celuy qui est tenu faire assiette de
rente, doit declarer les charges reelles
& foncieres : autrement s'il se trouue
desdites charges non declarees, il sera
tenu en faire assiette sur ses autres heritages.   CCLVIII.

En assiette deu par conuention, y
aura vn seul tressault, si celuy qui doit
l'assiette le requeroit : s'il n'est dict &
conuenu que ladite assiette se feist de
prochain en prochain.

CCLIX.

En execution d'obligations, ou
sentences de restitution de fruicts, le

debteur fera tenu affirmer par fermēt
la quātité des fruicts. Et pourra le demandeur informer de plus grande
quantité defdits fruicts, par comptes,
papiers, baux à ferme & tefmoings: &
l'eftimatiō & valeur en fera prinfe par
le rapport du Greffe & pris commun
de chacune annee, finon qu'apres le
iugement & condamnation y ait fommation faicte au debteur: auquel cas fi
le debteur n'y obeift & fatisfaict, ladite eftimation fera iugee pour fa demeure, au plus hault pris de chacune
annee: finon qu'en confideration de
minorité, pauureté, grande cherté, ou
autres iuftes caufes, le Iuge deuft moderer au commun pris.

CCLX.

Les rentes anciennes, defquelles le
payement a efté continué par quarāte
ans, ne feront eftimees rachetables : fi
par titre ou autrement il n'appert du
contraire.

CCLXI.

Ne sera d'oresnauant vsé du prisage appellé franc pris: sans toutesfois preiudicier aux droits acquis par les conuentions cy deuant faictes.

CCLXII.

En tout partage, appreciation ou auualuation d'heritage, soit en matiere de rescision de cōtracts fondee en deception de pris ou autre, l'vne ou l'autre des parties peut requerir & auoir reueuë dedans l'an & iour du premier prisage, à ses despens, par autres appreciateurs iurez à faire ladite reueuë, cōuenuz par les parties : ou à faute d'en conuenir nommez d'office par les Iuges, s'il n'y a autre conuention entre parties.

CCLXIII.

Le iournal, soit en terre arable, prez, bois tailliz, forests, herbregements, vignes, landes, & autres terres, cōtiēdra vingt cordes de long, & quatre

Iournal

de laize : chacune corde de vingtquatre pieds de Roy, chacun pied de douze poulces, chacun poulce de douze
lignes ou grains. Laquelle mesure cy
dessus sera gardee par tout ce pays &
Duché.

CCLXIIII.

Et où les Arpenteurs & Gauleeurs
seroient trouuez auoir faict defaut en
l'arpentage & mesurage, & les Priseurs
faict faute notable en l'estimation & a-
ualuatiõ desdites terres, & autres choses, lesdits Arpenteurs serõt condamnez en amẽdes arbitraires pour la premiere fois : & pour la seconde, priuez
de leurs estats. Et les Priseurs, de refaire à leurs despens les prisages : & porter les dommages & interests des parties. CCLXV.

Seront lesdits Priseurs & Arpenteurs tenuz d'arrester sur le lieu & par
chacune piece de terre qu'ils priseront
& corderont, la quantité & estimation

d'icelle, auparauant entrer au cordage
& eſtimation des autres terres qui ſeront à priſer. Et ſera ladite eſtimation
paraphee & ſignee tant d'iceux Cordeurs & Priſeurs, que du Iuge, s'il y a
Iuge preſent qui ait eſté requis par les
parties d'vn commun conſentement,
lequel autrement n'y pourra eſtre.

CCLXVI.

Les Seigneurs, leurs Chaſtelains &
fermiers, auſquels ſeront deuës aucunes rentes par grains, deuës à grenier,
ſeront tenuz aſſigner leurs greniers, &
iceux tenir ouuerts aux termes auſquels leſdites rentes ſe doiuent payer
par le temps de quinze iours. Et où
leſdits greniers ne ſeroiët aſſignez &
ouuerts audit temps, & que leſdits
Seigneurs ou leurſdits Chaſtelains &
fermiers feroiët refus de receuoir leſdits grains, les ſubiects ne ſerôt tenuz,
par apres, de porter & payer le ſurhauſſement qui pourroit arriuer du

pris defdits grains.

CCLXVII.

Tous lefdits Seigneurs, leurs Chaftelains & fermiers ne pourront faire
faire aucun apprecy des grains qui
leur font deuz par leurfdits fubiects,
que à raifon du pris que lefdits grains
auront valu communément aux trois
derniers marchez fubfequents les termes que lefdits grains font deuz : fi ce
n'eft en rentes de grains payables par
deniers feulemět, à certain iour, qu'on
dit (rentes à l'apprecy :) defquelles
l'apprecy fera faict felon les trois marchez precedents le iour, auquel ledit
apprecy fe doit & eft accouftumé d'e-
ftre faict : faifant defdits trois marchez
vn commun pris.

CCLXVIII.

En toutes rentes par grains, fi les
fubiects qui les doiuent font en defaut
de les payer & deliurer au Receueur
ou Sergent, lors de la fommation qui

leur fera faicte apres le terme de payer
efcheu (pourueu qu'auparauāt ladite
fommation, le Seigneur euft faict fçauoir à la parroiffe que à certain iour
lefdits fubiects fe fuffent tenuz garniz
defdits grains) le Sergent pourra executer lefdits fubiects pour le pris defdits grains deuz pour l'annee feulement. Et defdits deniers acheter les
grains qui refterōt pour ladite annee,
au prochain marché : & les rendra au
Seigneur aux fraiz communs de tous
lefdits executez.

Des Appropriances, ban-
nies,& prefcriptions.

CCLXIX.

N fe peut approprier de tout
heritage ou autre chofe reputee immeuble,foient feruitudes ou
autres droits reels, par tous contracts
& titres receuz de droict & de couftu-

mes habiles à trãsferer feigneurie, acquerant lefdits heritages ou droits de
celuy qui eft faifi & actuel poffeffeur,
en fon nom, par luy, & fes autheurs,
par an & iour: prenãt ledit acquereur
poffeffion actuele enuertu defdits cõtracts & titres. Et faifant apres ladite
poffeffion trois bannies tant dudict
contract que de la prinfe de poffeffion
par trois iours de Dimanche confecutifs fans interualle, incontinent apres
l'iffue de la grand' Meffe, en la congre-
gation du peuple, à haute & intelligible voix, aux lieux accouftumez, en
la parroiffe ou parroiffes, où les chofes acquifes font fituees. Par lefquelles bannies fera faicte expreffe declaration par quelle court foit prochaine ou fuperieure, l'acquereur entend
s'approprier : & faifant ledit acquereur rapporter & certifier lefdites bannies en iugement des prochains plaids
generaux fubfequents lefdites bãnies,
deuant

deuant le Iuge du lieu où font lefdites chofes fituees, par le Sergent qui a fait lefdites bannies, & deux records, ou par deuant le Iuge fuperieur, felon la declaration portee par lefdites bānies enlendroit de la menee, & obeiffance du fief dont les chofes font tenues, fi obeiffance y a. Laquelle certification de bannies fe fera en iugemēt huictaine apres la derniere bannie pour le moins : & fera ladite huitaine frāche, fans compter le iour de Dimanche de la derniere bannie, ny le premier iour defdits plaids.

CCLXX.

Apres la certification deuëment faicte, ne fera receu aucun opposant: ains fera l'acquereur approprié.

CCLXXI.

Si aucun acquiert heritage ou droits reels par quelque titre ou cōtract que ce foit, & la poffeffion reellemēt prinfe, il en ait faict vne bannie, dont il ait

H

informé en iugement huictaine apres
en la forme que deſſus,& depuis le tiē-
ne & poſſede notoiremēt par le temps
de dix ans , il ſera du tout & enuers
tous approprié: & ne luy nuyra d'a-
uoir faiѫ pluſieurs bannies.

CCLXXII.

Tout acquereur ayant titre en vertu
duquel il a poſſedé actuellemēt & notoirement quinze ans entiers & accō-
pliz,par luy & ſes autheurs, à compter
du iour de la poſſeſſiõ prinſe ſans interruption,ſera vers tous & cõtre tous
approprié.

CCLXXIII.

Celuy qui iniuſtement retiēt le bien
d'autruy & l'aliene ou le perd, cõbien
que l'acquereur en fuſt approprié, ſi
eſt-il tenu en faire reſcompenſe à celuy qui eſtoit Seigneur & proprietaire
de la choſe, ainſi aliene ou perdue:
& ce par heritage ou autrement, au
choix de celuy duquel l'heritage a

esté aliené.

CCLXXIIII.

Ceux qui sont appropriez par ban-†
nies d'heritages & droits reels, en la
forme cy dessus, sont defenduz contre
quelques personnes que ce soit, absents, mineurs, & tous autres, sans aucuns excepter : fors & reservé contre
ceux qui sont hors du Duché, au tēps
de la certification des bānies, lesquels
ont an & iour pour s'opposer, à compter du iour de ladite certificatiõ, contre lesquels seroit requis que l'acquereur eust tenu lesdites choses par an
& iour sans empeschement apres ladite information & certification de
bannies.

CCLXXV.

Et s'il y auoit dol ou fraude au contract ou aux bannies, competera actiõ,
nonobstant lesdites bannies & certification d'icelles, iusques à dix ans
apres ladite certification. Et où il n'y

auroit bannie, ne fera aucun receuable apres les quinzé ans, à compter du
iour du contract & poffeffion prinfe, à
debatre le contract de dol, fraude, ne
fimulation: & demeurera l'acquereur
(comme dict eft) approprié.

CCLXXVI.

La forme cy deffus ordonnée pour
faire bannies d'heritage, fera vniuer-
fellemēt gardee par tout le pays, quelque vfement local que les Seigneurs
& Gentils-hōmes ayent par cy deuant
pretendu en leurs terres, fans preiudice de leurs droits en autre chofe.

CCLXXVII.

Les bannies d'heritages fituez en
plufieurs parroiffes, fe doiuēt faire en
chacune d'icelles : & certifier en la iurifdiction dont les chofes font tenuës
prochement, ou court fuperieure. Et
où on auroit obmis à bannir en quelques vnes defdites parroiffes, vaudra
l'appropriement pour le regard des

heritages situez aux parroisses où les
choses auront esté deuëment bannies,
pourueu qu'on ait faict les bannies en
la parroisse en laquelle le chef ou
principal manoir de la terre sont situez. CCLXXVIII.

Les oppositions, soient iudiciellement ou extraiudiciellement faictes
contre bannies ou appropriement, ne
durent qu'vn an, à compter du iour
qu'elles auroient esté signifiees extraiudiciellement, ou fournies en iugement, s'il n'y auoit sur lesdites oppositions, côtestation, ou appoinctemét
du Iuge à escrire dãs l'an qu'elles auroient esté fournies en iugement, ou signifiees extraiudiciellement. Et où il
n'y auroit contestation ou appoinctement à escrire dedans ledit temps, demeureront lesdites oppositions sans
effect d'interruption , & sans aucun e-
spoir de restitutiõ. Et demeurera l'acquereur approprié : & seront les op-

poſans deboutez par fin de non receuoir, ſoit que ladite oppoſition fuſt libellee ou generale.

CCLXXIX.

Et au cas qu'il y auroit conteſtation, appoinctemēt à eſcrire, ou autre pourſuite de l'oppoſition, ſi l'inſtance eſt diſcontinuee par trois ans, ladite inſtance demeurera perie, & aura l'appropriement ſon cours.

CCLXXX.

Et nonobſtant leſdits appropriements, les rentes cenſiues, & autres foncieres, & deuoirs ſeigneuriaux qui ſeront deuz auparauant leſdits appropriements ſur les heritages, ne laiſſeront d'eſtre payez à celuy à qui ils eſtoient deuz.

CCLXXXI.

Les deuoirs de lods, vētes, rachapts, & autres droicts ſeigneuriaux, qui ne cheent d'an en an, ne ſe preſcriront, s'ils ne ſont eſcheuz: auquel cas ſe pre-

scrirōt les lods & ventes par trēte ans,
à cōpter du iour de l'exhibitiō des cōtracts faicte au Seigñr proche ou son
Procureur:& les rachapts du iour que
ils seront escheuz.

CCLXXXII.

Droicture & seigneurie est acquise
à celuy qui a paisiblement & notoirement iouy sans titre, par luy, ses predecesseurs, ou autres dont il a cause,
par l'espace & laps de quarante ans: laquelle prescriptiō aura lieu cōtre mineurs, absents, cōmunautez, mesmes
entre freres & sœurs pour leurs partages. CCLXXXIII.

Entre freres & sœurs & autres coheritiers, le detenteur de l'heritage partagé entr'eux, est approprié par an &
iour, sans bannie, au regard de ses coheritiers.

CCLXXXIIII.

Chose mobiliere se prescrit par l'espa
ce de cinq ans, s'il n'y a obligatiō, lettre

H iiii

ou promesse par escrit.

CCLXXXV.

Action personnelle se prescrit par
le temps de trente ans : soit qu'elle cõ-
pete pour heritage ou hypotheque ac-
cessoire à la personnelle assiette de rë-
te, ou autre chose immeuble : excepté
les legats faicts par testament, lesquels
se prescriront par trëte ans, à compter
du iour de la publication ou notifica-
tion faicte aux legataires.

CCLXXXVI.

Les prescriptions introduictes &
approuuees par la Coustume, ou accordees par les contracts & conuentions des parties commencees auecques les maieurs, courent contre absens pour quelque cause que ce soit,
mineurs, insensez, furieux, prodigues,
interdicts, estans pourueuz de Tuteurs
ou Curateurs, sans aucun espoir de restitution ou relief, sauf leurs recours
cõtre les Tuteurs, Curateurs, & autres

administrateurs:fors & excepté la prescription de dix ans,pour dol,fraude,
circonuention , crainéte & violence
pretenduz aux côtraéts & côuentions
faiéstes auecques les maieurs.Laquelle
prescription ne courra contre lesdits
mineurs & autres cy deſſus nommez,
ny meſmes contre les maieurs,que du
iour que leſdites cauſes de dol,force,
& crainéte,auront ceſſé.

CCLXXXVII.

Les conditions & graces de reemere accordees par ces mots,(toutesfois
& quantes que le vendeur ou autre
voudra,)ſe preſcriuent par trente ans,
à compter du iour de l'ottroy d'icelles,qui ſe verifiera par acte ou ſerment
deferé à la partie ſeulement.

CCLXXXVIII.

Aéction de crime eſt eſteinéte tant
pour l'intereſt public que ciuil, par
cinq ans, prouuant l'accuſé ſon bon
nom:s'il n'y auoit plainéte faiéte,& in-

formation fur icelle, auquel cas y aura dix ans.

CCLXXXIX.

Quand aucun Seigneur a accouftumé leuer & vfer d'aucuns fubfides en
fa feigneurie, & qu'vn ou plufieurs des
demeuräs & eftans entre les metes dudit Seigneur, & en fa feigneurie, pretendent exemption defdits fubfides,
ils font tenuz de prouuer le titre de
leur exemption, ores qu'ils diroient
qu'ils ne leurs predeceffeurs ou autheurs, n'en auroient iamais payé aucune chofe.

CCXC.

Et à faute de prouuer leur titre d'e-
xemption, le Seigneur en pourra vfer
comme fur les autres hommes, és lieux
circonuoifins, nonobftant longue tenuë.

CCXCI.

Tout tort-faict où efchet aměde ciuile au Seigneur, eft efteint par an &

iour, s'il n'est poursuiuy : & n'est par
laps de temps d'an & iour tollu l'interest ciuil de la partie offensée.

CCXCII.

Action d'endommagement de bestes, payement de fouages, tailles, im-
posts, billots, & autres deniers d'ottroy, taux, guets, aydes, & defaut d'a-
uoir moulu à moulin, impositions extraordinaires, salaire, gages & loyers
de seruiteurs, de marchādises baillees
en detail à autres que marchās de semblable marchandise, serõt prescriptes
par an & iour : à compter du iour que
l'action compete, s'il n'y a scedule
ou obligation par escrit, ou interruption.

CCXCIII.

Exception de pecune non nõbree,
ou de marchandise non liuree, n'aura
aucun lieu. Pourra neantmoins celuy
qui s'est obligé requerir & auoir le serment du creancier.

CCXCIIII.

Entre le Seigneur & homme de foy,
rogue tenuë ne nuiſt, ny ne porte preiudice audit Seigneur, qu'il n'ait le retraict de ſes hommes à court & moulin. Et ſera le Seigneur ſuperieur tenu
faire renuoy deſdits hommes du Sei-
gnenr ſubiect, à la premiere requeſte
que luy ou ſon Procureur en ferōt audit Seigneur ſuperieur.

CCXCV.

En contract de choſe mobiliere, autre que de trāſaction de quelque ſomme que ce ſoit, on pourra, pour iuſte
cauſe, demander la reſciſion, en intimant & declarant à la partie dedans
vingtquatre heures qu'on ne le veut
tenir. Et ſi l'vne des parties demandoit
la reſciſion pour deception d'outre
moytié de iuſte pris, elle n'y ſera receuë au deſſous de cent liures. Et ſi le
contract excede ladite ſomme, pourra
demāder ou la reſciſion, ou ſupplee-

ment de iuſte pris. Et n'eſt tolluë la
redhibitoire, qu'elle ne ſe puiſſe intē-
ter dans quinze iours pour cheuaux:
& pour autres choſes dans ſix moys.

CCXCVI.

Ne pourront les mineurs eſtre releuez des contracts par eux faicts pendant le temps de leur minorité, apres
l'aage de trentecinq ans parfaict & accomply.

CCXCVII.

Les reſciſions de cõtracts, diſtracts,
faicts auec maieurs, fondez ſur deception d'outre moytié de iuſte pris, ſe
preſcriront par le laps de dix ans, à
compter du iour deſdits contracts, diſtracts, & autres actes: & courra la preſcription ainſi commencee cõtre toutes perſonnes, meſmes contre les mineurs, & autres pourueuz de Curateurs: ſauf leur recours, comme deſſus eſt dict.

Des Premeſſes & retraict lignager & feodal.

TITRE SEZIEME.

CCXCVIII.

P Remeſſe eſt ottroyee à tous ceux qui ſont de lignage dedans le neufieme degré du ramage dont procede l'heritage. Et ſera l'heritage reputé du ramage du retrayant, quand aucun de ſa famille en a eſté approprié, & faict Seigneur irreuocable, ores que le retrayant n'en fuſt deſcendu.

CCXCIX.

Tout preſme & lignager peut retirer la choſe ſubiecte à premeſſe, en payant par luy le vray pris conuenu entre le vendeur & l'acheteur, & les loyaux fraiz, couſts & miſes, ſans fraude.

CCC.

Et ſi le preſme a faict faire vn adiour-

nement à ban de quinzaine à la parroiffe où les heritages fur lefquels il
demande la premeffe, font fituez, &
luy ait efté à ladite quinzaine, ou a-
pres, la premeffe iudiciellement adiu-
gee, autre plus prochain lignager n'aura lefdites chofes par premeffe.

CCCI.

Recognoiffance de premeffe ne fera cenfee ne reputee valable au preiudice du tier, fi elle n'eft faicte en iugement aux plaids ou hors plaids, au
lieu où on a accouftumé tenir la iurifdiction.

CCCII.

Le prefme qui n'eft demeurant au
Duché, ou eft abfent dudit Duché, ha
an & iour apres l'information & certification faicte des bannies en iugement, pour demander la premeffe.

CCCIII.

Et eft tenu le prefme abfent, prouuer fon abfence, fi elle eft déniee.

CCCIIII.

Le vendeur & acheteur sont tenuz
de iurer cõme le marché fut faict, s'ils
en sont requis.

CCCV.

Et si le presme vouloit prouuer la
maniere du marché, parauãt qu'il eust
prins le serment il seroit receu à le
prouuer: nonobstant que le Seigneur
ou ses officiers eussent prins le sermēt
pour auoir les ventes, parauant que le
presme fust cogneu.

CCCVI.

Et au cas qu'il n'y auroit presme du
ramage qui voulust venir au retraict,
le Seigneur feodal ou celuy qui ha rẽ-
te censiue, peut retirer les heritages
venduz par puissance de fief, ou de
cens. Et ne sera le Seigneur de fief frustré du retraict feodal par appropriement: sinon que l'acquereur eust auparauant faict exhibition du contract
au Seigneur, ou son Procureur, & qu'il
eust

euſt payé ou offert iudiciellement audit Seigneur ou ſon Procureur & Receueur (la court dudit Seigneur tenant) le deuoir de lods & ventes, ou
que ledit acquereur euſt faict les bannies & approprierment par la court dudit Seigneur.

CCCVII.

L'oppoſant, ſoit par oppoſition generale ou particuliere, qui eſt recogneu à preſme en iugemēt par l'acheteur, doit payer reaument & de faict le
pris de la choſe qu'il pretēd auoir par
retraict, ſelon qu'il eſt cōtenu au contract, s'il n'y a fraude : & les loyaux
couſts & miſes dās quinze iours apres
la recognoiſſance & adiudication de
premeſſe, ſans que ledit temps puiſſe e-
ſtre prolongé par aucun Iuge.

CCCVIII.

Le Preſme peut demander & auoir
premeſſe en tout le contenu du contract ſubiect à premeſſe, ou à ce qu'il

I

en pourra payer, pourueu que les choses où il pretēd la premeſſe ſe puiſſent
commodément diuiſer. Et au cas que
le preſme n'en voudroit payer que
partie, ſi l'acheteur ou le creancier auquel auroiēt eſté les heritages baillez
en payemēt, requeroit à la Iuſtice que
ledit preſme iuráſt qu'il n'en peuſt
plus payer, ſans mal mettre ſon eſtat, il
ou ſon Procureur ſpecialement fondé, le doit iurer, ou accomplir le payement.

CCCIX.

Et audit cas n'auroit le preſme, par
ſa premeſſe, des pieces à ſon election,
s'il n'y auoit qu'vn contract, & il ne
peûſt tout auoir : mais lors doiuēt entr'eux departir par loties, s'ils ne font
autre accord : & ce que eſchoiroit audict preſme en ſon lot, luy demeurera.

CCCX.

Et peut l'acquereur auoir le ſermēt

du presme ou de son tuteur, s'il le requiert, qu'il faict ledit retraict pour le retenir à luy, sans fraude.

CCCXI.

Premesse n'appartient à aucun, s'il + ne l'ha au temps de la bannie ou de la certification: côme, si vn enfant estoit encores à naistre apres la certification, il n'auroit premesse.

CCCXII.

En pur feage noble ne doit y auoir premesse.

CCCXIII.

Quand heritage est baillé pour iouyr des leuees par certains ans, & iusques au parfaict payement de la debte du creancier, & en tout autre engage, ferme, ou louage, s'ils n'excedent neuf ans, n'y aura premesse: & s'ils excedēt neuf ans, pourra le presme venir au retraict, pourueu qu'il reste six ans de la iouyssance dudit heritage.

CCCXIIII.

I ii

En tout contract censuel, y aura lieu de retraict: soit au lignager, ou Seigūr feodal, ou censuel.

CCCXV.

En eschāge qui est faite de terre pour terre, ores qu'elle soit aualuee pris pour pris, n'y a premesse : si ce n'estoit en herbregerie où plusieurs seroient herbregez: & l'vn de ceux qui y auroit droict en feist eschange à personne estrange , & les autres ou autre qui auroient part en la maison & herbregement, pretendroient qu'ils ne fussent commodément herbregez & logez, y aura retraict lignager : baillant rescōpense au compermutant d'autre maison ou heritage suffisant, le plus commodément que faire ce pourra, pour ledit compermutant.

CCCXVI.

En contract faict partie par titre d'eschange, & partie par titre de vente, les contrahans seront tenuz specifier les

heritages qu'ils entendent faire entrer
en la vente : & y aura premeſſe és choſes venduës. Et ſi le cōtrat eſtoit faict
& conceu à titre d'eſchange ſeulemēt,
& y auroit deniers desbourſez pour
ſuppleement, ſi leſdits deniers n'excedent le tier de la valeur, n'y aura aucune premeſſe. Et au cas qu'ils excederoient ledit tier, y aura premeſſe , au
pro rata de tout l'argent desbourſé. Et
ſeront les contrahans tenuz exprimer
par le contract à quelle portion ils e-
ſtiment ledit ſuppleemēt. Et ſi le preſme ne ſe cōtente de ladite eſtimation,
il pourra faire priſer les choſes à ſes
deſpens : ſauf repetition deſdits fraiz,
s'il ſe trouue fraudé en l'eſtimatiō faicte par les contrahans.

CCCXVII.

En tranſaction faicte de bonne foy
& ſans fraude , ſur procés intenté &
pendant entre les parties, n'y aura retraict, ventes, ne lodes, ores qu'il y ait

argēt baillé ou promis pour se departir du proces.

CCCXVIII.

Si le Seigneur superieur ou autre noble acquiert du fief de l'homme à son subiect noble, le prochain Seigneur se peut opposer, pource qu'il est plus presme à retraire son fief.

CCCXIX.

Quand l'achapt des choses heritelles est faict durant le mariage en la premesse de l'vn ou de l'autre des mariez, & l'vn d'eux decede, celuy qui demeure, ou son hoir, peut mettre hors par premesse, nonobstant l'appropriance, les hoirs du decedé, de ce qu'aura esté conquis en sa premesse: payant le my-denier de la chose conquise, de ce que elle aura cousté à acquerir par le marché, & pour les baux, vins, & ventes, dedās l'an & le iour du deces: nonobstant l'appropriement faict par lesdits mariez durant leur mariage.

CCCXX.

Et aussi l'heritier du decedé, peut mettre hors le suruiuant par maniere semblable, s'il y a eu quelque chose acquise en la premesse du decedé, sauf audit viuant à iouyr de sa donatiõ que le premier mourant luy auroit faicte: auquel cas surseoira le remboursemēt iusques apres le deces du donataire, en baillant caution.

CCCXXI.

Et s'ils ne les mettoient hors dedans l'an & le iour du deces par leur premesse, les autres en demeureroient appropriez, pour le regard du my-denier.

CCCXXII.

S'il y auoit conquest faict en la premesse & ramage de l'vn des mariez, celuy ou celle au ramage duquel il auroit esté conquis & faict, en pourroit iecter hors celuy ou ceux qui ne sont du ramage, dedãs l'an & le iour, apres

I iiii

que l'eschoiste leur seroit venuë, en payant le my-denier, comme deſſus.

CCCXXIII.

Et ſi ceux hoirs ne vouluſſent ou ne peuſſent iecter les autres hoirs hors de leur ligne, ceux qui ſeroient de celuy ramage, & preſmes plus loingtains, pourrōt retirer ledit acqueſt, en payāt le my-denier, comme deſſus.

CCCXXIIII.

En vendition de rente auecques obligation d'aſſiette, le temps de la premeſſe ne commencera à courir que du iour de l'aſſiette faicte, ſinon que ladite aſſiette fuſt promiſe ſur certain fōds deſigné, & que le contract fuſt banny, & certification faicte in iugement : auquel cas l'appropriement aura ſon effect.

CCCXXV.

Les enfans des Baſtards naiz en loyal mariage, auront premeſſes aux terres de leurs lignages, qui viendront du ramage deuers pere ou deuers me-

re de ceux Baſtards dont ils ſeroiēt iſ-
ſus, quand perſonnes eſtranges les ac-
querroſent.

CCCXXVI.

Quand la vendition eſt faicte à l'vn
du ramage, vn autre dudit ramage en
pareil degré que l'acquereur, ne pourra auoir la premeſſe. Et ſi la vente e-
ſtoit faicte à vn eſtranger de la famille,
ou plus eſloigné, ceux du ramage qui
ſeroiēt en meſme degré, cōcurreront
en la premeſſe par egales portions : ſi
cé n'eſtoit en terre noble, & entre nobles, en meſme degré. Auquel cas
l'aiſné du noble en pareil degré, ſera
preferé au puiſné, & n'y aura repre-
ſentation en premeſſe.

CCCXXVII.

Si en la recognoiſſance & execution
de retraict lignager ou feodal, a eſté
cōmis fraude au preiudice d'autre lignager, ayant demādé la premeſſe, ou
du Seigneur feodal ayant auſſi deman-

de le retraict feodal, y aura dix ans, à
compter du iour de la recognoissance,
pour descouurir la fraude : & reprendre la demande du retraict lignager &
feodal.

Des Fiefs feautez & hommages.

TITRE DIXSEPTIEME.

CCCXXVIII.

VI ne peut tenir terre en Bretagne sans Seigneur : parce qu'il
n'y a aucun franc-aleu en iceluy pays.

CCCXXIX.

Il y a trois formes de Tenuës nobles:
La premiere est appelle, Lige, ou à Ligence, qui est, quãd le Vassal tient prochement & ligement du Seigneur.

CCCXXX.

La seconde est, la Tenuë du iuuei-

gneur d'aisné en parage & ramage, qui
est du puisné Vassal, ou des descëdans
de luy, à son frere aisné Seigneur, ou
descendans dudit aisné. Et celuy qui
tient comme iuueigneur d'aisné en
parage, tient aussi en ligence du Seigneur superieur lige, & prochain dudit aisné.

CCCXXXI.

La tierce s'appelle, en iuueigneurerie, sans parage : qui est, Quand le fief
baillé au iuueigneur vient à la main
d'vn estranger, & qui n'est du ramage,
& celuy qui tient ainsi en iuueigneurerie sans parage, tient aussi du Seigneur proche, comme du Seigneur
lige.

CCCXXXII.

La Tenuë lige ou en ligence, est ordinaire en tous fiefs, laquelle de sa nature emporte obeissance du Vassal,
foy, hommage & chambellenage, &
outre les droits & denoirs contenuz

en l'infeodation & anciens adueuz, &
tenuës.

CCCXXXIII.

L'hommage lige se fera en ceste forme : sçauoir, que le Vassal, l'Espee &
Esperons ostez, teste nuë (ayant les
mains entre celles de son Seigneur, &
s'enclināt) dira telles paroles: (Monseigneur, Ie deuien vostre homme lige, pour) telles choses, (lesquelles ie
releue & tien de vous ligement, en) tel
vostre fief & seigneurie, (lesquelles
choses me sont aduenuës par) tels
moyens:) à cause dequoy, ie vous doy
la foy & hommage lige : & vous promets par ma foy & serment, vous estre
loyal & feable, porter honneur & o-
beissance : & enuers vous me gouuerner ainsi que noble homme de foy lige doit faire enuers son Seigneur.) Le
Seigneur respondra comme ensuyt:
(Vous deuenez mon hōme, pour raison de) telles choses, (par vous dictes

& declarees: & me promettez que
vous me serez feal & obeissant hôme
& Vassal, selon que vostre fief le requiert.) Et le subiect respondra: (Ie
le promets ainsi.) Et lors le Seigneur
dira: (Ie vous y reçoy, sauf mō droict
& l'autruy.

CCCXXXIIII.

Celuy qui tient en iuueigneurerie
sans parage estant hors de la ligne, fera
l'hōmage tāt à l'aisné, qu'au Seigneur
lige & prochain superieur dudit aisné
en la forme susdite: fors que faisant
l'hōmage à son aisné, au lieu des mots
faisant mētion du (Seigneur & Vassal
lige,) sera dict (comme iuueigneur
d'aisné.)

CCCXXXV.

De mesme se faict l'hommage cōmē
iuueigneur d'aisné, par le iuueigneur
qui tient en parage : sans toutesfois ô-
ster l'espee ny esperons, ny mettre ses
mains entre celles de son aisné : mais

doit l'aisné baiser le iuueigneur.

CCCXXXVI.

Tous Seigneurs tenants par degrez les vns des autres, comme iuueigneur d'aisné, doiuent l'hommage lige au prochain Seigneur superieur de tous, & les iuueigneurs, chacun à son aisné proche, doiuent l'hommage, fors la sœur, laquelle n'est tenuë durãt sa vie, faire aucun hõmage de ce que luy est baillé à tenir comme iuueigneur d'aisné, s'il n'est conuenu au cõtraire: mais apres sa mort, l'aisné peut requerir son hoir ou ayant cause d'elle, nonobstant longue tenue de luy faire la foy. Et à faute de ce faire, l'aisné, ou celuy qui le represente, peut saisir par faute d'homme & hommage non faict. Et la saisie executee & signifiee, fera les fruicts siẽs iusques à ce que la foy luy soit faicte.

CCCXXXVI.

Et ne sont tenuz les hoirs de la sœur,

ou qui ont cauſe d'elle, faire la foy iuſques à ce qu'ils en ayent eſté requis : ſi
parauant ceux deſquels ils ont cauſe,
n'auoient eſté en la foy de l'aiſné.

CCCXXXVIII.

Les droits de la Tenuë en parage,
ſont prerogatiues perſõnelles de ſang,
que ſi l'aiſné appelle ſon iuueigneur
en cauſe concernant le fief, il doit libeller ſa demande, & articuler ce qu'il
pretend : & luy donner aſſignation de
temps competant, à ce qu'il ſe puiſſe
pourueoir de cõſeil pour y reſpondre.
Et ſi le iuueigneur faict deux defauts,
& auparauant le iugemẽt du profit d'i-
ceux il ſe preſenté, & iure qu'il n'ha
rie fait par meſpris de ſon aiſné, il n'y
peut eſtre pourſuiuy pour raiſon deſdits defauts, denegations, contredicts
& appellatiõs qu'il auroit interiectces,
en s'en departant dans le meſme iour :
& n'en deuroit amende, ains ſeroit receu à fournir ſes defenſes.

CCCXXXIX.

Le iuueigneur tenant en parage, se peut seoir en iugement au costé de son Seigneur aisné, ou de son Iuge.

CCCXL.

Si le Iuueigneur allegue vers son aisné la forme de sa tenuë: sauoir, qu'il tient de luy côme iuueigneur d'aisné: l'aisné est tenu de la luy recognoistre, autrement le iuueigneur ne seroit tenu de luy obeir.

CCCXLI.

L'aisné n'ha ventes ny rachapt, ny haute iustice sur son iuueigneur, ny ses hoirs, comme dict est.

CCCXLII.

La Tenuë en iuueigneurerie simple, est, quand le parage est finy: lequel se finist quand la terre est transportee en main estrange.

CCCXLIII.

Celuy qui vient à nouuelle possession d'aucun heritage ou fief, par quelque

que ouuerture que ce soit, doit faire la
foy & hommage à son Seigneur, soit
lige ou côme iuueigneur d'aisné, dans
quarante iours apres l'an du rachapt
finy: & au cas qu'il n'y auroit rachapt,
quatre mois apres qu'il est venu à la
nouuelle possession. Et à faute de ce
faire, ledit têps passé, le Seignûr pourra
saisir les choses tenuës de luy, & en fera les fruicts siês en pure perte, du Vassal depuis la saisie executee & signifiee,
iusques à ce que la foy luy soit faicte.

CCCXLIIII.

Si le iuueigneur est en defaut de faire la foy à son aisné, & à son Seigneur
lige, ledit Seigneur lige peut saisir le
fiefdu iuueigneur, & iouyr des fruicts
(comme est dict cy dessus) sans pouuoir estre empesché par l'aisné: lequel
ne peut exploicter pour ses droicts,
que apres le Seigneur lige.

CCCXLV.

Si les choses du iuueigneur sont te-

K

nuës par le Seigneur lige par defaut
d'hommage, rachapt, ou bail, le iuueigneur durant que le Seigneur lige les
tient en sa main, n'est tenu faire la foy
à son aisné, s'il ne veut. Et ne le peut
l'aisné pour celuy temps poursuiure
de defaut de foy.

CCCXLVI.

Celuy qui faict la foy, doit declarer
les choses quelles y tient : la maniere
comme il les tient : si les choses pour
lesquelles il faict la foy, luy viennēt de
succession, ou par acquest, ou par iugemēt de Court: & declarer la maniere de l'acquest, & en informer son Seigneur, s'il l'en requiert, au cas que le
Seigneur s'en feroit non-sçauant. Et
le Seigneur receura la foy , sauf son
droit & l'autruy.

CCCXLVII.

Celuy qui faict hommage lige, doit
cinq solds monnoye pour droit de
chambellenage à son Seigneur. Et s'il

aduient changement en la personne
du Seigneur lige, & qu'autre deuiëne
Seigneur, le Vassal est derechef tenu
de faire la foy à celuy qui succede, en
la place & possession du precedāt Seigneur, sans aucun deuoir du chābelle-
nage. Et en ce cas, le Seigñr ne pourra
saisir qu'apres sommation & interpel-
latiō faicte au Vassal par escrit, ou que
le Seigneur eust faict assauoir ses hommages generaux : apres laquelle sommation ou tenuë d'hommages, si le
Vassal est en defaut de faire la foy &
hommage, le Seigneur pourra saisir,
& fera les fruicts siens, comme deuant
est dict.

CCCXLVIII.

Le Seigneur ne peut departir la Tenuë à son homme : tellement que ou
l'homme, par cause de mesme Tenuë,
ne seroit homme que d'vn seul Seigneur, il seroit contrainct d'estre subiect & homme à deux.

CCCXLIX.

Celuy qui tient autremēt que comme iuueigneur, ne peut cōtraindre son
Seigneur à luy cognoistre sa Tenuë, &
qu'il fust son Seigneur: si celuy Seigñr
ne l'auoit auparauant contrainct ou
voulu cōtraindre à luy faire plus grā-
des seruitudes que les accoustumees.

CCCL.

Le Seigneur peut saisir les terres de
son homme mineur, apres qu'il est
pourueu de tuteur, quatre mois apres
la succession escheuë, ou possession
prinse, ou quarante iours du rachapt
finy, comme deuant est dict.

CCCLI.

Apres que l'homme a espousé sa
femme, il doit faire la foy & hommage pour les terres de sadite femme, encores que la femme l'auroit faite pour
les mesmes choses.

CCCLII.

Quand le Seigneur est absent de la

seigneurie, le Vassal qui doit faire la
foy & hommage, n'est tenu de le cer-
cher hors le fief, s'il ne veult : mais
il doit aller & se pouruoir deuers le
Iuge dudit fief en iugement : & luy requerir souffrance & sauf-respit de faire l'hommage, iusques au retour dudit Seigneur : &, cela faict, ne doit estre
iugé defaillant de faire la foy, pourueu
qu'au premier retour du Seigneur au
fief dont il tiēt, il se presente à luy faire la foy : ou sur le refus offre d'icelle.

CCCLIII.

Quand l'homme a eu la saisine par
an & par iour, des choses dont il doit
faire la foy, le Seigneur par faute d'hõmage, sans l'appeller en iugement, ne
peut l'empescher en sa saisine.

CCCLIIII.

La saisine estant apposee sur aucun
heritage ou fief, pour bail, rachapt, ou
defaut d'homme, droits & deuoirs nõ
faicts, n'emporte aucun effect pour au-

K iii

tre que pour le Seigneur saisissant : &
ne s'en peut seruir le tier pour luy valoir & seruir d'interruption, ou autre
effect.

CCCLV.

Et quand le bail ou rachapt sont finiz, & la terre est deliuree dudit Seigneur, l'aisné à qui la foy seroit deuë,
& qui seroit luy ou ceux dont il auroit
cause, en saisine d'auoir la foy, pour
raison desdites terres, peut saisir lesdites terres par defaut d'hommage, au
cas que le iuueigneur à qui seroient
celles choses, ne luy voudroit faire la
foy.

CCCLVI.

Si le Seigneur acquiert de son homme le fief tenu de luy roturierement,
celuy Seigneur acquereur tiendra celles choses noblemēt, ainsi qu'il faisoit
les rentes, si celles rentes estoient tenuës noblement : & seroient audit cas
lesdites terres acquises, faictes le dom-

maine noble dudit Seigneur acquereur, qu'il tiendra de son Seigneur superieur en foy, comme il tenoit les rē-
tes : & serōt celles choses acquises departies entre les hoirs, ainsi que les rē-
tes eussent esté. Et si aucun estoit Seigneur des terres roturieres, & depuis
il deueint Seigneur du fief dont elles
estoient tenuës, demeureront neantmoins lesdites terres roturieres cōme
auparauant. Et si l'homme acqueroit
de son Seigneur proche les rentes &
obeissances, il les tiendroit du Seigñr
superieur, qui auroit l'obeissance, rachapt & bail, s'il estoit deu par raison
desdites choses :& aussi les ventes, lors
que le cas y escheoirroit, apres ledit
acquest.

CCCLVII.

Par Coustume, anciennement homme roturier ne se pouuoit accroistre
en fief noble, sans payer rachapt.

CCCLVIII.

K iiii

Le Seigneur qui ha dommaine noble, ſoit de patrimoine, ou par retraict
faict de ſon homme, ou par premeſſe,
le peut bailler à feage à pris competāt,
ſans fraude, & ſans diminuer la rente
ancienne, ſi celles choſes auoient eſté
auparauant arentees. Et ſi le Seigneur
auoit retiré l'heritage de ſon homme,
il le peut bailler au pris de la premiere
baillee, ſans diminuer la rente ancienne. Et en prendre par rente & argent
ce qu'il en pourra auoir outre & par
deſſus ladite rente ancienne, & retenir
à luy la iuriſdiction. Et en celuy cas, le
Seigneur ſuperieur n'y prendroit aucune choſe.

CCCLIX.

Les Seigneurs qui ont terres de leur
dōmaine propre, non cultiuees, pourront ſans diminuer le fief du Seigneur
ſuperieur, les affeager, & en prēdre rē-
te auec retētion d'obeiſſance: & outre
quelques deniers d'entree, qui n'exce-

deront cent folds par iournal: & en ce
cas n'y auroit ventes ny premeffe. Et
s'il en prenoit d'auantage, y auroit vêtes & premeffe, & pafferoit l'obeiffance au Seigneur fuperieur.

CCCLX.

Tous fubiects tenants fiefs & iurifdiction bailleront leurs adueuz & minuz dedans l'an, à compter du iour
qu'ils font venuz à nouuelle poffeffiõ
defdits fiefs : & les autres qui ne tiennent que terres & heritages fans fiefs,
dedans fix mois. A faute dequoy faire,
pourrõt les Seigneurs, de qui les chofes font tenuës, proceder par faifies. Et
toutesfois fatisfaifant par lefdits Vaffaux, ils feront tenuz leur faire main-
leuee, payant les fraiz & loyaux coufts
defdites faifies, & execution d'icelles.
Et pendant le temps de fournir ledit
adueu, fera le fubiect, en cas de rachapt, tenu bailler au Seigneur declaration fommaire dans vn mois, des

choſes qu'il tient : à ce que le Seigneur
puiſſe iouyr des droits dudit rachapt.

CCCLXI.

Tout Seigneur eſt tenu de blaſmer
ou reprocher les adueuz & denõbre-
ments qui luy ſeront preſentez dedãs
trente ans, à compter du iour de la re-
ceptiõ deſdits adueuz, par le Seigneur
ou ſon Procureur. Et ledit temps paſſé, demeureront pour deuëment verifiez.

CCCLXII.

Le Vaſſal appellé à recognoiſtre ſon
Seigneur, le doit auouër. Et s'il le deſa-
uouë, & en ſoit par iugement vaincu,
il perd ce qu'il tiët dudit Seigneur en
la Tenuë deſauouee. Et ſi le Vaſſal dit
qu'il ignore ladite Tenuë, & qu'il ait
quelque iuſte cauſe d'ignorãce, comme s'il a nouuellement ſuccedé à autre, ou qu'il ſoit venu par cõtract particulier à nouuelle poſſeſſiõ, en ce cas,
delay competant luy doit eſtre baillé

de s'en enquerir, & en venir refpõdre
par adueu ou defaueu, au terme qui
luy fera prefix, Et fi audit terme il
defauouë,& par fentence eft vaincu,il
perdra ce qu'il tient en la Tenuë def-
niee,comme deuant eft dict.

CCCLXIII.

S'il y a plufieurs heritiers d'vn Vaffal auparauãt que le partage foit faict,
l'aifné du noble faifant l'hõmage, acquittera pour tous : & apres ledit partage,s'il y a terre ou fief baillé par heritage, celuy à qui il aura efté baillé, en
doit faire l'hommage. Et fi lefdits heritiers font roturiers, ils doiuent tous
(attendant le partage) faire la foy: & à
ceft effect conuenir de l'vn d'eux pour
la porter au nom de tous. Et neantmoins apres le partage faict, chacun
d'eux fera tenu faire la foy pour la
portiõ qui luy fera efcheuë : autremẽt
& à faute de ce faire, dans le temps cy
deffus ordõné, le Seigneur peut faifir.

CCCLXIIII.

Les Hommes & Vaſſaux ne peuuét au preiudice de leur Seigneur, ſoit par contracts, partages, ou autrement, partir & diuiſer les rentes par eux deuës: & nonobſtant leſdits contracts & partages, tous les heritages & chacune portion d'iceux, demeureront chargez du tout deſdites rentes, cõme auparauant ils eſtoient.

CCCLXV.

Le Seigneur tenant aucune choſe en ſaiſie, n'eſt tenu durãt icelle payer aucune rente ou hypotheque conſtituez ſur icelle, ſans ſon conſentement.

CCCLXVI.

Le Seigneur ayãt mis en ſa main par faute d'hõme, le fief de ſon prochain Vaſſal, peut en conſequence y mettre tous les arriere-fiefs dont il ſe fera ouuerture pendant icelle ſaiſie: & vſer des meſmes droits que feroit le Seigneur du fief ſaiſy. Et ſi c'eſtoit par faute de rachapt, peut prédre & auoir les sous-rachapts & autres emolumēts profitables, deuz à l'arriere-fief & aduenuz durant l'an du rachapt.

CCCLXVII.

Le Seigneur n'est tenu receuoir son Vassal à l'hommage par Procureur, s'il n'y a cause legitime & necessaire, auquel cas le Seigneur sera tenu le receuoir par Procureur, ou luy bailler sauf respit iusques à autre tēps. Et si celuy auquel seroit deu la foy & hōmage, estoit notoirement roturier, l'homme noble ne sera cōtrainct luy faire lesdits foy & hōmage en personne : ains les pourra faire par Procureur.

CCCLXVIII.

Gens d'Eglise, & autres de main-morte ne se peuuēt accroistre en fiefs qui se gouuernent seculicremēt, pour les amortir, sans la volonté de ceux de qui ils sont tenuz, & l'auctorité du Prince : lequel, & non autre, les peut amortir. Et où ils ne serolét amortiz, seront tenuz (le Seigneur le requcrãt) dedans trente ans , en vuider leurs mains : ou bailler hõme viuant, mourant, & confifquant. Et apres lefdits trente ans , ne pourront eftre contrainêts que à l'indamnité par le Seigneur, autre que le Roy.

CCCLXIX.

Et ne font lefdits gens d'Eglife ou de Religion, fondez à auoir ferme droiêt, bans, ventes, ne autre Iuftice, s'ils n'ont titre ou faifine fuffifante, pour feruir de titre: autremẽt demeurent lefdits droits de Iuftice aux fondateurs, & a leurs hoirs.

Des Moulins, Coulombiers, Garennes, & autres edifices.

TITRE DIXHVICTIEME;

CCCLXX.

Es Moulins, & les moulans ſubiects auſdits Moulins, qui ſont rapportez au partage entre les freres & ſœurs, peuuent eſtre aſſis par l'aiſné aux iu ueigneurs, au pris qu'ils ont eſté eſti mez.

CCCLXXI.

Et ſi partage faiſant d'vne ſucceſſiõ entre freres & ſœurs, & autres coheritiers, ſeroit eſcheu vn moulin auecques ſes moulãs à l'vn d'eux, les autres coheritiers ne pourront faire moulin pour y tirer les ſubiects deſquels le diſtroict auroit eſté baillé à celuy qui auroit eu ledit moulin. Et ſi aucun lignager deſcendu dudit coheritier ainſi partagé, ſe trouuoit en longue poſſeſſion deſdits moulãs, & le lignage fuſt eſloigné, tellement que les hõmes & les femmes deſcendans tant de l'aiſné que du puiſné, ſe peuſſent marier enſemble, encores qu'on ne peuſt

faire prouue que ledit moulin euft e-
fté baillé en partage, il fuffira de prouuer le lignage, & la poffeffion du diftroict fur les moulans. Et ne pourroit
le coheritier ou defcendant, ou ayant
caufé de luy, faifant moulin de nouueau, retirer à foy lefdits moulans, finon en cas de reffort: qui eft, quand le
moulin efcheu en partage feroit chõ-
mãt ou occupé. Auquel cas celuy qui
voudroit auoir reffort des moulans,
bailleroit feureté & obligation de ne
preiudicier à l'autre partie au temps
aduenir, que les moulans ne luy re-
tournent lors que fon moulin fera en
deu eftat : fi autre conuention n'eftoit
entr'eux.

CCCLXXII.

Et fi le frere aifné ne fes iuueigneurs
n'auoient moulin au temps du partage
d'entr'eux, & l'vn d'eux aifné ou
iuueigneur, feift moulin de nouueau,
tous les hommes d'iceux aifnez & iuueigneurs

ueigneurs tombez audit partage, irõt
audit moulin, s'ils ne font fubiects
à autres : fans toutesfois que lefdits
moulãs foiẽt iufticiables par la court
de celuy qui auroit edifié ledit moulin : ains feront iufticiez par denant le
Seigneur prochain ou fuperieur, qui
auront tous emolumẽts, fors ledit deuoir de moulte.

CCCLXXIII.

Et audit cas, celuy qui voudroit a-
uoir ladite moulte, fera tenu bailler
lettre de non preiudice auec caution,
à fes autres cõforts, au cas qu'ils voudroient faire edifier moulin.

CCCLXXIIII.

Quand moulin qui eft en communité & focieté entre plufieurs, eft ruy-
neux, & aucun d'eux le veut refaire, il
doit requerir les autres conforts d'aider à le refaire, à l'equipolẽt de ce que
chacun y doit prendre. Et la requefte
faicte denẽment, à faute aufdits con-

L

forts d'y contribuer, celuy qui les a
ainsi requis, peut faire les edifices dudit moulin. Et ne prendront lesdits
conforts aucune chose au profit dudit
moulin, iusques à ce qu'ils ayent payé
& rendu leur contingente portiõ desdits edifices. Et neantmoins demeureront les moulãs audict moulin du distroict d'iceluy, comme ils auoient accoustumé: sans qu'aucun desdits conforts puisse faire autre moulin pour
les y attraire: nonobstãt le defaut desdits conforts d'auoir contribué, cõme
dessus. Et rendant & payant par eux
ce qu'il appartiendra pour leurdicte
portion contingẽté, ils prendront audit moulin reedifié au temps aduenir
depuis ledit remboursement, & non
de temps precedent. Et ne seront tenuz rendre fors le pris que les edifices
vaudront au temps d'iceluy remboũr-
sement: & le semblable sera obserué
en tous autres edifices qui serontẽ

communité,

CCCLXXV.

Il appartient au prochain Seigneur auoir & retirer les moultes des hommes de ses Vassaux, au cas que ceux Vassaux n'auroient moulin pour mouldre.

CCCLXXVI.

Nul est subiect aller mouldre au moulin d'autruy, s'il n'est son mensionnier en prochefief ou arriere-fief, ou à moulin commun en societé, ou du partage d'entre aisné & iuneigneur, comme dict est, ou s'il ne s'y est obligé par contract non preindicieable au Seigneur.

CCCLXXVII.

Et nonobstant qu'aucun auroit au fief d'vn Seigneur, maison en la ban-lieue de ses moulins, il seroit neant-moins tenu suyure & obeïr aux moulins du Seigneur duquel il est estager mensionnier.

L ij

CCCLXXVIII.

Les hommes de ceux qui ont partagé en parage, doiuent aller au moulin
de leur prochain Seigneur, s'il n'y a
autre condition au contract : & puis
au prochain apres de degré en degré.

CCCLXXIX.

Si le Seigneur superieur ha moulin
dedans la banlieuë, & soit en possession de côtraindre les hommes de son
Vassal noble, d'y aller mouldre, & celuy Vassal faict moulin de nouueau, il
doit aller à son Seigneur lige, & luy requerir le retraict de sesdits hômes que
ledit Seigneur lige luy doit ottroyer,
neantmoins longue tenuë, si le hômes
ne les debattent : auquel cas ledit Seigneur feroit droit entr'eux. Et si neãtmoins ladite requeste, ledit Seigneur
superieur s'efforçoit tenir lesdits hômes à son moulin, il n'en seroit Iuge,
si le Vassal le vouloit debatre.

CCCLXXX.

Nonobstant longue Tenue ny saisine que le Seigneur ait eu sur ses hõmes de les faire mouldre à son moulin, au cas que les subiects diroient
n'estre dedans la banlieuë, la lieuë sera mesuree aux despens des hommes.
Et si le Seigneur faict moulin de nouueau, & n'en soit en saisine & possession, & il vueille cõtraindre ses hommes, s'ils le debattent, sera la lieue mesuree à ses despens : sauf droict & l'a-
mende, & des despens au cas qu'il obtiendroit.

CCCLXXXI.

Et si le Seigneur auoit moulin d'ancienneté, & fust en possession sur ses
hommes de les y faire aller, en celuy
cas il feroit mesurer la lieuë aux despens desdits hommes : & pendant le
debat, seroient lesdits hommes tenuz
de continuer ladite possession, si ledit
Seigneur n'estoit en default de leur
faire iustice touchant ce faict.

CCCLXXXII.

Les hommes font tenuz aller au
moulin de leur Seigneur, qui eſt dedans la banlieuë, ores que le moulin
fuſt hors la ſeigneurie, ou la barõnie,
& chaſtellenie, s'il n'y auoit cõditions
au cõtraire, ou qu'il y euſt autre moulin auquel ils fuſſent tenuz d'aller. Et
ne ſont leſdits hommes ſubiects d'aller audit moulin, s'il n'eſt dedans la
banlieuë : ſi ce n'eſt de leur bonne volonté. CCCLXXXIII.

La banlieuë contient ſix vingts cordes, chacune corde de ſix vingts pieds,
aſſiſe par ſix vingts fois. Et doit eſtre
meſuree des lieux où la ſõme de bled
eſt leuee, iuſques au lieu où elle doit
cheoir, par les voyes que le Seigneur
pourra garentir à ſes hommes, ſans
empeſchement.

CCCLXXXIIII.

Celuy qui ne va au moulin de ſon
Seigneur proche, eſt tenu aller à ce-

luy de fon Seigneur prochain apres.
Et s'il alloit de fa volonté au moulin
de fon Seigneur proche qui ne fuſt dedans la banlieuë, il ne pourroit eſtre
contrainct d'aller à autre moulin en
la banlieuë, s'il n'y auoit autre condition ou obligation.

CCCLXXXV.

Celuy qui fe plainct de la perte ou
dommage de fon bled au moulin, en
doit eſtre creu par ferment, ſi le Meuſnier ne l'auoit auparauant requis de
meſurer fon bled: & par le moyen du
dit ferment, ne doit le Meuſnier eſtre
reputé infame.

CCCLXXXVI.

Les moulans doiuēt mouldre leurs
bleds au moulin de leur Seigneur en
leur rang, comme ils y arriuēt. Et ſi le
Meuſnier le faict autrement, il eſt tenu
l'amender & defdommager : ſinon
que ce fuſt le bled du Seigneur, ou
de celuy qui ha la feigneurie fur le

moulin, qui doit estre preferé en la moulture. Et est l'homme tenu attendre l'eau trois iours & trois nuicts : & au moulin à vẽt vn iour & vne nuict.

CCCLXXXVII.

Le Seigneur ou celuy qui le represente, peut vne fois en chacun an suyure ses hommes & subiects à son moulin, par iustice, & auoir leurs serments du faict dedans l'an seulement, qu'ils ont biẽ suyui le moulin dudit Seigñr: ou prouuer par autre moyen qu'ils ayent esté mouldre ailleurs. Et s'il le prouue, ils doiuent l'amende & rẽdre le deuoir de moulte: & peult le Meusnier s'attacher à la farine, s'il la trouue venante d'autre moulin, pour auoir son deuoir de moulture, qui est la sezieme partie du bled qui aura esté moulu.

CCCLXXXVIII.

Le distroict du moulin à fouler draps s'extend iusques à cinq lieuës

de la mesure susdicte. Et s'il n'y a autre
vsemēt au pays, peut le Seigneur suyure pour ledit moulin, ainsi que pour
les autres : afin d'auoir le deuoir qui
est pour chacune aulne de drap, trois
deniers tournois.

CCCLXXXIX.

Il n'est permis à aucun de faire
Fuye ou Coulombier, s'il n'en auoit
eu anciennement par pied, ou sur piliers, ayans fondements eleuez sur terre : ou s'il n'ha trois cens iournaux de
terre pour le moins, en fief ou dōmaine noble aux enuirōs de la maison en
laquelle il veut faire ladite Fuye ou
Coulōbier. Et ores que aucun auroit
ladite extendue, n'en pourra toutesfois faire bastir de nouueau, s'il n'est
noble. Et ne sera loisible à aucunes
personnes de quelque qualité qu'elles soient, d'auoir ny faire faire tries,
trappes, ou autres refuges pour retirer, tenir ou nourrit Pigeons aux mai-

fons des champs, fur peine d'eſtre deſ-
molies par la iuſtice du Seigneur du
fief ou fuperieur, & d'amēde arbitraire. CCCXC.

On ne doit tirer ne tendre aux Pigeons de coulōbier, auec filets, gluz,
cordes, laçons, ne autrement : ne pareillement tendre ne tirer aux garennes, ne peſcher eſtang, ſi on n'a droiĉt
de ce faire, fur peine de punition corporelle. CCCXCI.

Noble homme peit faire en fa terre ou fief noble, faux à connils, au cas
qu'il n'y auroit garenne à autre Seigñr
és lieux prochains. Et ne doit aucun
y aller chaffer, ne és clos adiacents, ap-
partenans audit noble homme.
CCCXCII.

Quand aucun faiĉt èdifice en fa terre au preiudice d'autruy, ſi celuy edifice eſt faiĉt publiquement, & au veu &
ſceu de ceux à qui il pourroit porter
preiudice, ils doiuēts'oppoſer aupara-

uant la perfection dudit edifice: & par
apres n'y pourroiët venir par oppoſi-
tiõ. Mais pourrõt dedãs l'an & le iour,
apres celuy edifice parfaict demander
par action, deſmolition dudit edifice, payant les miſes & couſtages d'iceluy edifice. Et apres ledit an & iour, ſi
ledit edifice leur portoit preiudice,
peuuent demãder ſeulemẽt eſtre deſ-
dommagez dedans ſix ans, à compter
depuis la perfection dudit edifice: qui
ne ſera entendu des Coulombiers, retraicte à Pigeons & Moulins, deſquels
on pourra demander la demolition
dedans quinze ans.

CCCXCIII.

Si aucun veut clorre ſes terres, prez,
landes, ou autres terres deſcloſes, où
pluſieurs ayent accouſtumé d'aller &
venir, & faire paſturer, iuſtice doit
voir borner & diuiſer les chemins par
le cõſeil des ſages, au mieux que faire
ſe pourra, pour l'vtilité publique: &

laiſſer au parſus, clorre leſdites terres, nonobſtant longue tenuë d'y aller & venir, & faire paſturer durant qu'elles eſtoient deſcloſes.

CCCXCIIII.

Et ſi la iuſtice prochaine eſtoit en default de ce faire , le ſeignr ſuperieur le feroit : & pourroit auſſi pouruecoir & cognoiſtre des bornes oſtees & re-muées, & punir ceux qui en ſeroient coulpables.

Des Aſſiſes , Amendes , & deſdommages deuz par cauſe de beſtail.

TITRE DIXNEVFIEME.

CCCXCV.

E dommaine du Seigneur où y a ſi grande eſtendue qu'autre n'ha que querir enuiron , côbiẽ qu'il ſoit deſclos, eſt touſiours defenſable. Et peut le Seigneur pour le

beſtail qui y ſeroit trouué, demander
l'aſſiſe ou deſdommage,à ſon choix.

CCCXCVI.

Les dommaines nobles ſont en de-
fenſe toute l'annee, s'ils ſont clos,pour
les defendre d'vn cheual enheudé. Et
ceux qui y mettroient beſtes, ſont a-
mendables, ſelon la qualité du faict.

CCCXCVII.

Le Seigneur peut ſe tenir à ſa prinſe iuſques à auoir gage mort, & aſſigner terme pour proceder à la court:
& ſera creu de l'aſſignation , ſans ſermēt. Et ſi ſon ſeruiteur a faict la prinſe, & aſſigné terme, il en ſera creu par
ſerment. **CCCXCVIII.**

Es demandes de l'aſſiſe & deſdommage, le Seignr ou ſon ſeruiteur qui
ont prins les beſtes en leurs terres de-
fenſables, ſeront creuz par leurs ſer-
ments du lieu où le beſtail a eſté prins.
Et ne ſera partie aduerſe receuë à
prouuer le contraire,pourueu que le-

dict Seigneur, ou son seruiteur, soien
personnes qui puissent faire serment

CCCXCIX.

Et si on demandoit l'amende, fau
droit faire la proue du tort-faict, au
trement que par serment. Et, la prou
ue faicte, on auroit l'amende, les dom
mages, & les despens.

CCCC.

Depuis la my-Septembre iusques
la premiere sepmaine de Decembre
pour les bestes de charrue, on ne doi
payer amede, assise, ne desdommage
si elles n'estoient prinses en lieux
clos qu'ils fussent defensables de tou
tes bestes, ou qu'elles y fussent mise
scientement & appenseement. Et e
autre temps, nul ne doit laisser ses be
stes aller la nuict hors, sans les faire
garder. Et des bestes esgarees, ne son
les Seigneurs tenuz, fors à desdoma
ger.   CCCCI.

Pour les gaigneries & vignes, qu

font faictes iufques au temps que font
en grain & bourgeon,on peut demander l'affife,amende, ou defdommage:
c'eft à fçauoir, pour le tort-faict, l'a-
mende : & de la prinfe fans tort-faict,
l'affife ou defdõmage,au choix du preneur. CCCCII.

Le Foreftier du Seigneur, pour la
prinfe qu'il a faict des beftes és dõmai-
nes defenfables, ne doit auoir aucune
chofe,fors fur l'amẽde qui feroit deuë
au Seigneur.

CCCCIII.

Celuy qui a faict la prinfe en fes dõ-
maines nobles : doit deliurer le beftail à toute perfonne qui le requerra,
baillant gage mort. Et fe peut le Seigneur prendre à celuy auquel il a faict
la deliurance : combien qu'il ne foit
Seigneur du beftail,& luy affigner terme,comme dict eft.

CCCCIIII.

Et celuy à qui a efté faite la deliurãce

se peut prendre aux bestes, si celuy à qui sont lesdites bestes ne les vouloit garentir.

CCCCV.

Puis que les terres sont en defense, ou vignes, soit la terre noble ou non noble, on peut auoir l'assise ou desdõmage : si n'est depuis que les bleds, prez, & vignes seróient en estat qu'on peust estimer le desdommage, auquel cas n'y aura assise: mais pourra on demander desdommage. Et peut chacun mettre sa terre en defense, & la hayer : & si elle n'estoit hayee auparauant la my-Auril,& que ne fust dommaine noble (dont a esté parlé cy deuant) on ne pourroit demander assise ou desdommage : si ce n'estoit vigne, bois tailliz, pré, ou terre où il y eust gaignerie.

CCCCVI.

Amende ou assise ne peuuent estre demandez, si le bestail n'a esté prins & rendu

rendu auec gage mort, ou qu'ils ayent esté forcez apres la prinse : mais on peut demander desdommage des bestes qui auroient esté és dommaines & terres d'autruy, le prouuant: combien qu'elles n'auroient esté prinses, si on ne desauouoit les bestes, auquel cas, on pourroit s'attacher esdictes bestes.

CCCCVII.

Puis que les bestes sont prinses pour estre mises en parc, qui les escourroit le deuroit amender, selon la qualité des personnes, & du mesfaict.

CCCCVIII.

Gens de basse condition, s'ils ont clos leurs terres, & icelles mises en defense, ne doiuent auoir guerb, c'est dire, auoir faculté de laisser leurs bestes pasturer és terres des autres voisins, sans payer amēde, desdommage, ou assise, és temps de guerb: auquel temps (qui est depuis la my-Septembre iusques à la my-Feurier) si lesdi-

M

tes terres ne font enfemencees, on ne
peut demāder amende, affife, ou defdommage és terres de gens roturiers
de baffe condition.

CCCCIX.

Beftes d'aumaille & cheures, quand
elles font prinfes en nouuelle couppe
de tailliz, ou nouuelle plante de bois,
& celuy qui a faiɕ̄t la prinfe, ou fon
maiftre, qui les auroit trouuees, les
traiɕ̄t à la fin d'en auoir l'affife, chacune befte doit payer douze deniers
pour l'affife, de la premiere annee
pour chacune fois : & pour la feconde, fix deniers: & de la tierce, trois deniers. Et au furplus des autres annees,
befte d'aumaille, vn denier : & la che-
ure ou le bouc, deux deniers. Et auffi
doit befte d'aumaille en quelconque
defaux où elle foit trouuee, vn denier.
Et fi elle eft en lāde ou en geneftay, ou
en haye, elle dōit deux deniers pour
chacune fois : pourueu que le geneftay

ne lande n'ayent paſſé plus de deux
ans. CCCCX.

Et ſi leſdites beſtes ſont priſes en
vigne qui n'eſt en bourgeon, & eſt deſ-
pouillee de fruict, on doit payer pour
le deſdōmage cōme de bois taillis, de
la premiere annee, à la raiſon que deſſus. CCCCXI.

Cheures ou boucs, s'ils ſont trouuez en lande ou geneſtay, en hayes ou
en buiſſons, ou autres bois, chacun
doit deux deniers.
CCCCXII.

Les brebis ou moutons, les quatre
autant comme yne beſte d'aumaille,
pour chacune fois. CCCCXIII.

Faon de l'annee, porc, ne truye, ne
doiuent aſſiſe, fors deſdommage.
CCCCXIIII.

La beſte cheualine doit deux deniers
en quelque lieu qu'elle ſoit priſe. Et ſi
elle eſt enhendee & priſe en tailliz, elle
M ii

doit quatre deniers.

CCCCXV.

Sur autre beste, ne court point affife: mais defdommage ou amende.

CCCCXVI.

Quand beftail eft prins en terres roturieres, celuy qui le prend, peut (cõme dict eft) affigner terme à la Court
du Seigneur de qui les terres font tenuës, pour auoir defdommage ou affife, ainfi qu'il fera iugé par le Iuge de
ladicte Court. Et fi partie aduerfe defaut, le preneur du beftail, fera creu du
premier adiournement, cõme dict eft.

CCCCXVII.

Quand beftes font prinfes par par-
chage, & mifes en l'hoftel de celuy qui
les aura prinfes, ou autre maifon, on
ne doit clorre l'huis à fermeure fur les
beftes, fans laiffer gens qui les puiffent
deliurer. Et feront tenuz ceux à qui
lefdites beftes appartiennent (vingtquatre heures apres la denonciation

à eux faicte) venir retirer leurs beftes:
autrement payeront l'amende, outre les defpens & dommages.

CCCCXVIII.

Et fi on ne pouuoit trouuer le maiftre ou celuy qui les auroit empar-
chees, on pourroit bailler gage mort à
celuy ou celle qui feroit demeuré à
l'hoftel, & mener les beftes fans tort-
faict. Et fi on ne trouuoit perfonne,
on doit aller au Seigneur des lieux,
fon Iuge ou Sergent, qui prendront le
gage mort, affigneront terme aux parties, & deliureront les beftes.

CCCCXIX.

Quand on prend befte cheualine,
on ne la doit mettre fous fermeure,
ou la lier, fans faire à fçauoir à celuy à
qui elle eft : fors la nuict, pour la garder. Et neantmoins les beftes prinfes
font en la garde de ceux qui les prennent : lefquels ne les doiuent mener
loing des lieux où ont efté prinfes:

mais les doiuent mettre en leurs de-
meurances, s'ils en ont pres, ou s'ils
n'en ont où voiſiné & où fief, s'il y a
maiſons en celuy: s'il n'y en a, où prochain fief voiſiné. Et celuy qui les
prend, eſt tenu prēdre les gages morts
de celuy qui les voudroit deliurer.

CCCCXX.

En trois villages peut auoir vn To-
reau qui ne peut eſtre empeſché d'aller à ieu: & pour iceluy, quelque part
qu'il ſoit trouué, ne doit eſtre payé a-
mende, deſdommage, ou aſſiſe.

CCCCXXI.

Quand auoirs, ou autres choſes, ont
eſté baillez à my croiſt, ou à meſtairie,
nul ne peut prendre, pour le faict du
preneur, aucune choſe ſur iceux a-
uoirs, fors le Seigneur, entāt qu'ils auroient paſturé en ſes terres: & auſſi entant qu'iceux preneurs prendroient
ſur leſdits auoirs.

Des Mariages, douaires, & droits appartenants à gens mariez.

TITRE VINGTIEME.

CCCCXXII.

L E pere peut faire affiette du mariage de ses filles en ses conquefts, fans le con-fentement de fa femme: & fans qu'elle en puiffe demander re-compenfe, fi les filles font du mariage d'eux deux.

CCCCXXIII.

Et fi le pere & la mere marient leurs filles, & d'vn commun affentement l'affiette fuft faite en la terre de la me-re, la mere deuroit eftre recompenfee fur la terre du pere, du furplus de ce que ne pourroit efcheoir à la fille par partage, en la fucceffion de la mere, comme fi elle eftoit efcheuë.

M iiii

CCCCXXIIII.

L'homme & la femme conioincts par mariage, font communs en meubles & acquests, pourueu qu'ils ayent esté en mariage par an & iour, apres les espousailles. Et neantmoins les meubles font en la dispositiõ du mary,& en peut faire sa volonté,entretenant sa femme honnestement durant le mariage d'entr'eux,iusques à ce que le mary soit trouué mal-vsant de ses biens. Et n'auront la femme ny ses hoirs, apres le deces du mary, fors d'autant qu'ils trouuerõt desdits biẽs du deces. Et ne doit-on faire ne ouyr compte de ce que le mary auroit faict des biens meubles parauant sa mort.

CCCCXXV.

Rentes constituees sur le dommaine du Roy , maifon de ville , mesmes les offices venaux achetez à condition de racquit perpetuel , au dessous du denier vingt, feront reputees immeu-

bles,en deux cas: sçauoir, en donatiõ
de meuble, & en partage entre le suruiuant des mariez,leurs enfans ou heritiers: entre lesquels la rente n'ayant
esté amortie ny racquittee . ou offices
remboursez constant le mariage,serõt
censez immeubles.

CCCCXXVI.

La femme toutesfois prenant à la
communité, sera tenuë de payer ou
acquitter la moytié des rentes que le
mary auroit constitué sur luy durant
le mariage,au dessous du denier vingt.

CCCCXXVII.

Les deniers dotaux baillez auec promesse d'asseoir ou de rendre, n'entreront en cõmunité. Et s'il y a promesse
d'assiette, elle sera faicte & prealablement prinse sur le tout des acquests,
d'autant qu'ils en pourront porter, &
s'ils ne suffisent , sur les biens du mary. Et où il n'y auroit que promesse de
rendre lesdits deniers, ils seront leuez

fur le tout des meubles : où ils ne suf-
firoient, fur les acquefts : & s'ils ne fuf-
fifent, fur les propres biens du mary:
le tout au choix du debteur.

CCCCXXVIII.

Les fruicts de la terre de la femme
font au mary depuis les efpoufailles, fi
elle ne decede auant l'an & iour.

CCCCXXIX.

Le mary eft adminiftrateur des biés
de fa femme.

CCCCXXX.

Quand homme & femme mariez,
font obligez en vn mefme contract, &
chacun pour le tout, fi on veut faire
l'execution, conftant le mariage, elle
doit eftre faicte fur les biens du mary
tout premier, tant qu'ils pourront
fournir, parauant que les heritages de
la femme y courent : nonobftant lettres ne obligations que la femme ait
faict ou dõné fur elle, ne fur fes hoirs,
ne fur fes biens.

CCCCXXXI.

Et ſi la femme eſtoit obligee à aucun, & euſt auparauant ſe marier, vē-
du ſõ heritage pours'acquitter: nõob-
ſtant que l'heritage fuſt conuerty en
meuble, ne ſeront toutesfois les deniers employez en l'acquit des debtes
du mary : encores qu'il fuſt obligé à
autres auparauant, iuſques à ce que la
debte à laquelle ladite femme eſt o-
bligee, ſoit entierement payee.

CCCCXXXII.

Quand femme eſt obligee pour le
faiſt de ſon mary, ou pour les priuſes
qu'ils ont faiſt ou contraſté en mariage, ou auparauãt iceluy, & le mary ou
la femme ſont morts, ou tous deux, le
mary ou ſes hoirs ſont tenuz à acquitter & deſdommager la femme & ſes
hoirs, à l'equipolent qu'ils prendrõt
aux meubles. Et au cas q̃ les meubles
ne pouroiẽt fournir à acquitter les debtes, les mariez ou leurs hoirs, y cõtri-

bueront sur leurs heritages , chacun
pour leur part & portion. Et si la femme ou ses hoirs, renōcēt aux meubles
de la communité, le mary ou ses hoirs
sont tenuz acquitter la femme ou ses
hoirs , des debtes de ladite communité, laquelle renonciation ils serōt tenuz faire dedans trente iours apres ledit deces.

La femme
ou ses hoirs
lont sesa
en ... ...
n trente
ours apres
le deces.

et ne prendra
rien aux
quests.

CCCCXXXIII.

Femme qui renonce aux meubles
de la communité , ne pourra rien prēdre aux acquests & conquests d'icelle,
soient appropriez ou non.

CCCCXXXIIII.

Si la femme, auparauant le mariage,
estoit obligee, le creācier apres la dis-
solutiō du mariage, se pourra addresser à elle, pour ladite debte : sauf à elle
ou à ses heritiers, son recours alencōtre des heritiers dudit mary, parautāt
qu'ils y seront tenuz.

CCCCXXXV.

Femme où ses hoirs, peuuent renoncer aux meubles & aux debtes : &
peut la femme, prendre pour sa despense des biens du lieu, & en vser, ellé
& ses gens accoustumez à y demeurer,
competamment : sans vendre ny faire
exces, iusques à ce qu'elle ou son hoir
ayent declaré, dans le temps cy dessus,
s'ils prendront ou renonceront aux
meubles. Et si la femme prend aux
meubles de la communité, elle côtribuera aux debtes, à la raison qu'elle
est fondee à prendre esdits meubles:
& en peut estre directemēt conuenuë
par les creanciers, & pareillement en
peut agir contre les debteurs.

CCCCXXXVI.

Et si elle faict refus de prendre aux
meubles & debtes, elle doit auoir son
lict garny, & son coffre, deux robes &
accoustrements fourniz à son vsage,
quels elle voudra choisir : & partie des
ioyaux & bagues, selon l'estat & qua-

lité de la maison de son mary.

CCCCXXXVII.

Et elle ou ses hoirs doiuent rendre
le surplus,& se purger par serment de
l'outre-plus des choses, au cas que
l'hoir du defunct voudroit auoir leur
serment:ou bien auparauant ledit serment , pourra ledit heritier en faire
proune par tesmoings , si bõ luy semble. Et s'il se troune que auparauãt ladite renonciation elle ait touché ou
destourné les biens , ou partie de ladite cõmunité , elle sera tenuë aux debtes,nonobstant ladite renonciation.

CCCCXXXVIII.

Si le mary du consentement de sa
femme, ou le mary & la femme ven-
dent ,ou autrement alienẽt l'heritage
mouuant à cause d'elle, elle sera recõ-
pensee sur l'heritage du mary , ou sur
leurs conquests faicts constant leur
mariage:au choix du mary ou son heritier. Et si ladite recompense est faicte

sur l'heritage du mary, il ou ses hoirs jouyront & auront desdits conquests à la concurrence de ladite recompense : & le surplus desdits conquests sera party par moytié, selon la Coustume.

CCCCXXXIX.

Et aura la femme recompense de l'alienation de son propre, eu esgard à l'estimation des choses venduës, du iour du contract & consentemēt par elle presté. Et courra l'hypotheque sur les biens du mary dudit iour.

CCCCXL.

Si le mary, cõstant le mariage, vend son heritage, & durant le mesme mariage faict acquests, il sera recompensé de son heritage aliené sur lesdits acquests, parauant que la femme y prēne aucune chose.

CCCCXLI.

Donatiõ faicte à l'vn des mariez par le parent, en contemplation du sang & parēté, ne sera reputee acquest cõmunicable: & n'y aura la femme que son douaire. Et si la donation est faicte par autre personne estrange, sera estimé acquest commun : sinon que le donateur, faisant la donation, eust expressément declaré ne vouloir dõner qu'à l'vn desdits mariez & heritiers du donataire.

CCCCXLII.

Si les mariez, constant leur mariage, deschargent & acquittēt l'heritage ou chose immeuble de l'vn d'eux de droicts naturels, rentes, charges anciēnes, & deuoirs reels, deuz sur iceux, autres que ceux qui auroiēt esté creez durant ledit mariage : la moytié des deniers employez ausdicts acquests & descharges, sera renduë comme meuble, par celuy desdits mariez ou ses hoirs, duquel l'heritage a esté acquitté & deschargé.

CCCCXLIII.

Si la femme se cõsent à l'alienation

que

que fera le mary, des cōquests appropriez faicts durant la communité de
leur mariage, elle n'en aura ne pourra
pretendre aucune recompense.

CCCCXLIIII.

Et au regard des conquests non appropriez, le mary en pourra disposer
comme de meuble, sans qu'il soit requis auoir cōsentement de sa femme.

CCCCXLV.

Femme ne doit estre mise en prison
pour debte ciuile, ne pour le faict de
son mary, ores qu'elle le requist, ou
qu'elle s'y fust obligee.

CCCCLVI.

Les heritages du mary, ny de la femme, ne sont cōfisquez pour le forfaict
l'vn de l'autre, és cas où eschet confiscation. Et si le forfaict du mary est tel
que ses meubles doiuent estre confisquez, en ce cas (si la femme a esté par
an & iour en mariage, & partant y ait
communité entr'eux) la femme aura

N

prouiſiõ raiſonnable, à l'arbitrage du Iuge, pour elle & ſes enfans, ſur les meubles de la cõmunité & fruicts des heritages du mary. Et s'il n'y auoit cõmunité, elle prendra ce qu'elle auroit apporté, tant en meuble que autres choſes quelcõques, ſi elle n'eſtoit participante du delict.

CCCCXLVII.

L'homme n'eſt tenu ne obligé des contracts que ſa femme face, depuis le iour qu'elle eſt eſpouſee : ny ne peut la femme, depuis qu'elle eſt fiancee, faire contract par lequel elle puiſſe obliger la cõmunité du futur mariage: ſi ladite obligatiõ n'eſtoit faicte du cõſentement du fiancé. Et neantmoins où elle ſe ſeroit obligee ſans ledit cõſentement, les propres d'elle demeureroiẽt chargez ſelon la forme de l'obligation. Et quant aux obligations mobilieres paſſees auparauãt leſdites fiançailles, entreront en la cõmunité apres l'an & iour du mariage.

CCCCXLVIII.

A femme marchande compete a-
ction des denrees & marchãdifes que
elle a baillés ou achetees fans fon mary, & fans fon auctorité. Et fi le mary la
fouffroit marchãder, le cõtract qu'elle feroit de la negociation & entremi-
fe de ladite marchandife, feroit bon
& valable, & en doit fon mary refpõdre : & feroit la debte executee fur les
biens communs du mariage.

CCCCXLIX.

La femme eft tenuë de requerir
l'auctorité de fon mary : foit qu'elle
vueille contracter, efter en iugement, ou accepter fucceffion, tant
en demande que defenfe, pour la
conferuatiõ de fes droicts. Et où il ne
voudroit l'authorifer, le Iuge ordinaire la peut authorifer. Et en ce cas, n'eft
le mary ne la communité tenuë de l'e-
uenement defdits proces, & autres

actes cy deſſus, ſoit en principal ou
deſpens, dont les propres de la femme
ſeulement demeureront obligez.

CCCCL.

Femme gaigne ſon douaire ayant
mis le pied au lict, apres eſtre eſpouſee auec ſon Seignr & mary, encores
qu'il n'ait iamais eu affaire auec elle:
pourueu que la faute n'en aduienne
par impuiſſance naturelle & perpe-
tuelle, de l'vn ou de l'autre des mariez, dont plaincte ait eſté faicte durãt
le mariage par l'vn deſdits mariez : &
que pour ceſte cauſe le mariage ait eſté
declaré nul, par Iuge competant, ſoit
du viuãt deſdits mariez ou apres. Auquel cas, ou que la femme ſe forferoit
en ſa perſonne, dont le mary, durant
le mariage, en auroit faict plaincte, elle perdra ſon douaire, donatiõ, & autres aduantages prouenans de ſon
mary.   CCCCLI.

Femme qui laiſſe volontairement

son mary & s'en va auec autre, & n'est auecques son mary au temps de la mort : & aussi si elle le laisse & ne faict son deuoir de le garder, & elle le peut faire, au cas que le mary ne la refuseroit, iaçoit qu'elle ne s'en aille auec vn autre, elle ne doit estre endouairee.

CCCCLII.

Et si elle s'en est allee par incontinence, le mary n'est tenu de la reprendre, ne la recueillir, si n'est de sa volonté.

CCCCLIII.

Et s'il la recueillist de sa volonté, ou par sentéce, elle doit estre endouairee apres le deces de son mary, quelque folie qu'elle eust faicte de parauant : pourueu qu'elle face son deuoir de le garder, & de le seruir, côme elle doit faire.   CCCCLIIII.

Femme vefue qui se remarie auec son domestique ordinaire, perd son douaire. Et au cas qu'elle auroit en-

N iii

fans d'autre mariage, & fe remarieroit follement à perfonne indigne de fa qualité, feront tous dons & aduãtages par elle faicts à telles perfonnes, nuls & de nul effect & valeur: & demeurera ladite femme deflors de la conuëtion de tel mariage, interdicte de tous fes biens.

CCCCLV.

Douaire eft acquis à fëme vefue, encores qu'elle fe remarie, fur les heritages de fõ Seigñr mary, pourueu qu'elle fe foit portee loyaumët en fon mariage. Et doit auoir le tier de ce dont fon mary a eu ou peu auoir faifine & poffeffion ou droicture, durant le mariage, s'il n'y a conuention au cõtraire, fous & iufques à la moytié de l'vfufruict.

CCCCLVI.

Et fera mife par ladite vefue la terre en trois lots, & puis choifira l'hoir principal : & les deux autres lots egal.

lera, & elle choisira apres, s'ils ne peuuent autrement accorder.

CCCCLVII.

Excepté en fief noble, que le principal manoir, iardin, & bois de haute fustaye ne seront comptez, baillant maison competente à la douairiere.

CCCCLVIII.

Et si la douairiere n'estoit logee suffisamment, elle le doit estre au principal manoir.

CCCCLIX.

L'hoir du defunct n'est tenu asseoir douaire à la douairiere, fors entant comme il a eu saisine : si le defunct ou son hoir ne luy auoient faict autre accord, ou que les choses fussent empeschees par leurs faicts.

CCCCLX.

Quand noble hõme a marié son fils aisné, le fils aisné ou ses enfans doiuẽt auoir la iouyssance du tier de la terre

N iiii

du pere , & le pere doit auoir le meuble qui eſt promis à la femme du fils. Toutesfois au cas que le fils aiſné auroit biens de la ſucceſſion de ſa mere, ou d'ailleurs, ſuffiſans pour honneſtement s'entretenir ſelon ſon eſtat & qualité , le pere ne ſera contrainct luy bailler la iouyſſance du tier de ſa terre : & auſſi ne prendra-il les meubles de la femme dudit fils.

CCCCLXI.

Et au cas que ledit fils auroit ledit tier, doiuēt le pere & le fils faire prouiſion competante aux autres enfans , à la raiſon & à l'equipolent que le pere & le fils tiendroient & iouyroiēt deſdits heritages.

CCCCLXII.

Quand noble homme marie ſon fils aiſné, ſi le fils meurt deuant le pere, la femme du fils doit eſtre endouairee du tier de la tierce partie de la terre du pere : ſinon, que le fils euſt d'ailleurs

biens suffisans, comme il est dict cy
dessus.

CCCCLXIII.

Et si elle veut estre endouairee sur
le bien du pere, le pere, ou ses hoirs,
aurōt ce qu'auoit esté promis de meuble à ladite femme, s'il n'estoit payé,
excepté son troussel : c'est à sçauoir
son lict, son coffre, ses robes &ioyaux,
qui luy demeureront quittes.

CCCCLXIIII.

S'il y a deux femmes vefues qui ayēt
esté mariees, l'vne au pere & l'autre au
fils, la premiere mariee sera endouairee premierement, & l'autre au demeurant de ce que deuroit appartenir
au fils.

CCCCLXV.

Douaire n'appartient à femme sur
les acquests, soit qu'elle y renonce ou
qu'elle y prenne part.

CCCCLXVI.

L'vsufruict des heritages, desquels

le mary aura eu la proprieté durant le mariage, estant finy & retourné à la proprieté, le douaire de la douairiere en sera augmenté.

CCCCLXVII.

Femme peut eslire son Iuge en cause de douaire, soit superieur ou inferieur.   CCCCLXVIII.

Et si elle est endouairee, & on luy ait baillé terres, maisons, ou bois qui porte fruict, moulins, estangs, ou autres choses, si elle les laisse deperir parquoy l'heritage soit moins valant, elle sera dessaisie du douaire: & sera regardé le dommage qu'elle aura faict. Et d'autant comme le dommage sera estimé, le reuenu dudit douaire sera diminué, & ce qui en deura demeurer à la douairiere, luy sera baillé par la main de l'heritier principal.

CCCCLXIX.

Si l'homme & femme n'ont esté en mariage par an & iour, de quelque cô-

dition qu'ils foient, la femme ou fes
hoirs, auront ce qu'elle y aura porté
feulement : & encores elle payera fa
part des fraiz & couftages des nopces,
& de la defpenfe, & entretenement du
temps qu'elle a efté auec fon mary. Et
fi le mary demeuroit, il auroit le lict
de fa femme, iufques aux fecondes
nopces.

CCCCLXX.

Et au cas que la femme confentiroit à l'alienation du propre du mary,
elle perdra fon douaire fur les chofes
alienees, fans pouuoir pretédre qu'il
luy foit remply fur les biens qui refteront lors du deces du mary.

CCCCLXXI.

La femme ha la faifine des chofes
qui viennent deuers elle, & de la moytié des cóquefts que le mary faict conftant le mariage d'entr'eux, & du tier
de la terre du mary durant la vie d'elle, apres le deces du mary : & de l'au-

tre heritage où il auoit droicture, si elle ne le perd de son assentement ou par son faict.

CCCCLXXII.

Et à ce moyen, le temps luy est reserué apres la mort du mary, ou aux hoirs d'elle apres sa mort, pour recouurer les choses susdictes, si le mary les a alienees sans le cōsentemēt d'elle.

Des Bastards & autres illegitimes.

TITRE VINGTVNIEME.

CCCCLXXIII.

Es heritages que les Bastards acquierent, au cas qu'ils n'ont hoirs de leur corps engendrez en loyal mariage, doiuent estre au Seigneur sous lequel l'acquisition a esté faicte, pourueu qu'il ait obeissance & moyēne Iustice: combien qu'il n'ait haute

Iustice.   CCCCLXXIIII.

Et si le Bastard ha maison ou herbregement en aucune seigneurie qui
soit à luy par heritage, ou qu'il eust accoustumé à y demeurer, cōbien qu'il
mourust en autre lieu, qui ne fust en
son heritage, toutesfois tous ses meubles, quelque part qu'ils soient, doiuent estre à celuy Seigneur où il a eu
herbregement & demeure, soit par
mariage ou autrement, l'obseque, le
testament, & les autres choses accomplies, & les debtes payees, iusques à
la valeur & cōcurrence des meubles.

     CCCCLXXV.

Et sera reputee residence propre le
lieu où on est nourry: & le lieu où on
reside auec sa femme: ou le lieu où on
a demeuré par l'espace de dix ans cō-
tinuellement prochains deuant le deces.   CCCCLXXVI.

Le Bastard ne succede à ses pere ne
mere, frere ne sœur, ne s'accroist sur

leurs biens. Et aussi les pere & mere,
frere ne sœur ne succedẽt au Bastard.
Pourra neantmoins le pere donner à
son Bastard quelque chose par vsufruict seulement, pour son aliment,
nourriture & entretenement.

CCCCLXXVII.

Bastard peut faire testament, & dõner ses meubles à qui bon luy semblera, iusques à la moytié : mais qu'il ne
le face en hayne contre la seigneurie,
ou contre droict & coustume. Et s'il
donnoit plus que la moytié, la donation ne tiendroit que iusques à ladite
moytié, si ce n'estoit que ses biens fussent si petits qu'ils ne valussent que
peu de chose.

CCCCLXXVIII.

Si aucun auoit enfans Bastards ieunes, & non puissants d'eux pourucoir
de leurs corps, ils doiuent estre pourueuz sur les biens de leur pere ou de
leur mere.

CCCCLXXIX.

Baſtard ne peut faire donation de ſon heritage , retenant l'vſufruict à ſa vie , s'il ne le faiſoit de l'acquiſition de l'heritage par le meſme côtract: ou s'il ne le faiſoit par forme de donatiõ, qui fuſt mutue ou egale : qui ſe pourra extendre ſur la tierce partie de ſon heritage : pourueu que la donatiõ ne ſoit faicte en fraude du Seigneur.

CCCCLXXX.

'Auoutre ne peut donner ne aumoſner meuble ne heritage, ne faire teſtament,s'il ne donne, & s'il ne baille en ſaine vie, en ſaiſiſſant actuellement le donataire,ſans aucune poſſeſſion, ne autre choſe retenir.

CCCCLXXXI.

Les enfans naiz en loyal mariage, des Baſtards, Auoutres, & autres illegitimes, ſuccedent à leurs pere & mere.

CCCCLXXXII.

Si les enfans des Baſtards naiz en mariage, decedent ſans hoirs de leurs corps faicts en loyal mariage, leurs biens doiuent tourner au prochain lignage d'iceux, ſelon le ramage dōt ils ſont iſſuz, tant deuers le pere que deuers la mere.

Des Mineurs, & autres à qui on doit bailler adminiſtrateurs, & des emancipations.

TITRE VINGTDEVXIEME.

CCCCLXXXIII.

'Homme ou femme qui ſont ſous l'aage de vingtcinq ans, ſont mineurs: & ne pourront, iuſques au dit temps accomply, aliener ne diſpoſer de leurs heritages & choſes immeubles, conſtituer hypotheque, ne prendre

prendre auance sur leurs biens , pour
plus d'vn an : vendre ne demolir bois
par le pied. Pourront neantmoins les
Nobles auoir la iouyssance de leurs
biens , l'aage de vingt ans accomply:
agir & defendre pour leurs meubles
& iouyssances.

CCCCLXXXIIII.

Si le Mineur n'est pourueu de tuteur ou curateur, Iustice l'en doit
pourueoir: laquelle, en cas de defaut,
en sera responsable, & des cautions nõ
soluables qu'elle auroit receuz.

CCCCLXXXV.

Et en procedant à la creation des
tuteurs ou curateurs à Mineurs, sera
par mesme moyen, en la presence &
par l'aduis des parents assemblez, deliberé sur l'education & entretenemẽt
desdis Mineurs, tãt pour l'instruction
au faict des armes, lettres, qu'autres
professions, selon leur qualité, & quã-
tité des biens desdits Mineurs.

Q

CCCCLXXXVI.

La mere, au cas qu'elle viue, ou l'heritier proche presumptif du Mineur, seront tenuz d'aduertir & semõdre la Iustice dans quinze iours apres le deces du pere, de pourueoir au Mineur de tuteur ou curateur. Et quinzaine apres, feront tout deuoir & diligence vers les officiers de faire pourueoir ledit Mineur: à faute dequoy, porteront tous dommages & interests que souffriroit, à cause de ce, ledit Mineur.

CCCCLXXXVII.

Et si la mere, ayant esté chargee de la tutele ou curatele de ses enfans, se remarie, elle sera tenuë les faire pourueoir auparauant espouser: sous semblables peines.

CCCCLXXXVIII.

Le Mineur se peut pleger en demãde de premesse, ou pour interrompre prescription qui courroit contre luy,

ou autrement conseruer ses droicts,
ores qu'il ne fust pourueu de tuteur
ou curateur. Et si celuy contre lequel
il se plege, luy debat la premesse ou
autres demandes, il, sera tenu faire
pourueoir le Mineur de tuteur ou curateur.

CCCCLXXXIX.

Et quand le Mineur est recogneu à
presme, il doit payer & faire son deuoir du retraict, comme vn maieur:
autrement demeurera decheu de sa
premesse.

CCCCXC.

Nul ne se peut saisir des biens du
Mineur, sans l'assentement de celuy
qui en ha la garde. Et Iustice ha la
garde du Mineur & de ses biens, tant
qu'il soit pourueu.

CCCCXCI.

Le Mineur deceu, peut, pendant
sa minorité, estre restitué pour raison de la deception, erreur ou faute

faicte par son tuteur ou curateur. Et pour ce faire, luy doit estre pourueu de curateur (ad causam.)

CCCCXCII.

Mineur & celuy qui est en pouuoir d'autruy, ne peut contracter ne negocier, conuenir ny estre côuenu en Iustice, sans l'auctorité de celuy au pouuoir duquel il est, si ce n'estoit contre celuy au pouuoir duquel il seroit: auquel cas sera pourueu par la Iustice, de curateur particulier audit Mineur, ou autre qui seroit en puissance d'autruy.

CCCCXCIII.

Mineur bourgeois ou autre de bas estat, peut auoir par auctorité de Iustice & aduis de ses paréts, l'administration & garde de ses biens, l'aage de dixsept ans accomply, & non auparauant: & de sesdits biens negocier & marchander en choses mobilieres, apres ledit aage.

CCCCXCIIII.

Et neantmoins le noble n'aura l'administration de ses biens, qu'il n'ait vingt ans passez & accompliz, comme dict est.

CCCCXCV.

Les enfans de famille, qui, sous l'aage de vingtcinq ans, côtracteront mariage contre le gré, volonté & cõsentement, & au non sceu de leurs pere & mere, pourront estre par leursdits pere & mere & chacun d'eux, exheredez & priuez de leurs successions ; sans espoir de pouuoir quereller l'exheredation qui ainsi aura esté faicte. Pourront aussi lesdits pere & mere, pour lesdites causes, reuocquer toutes donations & aduantages qu'ils auroient precedentement faicts à leurs enfans.

CCCCXCVI.

Le pere estant decedé, les Mineurs de vingtcinq ans, voulans contracter mariage, serõt tenuz requerir & auoir

O iii

le consentement de la mere, tuteur, &
proches parents, auecques l'auctorité
de Iustice.

CCCCXCVII.

Et ceux qui seront conuaincuz d'a-
uoir suborné fils ou fille Mineur de
vingtcinq ans, sous pretexte de mariage, ou autre couleur, sans le gré, sceu
vouloir, & consentement expres des
pere & mere, & des tuteurs, seront puniz de mort.

CCCCXCVIII.

Les contracts des Mineurs sous l'aage de vingtcinq ans, ne sont validez
par le serment desdits Mineurs.

CCCCXCIX.

L'homme & femme, (encores qu'ils
soient mariez) s'ils sont Mineurs de
vingtcinq ans, ne pourront aliener
leurs heritages & immeubles, constituer rentes & hypotheques, vendre
ne demolir grand bois, ny prendre
auance pour plus d'vn an, iusques

à cequ'ils ayent les vingtcinq ans paf-
sez.

Vc.

Le pere eſt garde naturel de ſes enfans, & ne doiuent auoir autre tuteur,
pourueu qu'il ſe porte bien en ſes autres affaires : ſi n'eſt contre le faict d'i-
celuy pere.

Vc.I.

Le pere peut bailler à ſes enfans mineurs, tuteurs ou curateurs par ſon teſtament: leſquels tuteurs ou curateus
feront tenuz bailler caution, & faire
inuentaire.

Vc.II.

Quand Iuſtice baille tuteur ou curateur au Mineur, on doit faire appeller les parents & amis, & prēdre leurs
ſermēts d'eſlire l'vn d'entreux, ou autre perſonne vtile & profitable, pour
garder & adminiſtrer la perſonne du
Mineur, & ſes biens.

Vc.III.

O iiii

Tous tuteurs & curateurs seront tenuz faire serment en tel cas requis. Et
deuant qu'aucune déliurãce leur soit
faicte des biens des Mineurs, ils seront
tenuz en faire inuentaire bõ & loyal,
& bailler bonne & suffisante caution.
Et sera ledit inuẽtaire faict par le Greffier de la iurisdiction, appellant deux
parents ou voisins & amis du decedé.

Vc.IIII.

Entre les parents du Mineur, ceux
qui sont du costé paternel, sont preferez à la tutele ou curatele, pourueu
qu'ils soient suffisans : & y seront les
premiers contraincts.

Vc.V.

Femme ne sera tutrice, curatrice,
procuratrice, ne s'entremettra de la
solicitation ou autre faict de Iustice, si
ce n'estoit pour elle, pour son mary,
ou pour sa mere en cas de necessité:
autrement ce qu'elle feroit seroit de
nulle valeur.

Vc.VI.

Mais mere, & auffi l'ayeule, peute-
ftre tutrice ou curatrice de fes enfans,
ou des enfans de fes enfans, iufques à
ce qu'elle foit en fecondes nopces, au
cas qu'elle foit fuffifante, & en vueille
prēdre la charge. Et ne leur doit eftre
baillé autre tuteur qu'elle, fi elle ne re-
fufe en prendre la garde : ou s'il n'y a-
uoit prouifion teftamētaire faicte par
le pere.

Vc.VII.

Et le tuteur ou curateur teftamen-
taire preferera la mere : la mere, les
ayeulx ou ayeules: & les ayeul & ayeule, tous autres parents : & les parents
paternels, les maternels.

Vc.VIII.

Tuteur ou curateur ne peuuēt vendre ne aliener les heritages du Mineur, fans fuffifante caufe verifiee par
l'aduis des plus proches & plus fuffifans parēts & amis, decret & auctorité

de Iuſtice : autrement ſera le contract
nul.

Vc. IX.

Auſſi ne peut ledit tuteur ou curateur compromettre, tranſiger, deferer
ſerment deciſif és cauſes heritelles , &
de meubles riches & precieux , ſans
l'aduis des parents , & decret de Iuſtice.

Vc. X.

Si l'homme eſt en aage , il eſt curateur de ſa femme mineure, ſans autre
creation : & s'il vouloit contracter de
l'heritage de ſa femme ,faire le pourroit, en gardant la ſolennité du droict
& de couſtume. Et ſi leſdits mariez
ont pere, ils auront l'auctorité de leur
pere ou peres.

Vc. XI.

Si le tuteur ou curateur cognoiſt
que ſon Mineur ſoit deceu par ſon
faict ou autrement, il peut demander
reſtitution.

Vc. XII.

Et au cas que ce qu'il auroit faict seroit reuocqué, le tuteur ou curateur seroit tenu à desdommager la partie.

Vc. XIII.

Tuteur & curateur ne doiuent intenter proces pour leur Mineur, sans conseil, autrement s'ils succomboient, seront tenuz desdommager le Mineur.

Vc. XIIII.

Tuteur ou curateur ne peut laisser la tutele ou curatele : & ne luy peut estre ostee sans cognoissance de cause.

Vc. XV.

Quand le Mineur aura passé quatorze ans, il sera hors de tutele, & le pouruoira la Iustice de curateur, les parents & amis appellez en la forme que dessus est dicte à la creation de tuteur.

Vc. XVI.

Femme eſt en aage à douze ans quất
à eſtre hors de tutele , & deſlors doit
eſtre en garde de curateur, tant qu'elle ait vingtcinq ans paſſez , ou ſoit en
pouuoir de mary.

Vc. XVII.

Le tuteur ne le curateur ne pouuẽt
contracter & negocier auecques leurs
Mineurs pendant qu'ils en ont la garde : & encores qu'ils ſoient maieurs
ne pourront auſſi cõtracter auecques
eux iuſques à ce qu'ils ayent tenu &
rendu compte, & reſaiſy ceux , dõt ils
ont eu la garde, de leurs biens, titres,
& enſeignements.

Vc. XVIII.

Celuy qui eſt hors de ſon ſens, doit
auoir adminiſtrateur.

Vc. XIX.

Nul ne peut eſtre declaré prodigue,
& ne peut-on interdire l'adminiſtration des biens à aucun, fors que à l'inſtance & à la requeſte de ſa femme, ſes

enfans, ou auttes prochains heritiers
presumptifs.

Vc. XX.

En declaration de prodigalité & interdiction de biés, si le defendeur pretendu prodigue defaut à l'adiournement à luy donné, ou s'il compare, &
que la cause entre en contestation, &
en longueur, le Iuge (information
sommaire prealablemét faicte) pourra ordonner que l'estat du proces sera banny.

Vc. XXI.

Et sera la bannie faicte au marché
prochain, & à la parroisse du domicile de celuy qui est appellé en prodigalité, & attachee au post & lieu public
dudit marché, ou porte d'Eglise parrochiale : & apres rapportee & certifiee en Iugement à iour d'audiance.

Vc. XXII.

Et s'il y a aucun qui contracte auecques luy depuis le ban, & luy baillo

aucune chofe, & il foit depuis prouué
& declaré mal-vfant de fes biens, il le
perd , & fera le contract de nulle valeur.

Vc.XXIII.

Et s'il eſt declaré mal·vfant de fes
biens, il luy fera baillé adminiſtrateur
pour gouuerner & adminiſtrer fes
biens : & aura la femme du prodigue
ledit gouuernement & adminiſtratiõ,
fi elle fe trouue capable pour adminiſtrer lefdits biens : autrement fera baillee ladite adminiſtration à autre de fes
parents qu'on trouuera fuffifant &
profitable pour ce faire.

Vc.XXIIII.

Le demandeur & pourfuyuant en
inſtance de prodigalité , fera tenu de
faire iuger diffinitiuement le proces,
dedans trois ans apres l'introduction
d'iceluy : autrement les cõtracts faicts
par le pretendu prodigue , feront valables.

Vc.XXV.

L'adminiſtration dés biens, peut
eſtre renduë à celuy qui a eſté declaré
prodigue, ou à qui on a interdict l'adminiſtratiõ de ſes biẽs, auec cognoiſſance de cauſe, & par auctorité de Iuſtice.

Vc.XXVI.

Le pere peut emanciper ſon enfant,
s'il ha vingt ans paſſez, & ſi l'enfant le
requiert.

Vc.XXVII.

Et ſi l'enfant eſt marié auec l'aſſen-
tement de ſon pere, & ha femme eſpouſee, il eſt emancipé par la Couſtume, quant à iouyr de ſes biens.

Vc.XXVIII.

Fils de famille qui aura excedé l'aage de vingtcinq ans, ayant domicile
ſeparé de ſon pere, ſera cenſé & reputé
emancipé, à pouuoir contracter &
eſter en iugement, ſans auctorité de
pere.

Vc.XXIX.

Tout ce que les enfans non emancipez acquierent par marchandiſe, ou
par autre voye, eſt au pere, au cas que
le pere le vueille auoir, & le declare
ainſi en ſon viuant: ſinon que leſdits
biẽs leur vinſent par raiſon de mariage, ou fuſſent acquis par les enfans nõ
emancipez, apres le mariage faict du
conſentemẽt du pere, comme dict eſt:
ou qu'ils leur euſſent eſté donnez, ou
qu'ils leur fuſſent yenuz par raiſon de
ſucceſſion, ou qu'ils les euſſent acquis
par ſeruice, ou par prouëſſe de leurs
corps.

Vc.XXX.

Si le pere ou la mere, conſtant leur
mariage, retiroiẽt de leurs deniers par
premeſſe au nom de l'vn de leurs enfans, les terres par eux vendues, ou par
autres leurs parents & lignagers, leſquelles terres leſdits pere & mere, cõme plus proches en degré, pourroient
en leur

en leur nom retirer lesdites terres ainsi
retirees au nom de leurs enfans , serōt
partagees entr'eux comme les autres
biens de leur succession: sinō que lesdits pere & mere en eussent disposé en
leur viuant.

Ve.XXXI.

Et si apres le deces de l'vn ou l'autre
desdits mariez, lesdits pere & mere re-
tiroiët au nom de l'vn desdits enfans,
les choses venduës en l'estoc du decedé, lesdites choses serōt propres audit
enfant au nom duquel elles aurōt esté
retirees : en rapportāt les deniers qui
auront esté payez par lesdits pere ou
mere : pour estre partagez comme les
autres biens de ladite succession.

Ve.XXXII.

Tous enfans doiuent estre pourueuz sur les biēs du pere ou de la mere, au cas qu'ils n'eussent iugement &
moyē de pouruoir à leurs necessités.
Et s'ils n'auoient rien, Iustice les doit

faire pouruoir sur les biens de leurs prochains lignagers.

Vc. XXXIII.

Et si on ne sçauroit sur qui faire pouruoir les enfans, comme s'ils auoient esté iectez & exposez, les gens de la parroisse où ils sont trouuez, leur doiuent faire pouruoyãce par les Tresoriers & fabriqueurs d'icelle : & y doiuent estre contraincts par Iustice.

Vc. XXXIIII.

Le pere peut faire demande pour son enfant, ou pour ses enfãs mineurs de vingtcinq ans : car il est leur garde naturel, & luy en compete action.

Vc. XXXV.

Celuy qui est en pouuoir d'autruy, ne doit auoir garde d'autre, s'il n'est aagé de vingtcinq ans. Et s'il ha ledit aage, ores qu'il ait pere viuant, il peut auoir garde d'autruy, pourueu qu'il soit authorisé de son pere. Et peut le Iuge contraindre le pere de luy dõner

auctorité, au cas qu'on n'en trouueroit
autre plus profitable. Et pour les contumaces du pere, la Iustice authorise-
ra le fils. Vc.XXXVI.

En cas de crime criminellement
proposé, n'est requis auctorité pater-
nelle, ne auoir auctorité de ceux qui
ont puissance sur le delinquant.

Vc.XXXVII.

Pere, mere, & autres personnes se
pourront démettre en tout ou partie
de la proprieté de leurs biẽs, auecques
retentiõ de l'vsufruict d'iceux, en leur
heritier presumptif principal & noble. Et sera la demision bannie par
trois iours de Dimanches consecutifs, issuë des grandes Messes, à la parroisse du domicile de celuy qui se dé-
met, & autres parroisses, où il aura
maisons, & par vn iour au prochain
marché du domicile. Et serõt lesdites
démisions & bannies ainsi faictes, certifiees par deuãt le Iuge du domicile.

Et au cas que ledit Iuge du domicile
ne seroit Royal, seront lesdites demisions & bannies rapportees & leuës en
iugemēt du prochain siege Royal dudit domicile, l'audience tenant, & enregestrees au Greffe dudit siege. Et ce
faict en la forme susdite, les contracts
d'alienation qui seront faicts depuis
lesdites demision & bannies certifiees
& regestrees, comme dict est, serōt de
nulle valeur. Et neantmoins lesdites
demisions, le Seigneur iouyra des rachapts & autres profits de fief par le
deces de ceux qui se sont démis.

Des Successions & partages.
TITRE VINGTTROISIEME.
Vc. XXXVIII.

EN ligne directe, le mort saisist
le vif.

Vc. XXXIX.

La ligne directe s'entend des ascendans & descendans.

Vc. XL.

En succession collaterale, la Iustice
de celuy qui ha fief & obeissance, est
saisie de la succession. Et où il se trouueroit plusieurs pretēdans ladite succession, le Iuge apres s'estre informé,
la baillera au prochain, en prenant
caution de la rendre quand & à qui
faire ce deura.

Vc. XLI.

Les maisons, fiefs, rentes de conuenants, & dommaines congeables nobles, & autres terres nobles, soiēt d'ancien patrimoine ou d'acquest, & les
meubles, feront partagez noblement
entre les nobles, qui ont eux & leurs
predecesseurs dés & parauant les cent
ans derniers, vescu & se sont cōportez
noblement : & aura l'aisné par precipu, en succession de pere & de mere,
& en chacune d'icelles, le Chasteau ou
principal manoir, auec le pourptis :
qui sera, le Iardin, Coulombier, &

bois de decoration , & outre les deux
tiers, & l'autre tier sera baillé aux puisnez par heritage, tant fils que filles,
pour estre partagé par l'aisné entr'eux
par egales portions: & le tenir chacun
desdits puisnez comme iuueigneur
d'aisné, en parage & ramage dudit
aisné.

Vc. XLII.

Et en ce ne sont comprins les anciens Comtes & Barons, qui se traicteront en leurs partages comme ils
ont faict par le passé.

Vc. XLIII.

En successions collaterales , soient
de fils ou de filles, entre les nobles,
l'aisné ou celuy qui le represente , soit
fils ou fille, recueillira seul l'heritage,
fiefs , & autres choses qui auront procedé du tige, & tronc commun, & qui
auront esté baillees par l'aisné , ou celuy qui le represente, par partage à ses
puisnez.

Vc.XLIIII.

Et les autres biens qui se trouuerõt
esdites successions collaterales par
quelque moyen que ce soit , seront
partagez entr'eux noblemẽt: sçauoir,
les deux parts de l'heritage & meubles
à l'aisné , & le tier aux puisnez , fils ou
filles,par heritage.

Vc.XLV.

Et aduenant que l'aisné , ou celuy
qui le represente , decedast sans hoirs
de corps, l'aisné apres, ou celuy qui le
represente, soit fils ou fille, succedera
à tout ce que seroit escheu au decedé,
du tige & tronc cõmun tant parernel
que maternel : sans que les puisnez y
puissent prendre aucune chose.

Vc.XLVI.

Et quant aux acquests & autres biẽs
nobles n'estans du tige & tronc commun, qui se trouueront esdites successions collaterales, seront partagez
entre l'aisné, ou celuy qui le repre-

fente, & les puifnez ou ceux qui les
reprefentent : fçauoir, les deux parts à
l'aifné, & le tier aux puifnez.

Vc. XLVII.

L'heritier maſle ou les defcendans,
de luy, en quelque aage qu'ils foient,
feront preferez , pour le droiĉt d'aif-
neſſe, en toutes fucceſſions directes &
collaterales, aux filles , & defcendans
d'elles.

Vc. XLVIII.

Et quant aux terres roturieres qui
fe trouueront aux fucceſſions tant directes que collaterales , feront partagees egalemēt entre l'aifné & puifnez:
le choix & election referué à l'aifné a-
pres que les lots aurōt eſté faiĉts & receuz entr'eux.

Vc. XLIX.

Entre l'aifné, & fes puifnez , faifant
leurs partages, les heritages feront reputez nobles, verifiant l'aifné qu'ils
ont eſté poſſedez , par leurs predecef-

seurs ou autheurs, noblemēt par quarante ans precedens la succession escheuë, sauf aux puisnez à verifier la qualité cōtraire, si bon leur semble.

Vc.L.

Et sera en l'option de l'aisné, de bailler le tier aux terres & fiefs nobles à ses puisnez, en tel lieu que bon luy semblera, sans y employer les terres roturieres, qui seront partagees, cōme dict est : sans toutesfois ledit aisné démolir, ne vēdre les bois de haute fustaye, sur les heritages du tier, depuis la succession escheuë.

Vc.LI.

Et l'aisné ayant choisi le lieu pour partager lesdits puisnez, il fera l'assiette dudit tier, & la continuera de prochain en prochain, sauf vn tressault seulement, si les parties ne l'accordent autrement.

Vc.LII.

L'aisné & puisnez contribuerōt aux

debtes mobilieres, perſonneles & hypothecaires, des ſucceſſions tant directes que collaterales , eſquelles leſdits
puiſnez prendront: ſçauoir, l'aiſné les
deux parts, & les puiſnez le tier, ſans
cõſideration de ce que reuient à l'aiſné de l'anciẽ patrimoine prouenu du
tige commun : ne auſſi de la portion
egale que prẽnent aux terres roturie-
rez les puiſnez.

Vc.LIII.

Si l'homme noble eſpouſe vne femme de condition roturiere, les heritages nobles de la femme ſeront partagez noblement, entre les enfans & les
deſcendans d'eux, cõme les biens nobles du pere.

Vc.LIIII.

Et defaillant la ligne deſcendante,
& retournant les choſes à leur eſtoc
premier, ſeront partagees ſelon la cõdition de la famille.

Vc.LV.

Et quand la femme noble se remarie auec l'homme de condition roturiere: leurs successiōs seront partagees
entre leurs enfans & les descendans
d'eux, egalement: sauf le precipu cy a-
pres, aux heritages nobles. Et defaillant la ligne des descendans d'eux, retourneront les choses au gouuernement de leur premier estoc.

Vc. LVI.

La femme noble s'estant mariee en
premieres nopces auec vn roturier,
dōt il y ait enfans, si elle se remarie en
secondes nopces auec vn noble, dont
il y ait enfans, la succession d'elle ou
autre, soit directe ou collaterale, qui
seroit de son estoc & aduiendroit à
cause d'elle, sera partagee entre les enfans du premier lict, comme succession egale sans precipu, sur les portions des enfans du noble: &, leurs
portions ainsi distraictes, ce que demeurera pour le droit des enfans du

Vide. & Vi
Cod. de Incolis
lib. 10. c7
L. 10. c. de
nuptiis.

second lict, sera partagé entr'eux noblement.　　Vc.LVII.

Les filles mariees par pere noble, ne
pourront demander autre plus grand
partage que celuy que leur aura faict
leur pere, mariage faisant, encores
qu'elles fussent mineures, & qu'elles
n'eussent renoncé : pourueu qu'elles
fussent deuemēt apparagees. Le semblable sera gardé pour le regard des
biens de la mere, quand les filles auroient esté mariees par les pere & mere nobles, d'extraction noble.

Vc.LVIII.

La portion de la fille mariee par le
pere noble, ha moindre part qu'il ne
luy appartient par la Coustume, ou de
Religieux ou Religieuse, ayant faict
profession volontaire en aage legitime, accroist & appartient à l'aisné à la
charge des debtes, à la raison de ladite
portion, & payāt la pension qui seroit
deuë ausdits Religieux ou Religieuse.

Vc.LIX.

Succedera auffi ledit aifné, & recueillira toutes les parts & portiõs de
fes freres & fœurs decedez, depuis la
mort de leur pere & mere : encores
que lefdits freres & fœurs n'auroient
faict action ny demande de leur partage.

Vc.LX.

Le pere noble pourueu de fens,
pourra par l'aduis & confeil de quatre
parents de fes enfans, deux paternels
& deux maternels, partager fefdits enfans de fon viuant : laiffant à fon aifné
fils ou fille, la principale maifon. Et
tiendra ledit partage apres fa mort, s'il
n'appert qu'il l'ait reuocqué par teftament, ou autre declaration faicte par
efcrit : pourueu qu'aucuns de fes enfans ne foit lezé ne greué outre la fix-
ieme partie de fa legitime. Et s'il veut
partager fes enfans aux biens de leur
mere, le pourra faire, elle viuante &

confentante, & non autrement.

Vc.LXI.

Les nobles qui font trafic de marchandifes, & vfent de bourfe commune, contribueront pendant le temps
du trafic & vfage de bourfe commune, aux tailles, aydes, & fubuentions
roturieres. Et feront les acquefts faicts
pendant le temps ou qui feront prouenuz dudit trafic ou bourfe commune, partagez egalement pour la premiere fois : encores que foient d'heritages & fiefs nobles. Et leur fera libre de reprendre leurdite qualité de
nobleffe & priuilege d'icelle, toutesfois & quantes que bon leur femblera : laiffant lefdits trafic & vfage de
bourfe commune, & faifant de ce declaration deuant le prochain Iuge
Royal de leur domicile. Laquelle declaration ils ferõt tenuz faire infinuer
au regeftre du Greffe, & intimer aux
Marguillers de la parroiffe du domi-

cile, pourueu qu'apres ladite declaration ils se gouuernent & viuent côme
il appartiët à gens nobles. Et en celuy
cas, les acquests nobles depuis par eux
faicts, seront partagez noblement.

Vc.LXII.

Et toutesfois si pendant ledit trafic
& vsage de bourse cômune, il leur aduenoit quelque succession noble, directe ou collaterale, ils la recueillirõt
& partagerontnoblement, côme aussi
leur patrimoine ancien: sans qu'en ce
regard ledit trafic & vsage de bourse
commune, leur puisse preiudicier.

Vc.LXIII.

L'aisné du noble doit auoir la saisine de toute la descente & succession
de quelque chose que ce soit, tant noble que roturiere: & doiuent les heritages ensuyr la personne, quant à la
saisine, & ne doit l'hoir respõdre des-
saisy. ### Vc.LXIIII.

Et doit auoir chacun son droict par

voye d'action vers l'heritier du noble.
Vc.LXV.

Quand les puiſnez, fils ou filles, demandent leur partage en Iuſtice, ils
peuuent faire appeller l'aiſné deuant
le Iuge du manoir principal de la ſucceſſion & demeure plus ordinaire du
defunct: & pourront demander à l'aiſné, declaration par eſcrit de tous les
biens de la ſucceſſion : laquelle l'aiſné ſera tenu de preſenter, cõme auſſi
les hommes & ſubiects contraincts
de declarer quelles rentes & deuoirs
ils doiuent. Et ſi le puiſné pretend de-
battre ladite declaration, & que les
parties en entrent en conteſtation, ſera l'aiſné tenu conſigner, par prouiſ-
ſion, telle ſomme que ſera arbitree
par le Iuge, tant pour aliments que
fraiz du priſage & proces, ſelon le
nombre des enfans, grand des biens &
valeur d'iceux : dont ſera ſommairement informé, auparauant que les
puiſnez

puisnez soient tenuz respondre sur les distractions & autres moyens dudit aisné, s'il n'y auoit accord par escrit, dont apparust promptement.

Vc. LXVI.

Entre freres & sœurs & autres coheritiers (auparauant entrer on contestation pour le faict de leur partage) le Iuge les renuoyera par deuant leurs parents, pour amiablement accorder de leur partage, si faire ce peut, sans forme de proces.

Vc. LXVII.

Entre nobles personnes, les meubles sont departiz par moytié, au cas que la femme vueille accepter & prédre aux meubles & aux debtes, ou ses hoirs, si elle est morte la premiere.

Vc. LXVIII.

Les harnois de guerre ne cheent en partage : & doiuent demeurer à l'hoir principal des nobles, & l'eslite des cheuaux, auec leurs harnois.

Q

Vc.LXIX.

Et aura la femme noble ses robes &
ses ioyaux, comme il est dict cy deuãt,
pour la moderation du trousfel.

Vc.LXX.

Les enfans des hommes de valeur
& merite, qui ont esté & serõt par leur
valeur & autremẽt qu'en faueur d'argent deboursé, annobliz par lettres
du Prince, deuëment publiees & verifiees, ne partageront noblemẽt iusques à ce que les terres & fiefs nobles
soient paruenuz en second partage:
comme, si le pere a esté faict noble, la
succession sera diuisee egalemẽt (sauf
le precipu de sold pour liure à l'aisné)
entre ses enfans: & la successiõ desdits
enfans sera partagee noblemẽt, comme entre les autres nobles : pourueu
que ledit annobly & les descẽdans de
luy, ayẽt vescu & se soient comportez
noblement. Et quant aux successions
collaterales, elles serõt departies ega-

lement, si elles ne prouiennent du tige & souche de celuy duquel la succession doit estre partagee noblemēt,
ou de ses freres.

Vc.LXXI.

Nul n'est heritier qui ne veut: & celuy qui se voudroit porter heritier
sous benefice d'inuentaire, seroit tenu le declarer dans quarāte iours, s'il
est au Duché: & s'il est hors, dedans
trois mois: à faute dequoy, il sera tenu & reputé heritier pur & simple.

Vc.LXXII.

Il est permis à l'heritier accepter la
succession sous benefice d'inuentaire:
lequel ne pourra estre exclus par celuy qui voudroit accepter ladite succession purement & simplement : encores qu'il fust en pareil degré, soit entre gens nobles ou roturiers.

Vc.LXXIII.

L'heritier, sous benefice d'inuentaire, doit auparauant toucher aucu-

nement aux biés, faire appofer le feau
fur les biens delaiffez par le defunct:
& faire declaratiõ d'accepter fous benefice d'inuētaire, la fucceffion en iugement, dedãs le temps cy deffus dict,
à compter du iour de la fucceffion efcheuë : &, ce faict, prendre commiffion du Iuge pour appeller les crediteurs : ce que ledit heritier fera tenu
de faire par deux affignatiõs à ban au
prochain marché & parroiffe du domicile du decedé, aux iours de Dimã-
che & de marché, Et fera la premiere
affignation de quinzaine : la feconde
de trois fepmaines, qui feront rapportees en iugement, l'audience tenant.
Et fera tenu l'heritier faire conclurre
ledit innentaire dedans trois mois a-
pres la declaration par luy faicte.

Vc.LXXIIII.

S'il fe trouue que l'heritier fous benefice d'innentaire, n'euft fait ehtier
rapport, & euft recelé & retenu quel-

que portion de meubles, il sera tenu
& reputé heritier pur & simple.

V. LXXV.

Sera l'heritier sous benefice d'inuētaire, tenu bailler par declaration les
heritages de la succession, & les baux
à ferme d'iceux, s'ils ont esté faicts par
le defunct: sinō, les fera faire iudiciellement & solennellement.

Vc. LXXVI.

L'inuentaire solennellement faict,
les creanciers deuëment appellez, lesdits creanciers pourront, à leur dili-
gēce, faire faire l'ordre entr'eux selon
la priorité, & posteriorité, nature &
qualité de leurs debtes. Ausquels
creanciers ne sera tenu ledit heritier
payer plus que l'inuētaire ne se monte: & seront les fraiz d'iceluy inuentaire prealablement payez.

Vc. LXXVII.

Et l'ordre faict, & les crediteurs
payez suyuant iceluy, si les biens de la

Q iij

succeſſion tant meubles que heritages,ne peuuēt ſuffire à l'acquit& payement des debtes , ledit heritier n'en
pourra eſtre conuenu ny appellé,
ſauf aux crediteurs premiers à repeter des poſterieurs, ce qu'auroit eſté
payé.

Vc.LXXVIII.

Pendant la ſolennité de l'inuentaire & ordre des creanciers , les deniers
prouenãts de la vente des meubles &
fruicts des immeubles, demeureront
entre les mains de l'heritier, baillant
par luy caution : à faute dequoy faire,
ſerõt leſdits deniers dépoſez en main
de perſonne ſoluable, cõme auſſi les
credits,ſcedules,& obligations.

Vc.LXXIX.

Les meubles eſtans venduz apres v-
ne bannie ſolennelle,la vente des immeubles ſera faicte à eſteincte de chã-
delle,au plus offrant & dernier enche-
riſſeur, apres trois bannies conſecuti-

nes: les deux premieres à la parroiſſe, la tierce à la parroiſſe & au marché
prochain, qui portera aſſignation
d'huictaine pour le moins.

Vc.LXXX.

L'heritier, par benefice d'inuentaire, faiſant la vente du meuble, ſera
preferé à tous autres encheriſſeurs:
payant promptement les deniers de
la derniere enchere. Et quant à
l'immeuble, ledit heritier aura la
premeſſe, rembourſant dans quinzaine.

Vc.LXXXI.

Et attendant la confection dudit inuentaire, le Iuge fera deliurer pour les
fraiz des obſeques, aumoſnes, gages,
& ſalaires des ſeruiteurs, deniers, s'il
s'en trouue en la ſucceſſion: ſinon des
meubles, pour eſtre promptemēt venduz, & les deniers mis entre les mains
des executeurs teſtamentaires, ſi aucuns y a: ou de l'heritier qui s'eſt repre-

Q iiii

senté, ou du plus proche parent.

Vc.LXXXII.

Si le prochain à succeder renonce à la succession, le prochain apres luy, peut (s'il veut) accepter & auoir ladite succession : & ainsi des autres ensuyuant.

Vc.LXXXIII.

Les biens meubles des Bourgeois, & autres du tier estat, seront partagez entre les suruiuans & les heritiers du decedé par moytié : & payeront les debtes de la communité par moytié, & l'heritier les fraiz des obseques, & legs testamentaires.

Vc.LXXXIIII.

Le suruiuant des mariez, soit noble ou de tier estat, est tenu faire faire inuentaire s'il y a enfans mineurs : & iusques à ce qu'il y ait inuentaire deuëmēt faict, la premiere communité durera, si bon semble ausdits enfans du premier lict : demeurera neantmoins

en la faculté defdits enfans & autres
qui auroient intereft, d'informer du
plus, fi le rapport ne leur femble entier & veritable.

Vc.LXXXV.

Et au cas que lefdits enfans acceptent la continuation de ladite communité, ils feront fondez à auoir la
moytié tant des meubles qu'acquefts
qui fe trouueront faicts pendant la
continuation de communité, iufques
à l'inuentaire.

Vc.LXXXVI.

Apres l'an & iour du mariage des
Bourgeois ou autres du tier eftat, les
meubles & acquefts feront communs
& partagez par moytié entre les heritiers du decedé & le furuiuãt: excepté
ceux qui font profeffion des lettres,
l'aifné defquels aura les liures principaux de la profeffion du decedé.

Vc.LXXXVII.

Les enfans & autres heritiers des

bourgeois, & autres du tier estat, partageront egalement, tant en meubles que heritages, en succession directe & collaterale : & choisiront les enfans masles descendans d'eux, en quelque aage qu'ils soient, les vns apres les autres : & apres eux les filles, selon l'ordre de leur natiuité.

Vc.LXXXVIII.

Entre bourgeois & autres du tier estat, le fils aisné aura la principale maison & logis suffisant, soit en la ville, ou aux champs, à son choix selon la quantité des biens : faisant recompense aux autres, s'il la veut auoir : & s'il ne la veut auoir, le prochain apres luy la pourra auoir, faisant ladite recompense. Et où il y en auroit deux, l'vne aux champs l'autre en la ville, ne pourra choisir que l'vne des deux.

Vc.LXXXIX.

L'aisné des bourgeois & autres du tier estat, ou ses enfans, fils ou fille,

qui auroient terres & fiefs nobles, soit
fils ou filles, aura par precipu sur lesdites terres nobles, vn sold pour liure
partage faisant : & ce en la succession
directe seulement.

Vc. XC.

Et s'il y auoit enfans de deux mariages, les premiers fussent du tier estat, &
les seconds nobles : comme, si la femme noble auoit espousé vn rotutier
en premieres nopces, & en scond mariage, vn Gentil-homme, les enfans
du rotutier ne prēdroient aucun precipu sur le droict & portions des enfans du mary noble.

Vc. XCI.

En partage entre bourgeois & gens
de basse cōdition, si aucuns vouloient
auoir leur portion en chacune piece
de terre, au cas qu'ils ne pourroient
autremēt s'accorder, Iustice doit mettre trois preud'hommes non suspects,
à leur faire leurs partages, par les

plus grands lots, & les plus profitables
qu'ils les pourroiët faire, à leurs con-
fciences & par leurs ferments : & doiuent les parties choifir leurs lots, fauf
à bailler reueuë à celuy qui fe voudroit plaindre dedans l'an & le iour,
aux defpens du demandeur en reueuë.

Vc. XCII.

Entre gens partables, toutes terres
doiuët eftre departies tefte à tefte, fors
le precipu cy deffus à l'aifné, aux heritages nobles. Et en toutes fucceffions
directes ou collaterales reprefentatiõ
ha lieu, foit que les nepueux concur-
rët auec leur oncle, ou lefdits nepueux
ou coufins entr'eux. Et auront les enfans la portion que leur pere euft recueillie, & la departiront entr'eux tefte à tefte : & s'il y a debtes dont la fucceffion fuft chargee, chacun en payera felon la part & portion qu'il prendra en la fucceffion.

V. c. XCIII.

Quand homme ou femme meurent
fans hoirs de leur chair, & ils ont pere ou mere, leurs biens meubles doiuent eftre & tourner à leur pere & à
leur mere, s'ils font viuäts, ou à celuy
qui fera viuant, pourueu que le decedé fuft de loyal mariage. Et font tenuz
de payer les debtes mobilieres, & les
amendements, & l'obfeque du decedé, & accomplir le teftament : pourueu que ledit teftament foit faict de la
volonté du pere, en pouuoir de qui il
feroit. Et auffi les conquefts qu'il auroit faicts appartiennent au pere & à
la mere, ou à celuy qui eft vif, comme
dict eft des meubles : & les autres heritages retournerõt à la ligne dont ils
feroient partiz. Et au cas que le decedé n'auroit enfans naiz en loyal
mariage, ou par mariage, ne pere ne
mere, leurs biens meubles & leurs cõ-
quefts feront à leurs hoirs prochains.

c'eſt à ſçauoir , à la ligne deuers le pere, la moytié : & l'autre moytié à celle
deuers la mere: à eſtre departiz , le noble comme le noble., & le partable
comme le partable. Et s'il y auoit con-
queſt en fief noble entre nobles, il deuroit eſtre departy, comme dict eſt : la
moytié à l'aiſné deuers le pere, & l'autre à la ligne deuers la mere, pour eſtre
partagé, comme dict eſt. Et pource
que la ligne vient de pluſieurs rama-
ges, ils doiuẽt eſtre departiz à chacun
ramage : & le principal hoir de chacun ramage du noble, doit auoir toute l'eſchoiſte du noble, pour eſtre partagé, comme deſſus eſt dict.

Vc.XCIIII.

Et ſi le decedé n'ha pere ne mere,
mais ſeulement ayeul ou ayeule, freres ou ſœurs, leſdits freres ou ſœurs
en leur eſtoc ſeulement , ou ceux
qui les repreſentent, excluront leurs
ayeulx ou ayeules auſdits acqueſts &

meubles. Et où le decedé n'auroit
frere ny sœur, ne autres qui les representent, l'ayeul ou ayeule prefere-
ront les oncles & autres collateraux
en leur estoc.

Vc. XCV.

Et defaillant vn estoc, ne succedera
l'autre estoc : ains sera le Seigneur du
fief preferé à recueillir les choses par
droit de desherence & reuersion.

Vc. XCVI.

Le coheritier qui pretend part en
succession quelle qu'elle soit, dire-
ăte ou collaterale, est tenu de rapporter le meuble & heritage qu'il auroit pris, ou eu par aduancement de
droit successif, pour estre employez
au partage, auecques les autres biens
de la succession.

Vc. XCVII.

Ne sera toutesfois ledit coheritier
tenu rapporter les fruicts des heritâ-
ges, ne interests de deniers receuz du-

rant le viuant de celuy, de la succeſſiõ
duquel il eſt queſtion: ne pareillemēt
les liures, nourritures, penſions & en-
tretenemēt, ſoit aux armes, eſtudes ou
autres vacations. Ne ſeront auſſi ſubiects à rapport les fruicts & leuees des
heritages communs, perceuz par l'vn
des coheritiers, parauant la demande
du partage faict en iugement: depuis
laquelle demande, ceux qui ont perceu leſdits fruicts, ſont tenuz les rendre à chacun des coheritiers pour ſa
portion.　　Vc.XCVIII.

L'aiſné n'eſt tenu bailler partage à
ſes puiſnez, fors des heritages deſquels
il eſt actuellement iouyſſant, ſi l'empeſchement ne venoit de ſon faict:
ſauf, par l'iſſuë des proces, à y auoir
leſdits puiſnez leur portion, contribuant aux fraiz deſdits proces, à la raiſon qu'ils y prendroient.

Vc.XCIX.

Si au temps que l'aiſné faict aſſiette
à ſes

à ſes puiſnez, il ſe trouue que les terres
ſoient enſemencees, ou en gagneries,
les puiſnez prendront les heritages de
leur aſſiette, en tel eſtat qu'ils ſeront
lors de ladite aſſiette : rembourſant à
l'aiſné ou à celuy qui les aura enſemēcees, les labeurs & ſemences, par l'aduis des laboureurs du pays.

VIc.

S'il y a douairiere ou autre vſufrui-
ctier decedé, & les terres ſoient enſemencees, le proprietaire prendra ce
que ſera en terre, payant & rembourſant les ſemences, engreix & labourages, à l'arbitrage que deſſus.

VIc.I.

L'homme noble peut faire en ſon
heritage noble, manoir, moulins, e-
ſtangs, & autres edifices : & ſa femme
ne ſes hoirs n'y auront rien : ſi n'eſt
d'autant que ſon douaire ſera plus va-
lent.

VIc.II.

R

Et si le mary faict maisons & edifices
en l'heritage de sa femme, pourueu
que soit en fief noble, n'y prendront
rien le mary ne ses hoirs.

VI c. III.

Quand homme faict edifice de neuf
en son heritage, ou en l'heritage de sa
femme, pourueu que l'heritage soit
partable, si l'heritage est au mary, les
hoirs de sa femme y doiuent prendre
la moytié par estimation, apres le deces de luy, ainsi que les choses seront
appreciees, comme pierre en môceau:
& le bois & autre matiere, comme à
les emporter du lieu, sans compter
autre façõ. Et si l'heritage est à la femme, les hoirs du mary y prendront la
moytié à la raison cy dessus.

VI c. IIII.

Toutes choses creuës, issues, & annexees en l'heritage, de la nature de
la terre, & qui se tiendront à la terre,
apres le deces de celuy qui tiendroit

l'heritage, par vertu de donation, douaire, ou vsufruict, doiuent demeurer à l'heritage.

VIc.V.

Et si celuy qui les tiendroit par vsufruict, y faisoit edifices, sans que celuy qui seroit heritier se fust obligé de les payer, côme maisons, moulins, pressoirs, planteiz, & autres choses, il les perdroit: sans que celuy heritier en fust tenu respõdre à l'vsufruictier & à ses hoirs.

VIc.VI.

Celuy qui tiẽt aucune chose des heritages indiuis entre consorts, s'y peut herbreger & edifier: & ne perdra ses mises & maneuures necessaires & vtiles. Et ne luy seront comptees au partage d'entre luy & ses consorts, si lesdits heritages luy escheent: & s'ils ne luy escheent, en sera remboursé.

VIc.VII.

R ii

Au partage d'entre freres & sœurs,
sera rapporté le profit de la moulture
de moulins, qui sont subiects par distroict au moulin, comme des autres
fruicts, depuis la demande de partage.
Et des autres moulans volontaires, ne
sera faict aucun rapport.

VIc.VIII.

Si le Seigneur acquiert de son homme, les terres que son homme tenoit
de luy roturierement, elles seront departies entre les hoirs, ainsi côme les
rentes eussent esté.

VIc.IX.

Les heritiers du sang, succederont
aux Clercs & gens d'Eglise, seculiers, tant à heritages, meubles, qu'acquests.

VIc.X.

Religieux, & Religieuses professes,
ne peuuët succeder à leurs parents, ne
leurs parents à eux.

VIc.XI.

Tous les articles cy deſſus concernant les partages, ſeront obſeruez en
toutes ſucceſſions qui eſcherront a-
pres la publicatiõ de la preſente Couſtume: encores qu'il y auroit enfans
ou autres heritiers naiz auant ladite
publication.

Des Teſtaments &
legats.

VIc. XII.

Es Teſtaments ſerõt faicts
par eſcrit.
VIc.XIII.

Si Teſtament eſt faict du-
rant la ſanté du teſtateur,& auparauãt
la maladie dont il decede, il ſuffira &
fera foy, s'il eſt eſcrit ou ſigné de luy.
Et s'il eſt faict durant ſa maladie, ou
par perſonne qui ne ſçache ſigner, ſera requis qu'il ſoit ſigné du Recteur

de la parroiſſe & d'vn Notaire, ou du
Recteur ou Vicaire, preſens deux teſ-
moings:ou de deux Notaires,ou d'vn
Notaire auec la preſence de deux teſmoings gens de bien,& dignes de foy,
quels teſmoings ſignerõt,s'ils ſçauent
ſigner.

VIc.XIIII.

La cognoiſſance de la ſolennité des
teſtaments appartient aux Iuges d'E-
gliſe.& apres eſtre declarez ſolennels,
la deliurance des biens ſe fera par la
iuſtice ſeculiere,qui baillera les biens
qui furent au defunct à ſes executeurs,
s'ils le requierent: afin que l'obſeque
ſoit faict, & les debtes, legats & amendements du defunct, & les aumoſnes,
cõme ils ſont contenuz au teſtament,
deuëment accompliz & payez:laiſſant
toutesfois prouiſion à l'hoir ou hoirs
du defunct.

VIc.XV.

Et ſi les meubles du decedé ne pour-

rolent suffire pour accomplir son testament, les fruicts & leuces des terres
& rentes, y serõt employees: sans toutesfois vendre l'heritage, si les creanciers à qui le defunct estoit tenu, ou
les executeurs, pour euiter plus grand
peril, ne les mettoient en vẽte : ce que
lesdits executeurs ne pourront faire,
ny autrement s'entremettre du testament, fors de l'obseque, iusques à ce
qu'ils ayent iuré & prins la charge du
testament deuant la iustice. Et aussi ne
doiuent-ils aucune chose receuoir,
fors ce que leur est establi : soit que
les deniers prouiẽnent de vente d'heritage, ou d'ailleurs.

VIc.XVI.

A celuy qui a escrit, faict escrire, ou
ou suggeré les legats pour luy & à son
profit, ne à ses adherens, foy ne doit
estre adioustee.

VIc.XVII.

Le Testament & derniere volonté

R iiii

du teſtateur, doit eſtre accōplie: pourueu qu'elle ſoit faicte deuëment, &
qu'elle ne ſoit contre droit ou Couſtume.

VI c. XVIII.

Des choſes qui ſont faictes par teſ-
ſtament & derniere volonté , tous
preud'hommes doiuent eſtre receuz
teſmoings, nonobſtant lignage du le-
gataire , s'ils ne ſont ou ont eſté du
conſeil.

VI c. XIX.

Femme ne peut faire teſtament ſans
l'auctorité de ſon mary : ſi ce n'eſtoit
pour aumoſnes, amendement, ou re-
compenſe de ſeruices à elles faicts.

Des Crimes, amendes, &
confiſcations.

TITRE VINGTCINQVIEME.

VI c. XX.

S I aucun auoit esté outragé, & apres l'outrage & blesseure, il vit plus de quarante iours, & apres quarante iours il decede, celuy qui l'a outragé & blecé, ne sera puny de peine de mort: mais autrement à l'arbitrage du Iuge.

VIc.XXI.

Bois prins outre la volonté de celuy à qui il est, ne porte crime, s'il n'estoit charpenté pour merrain à edifier : ou desrobé de nuict, ou seyé, ou faulsemēt merché, ou bois qui porte fruict, ou qui est és pourpris, herbregements & prochaines clostures de la maison, pour la decoration d'icelle.

VIc.XXII.

Et d'autres arbres & bois couppez, on doit amender & desdommager, selon la qualité du faict, & des personnes.

VIc.XXIII.

Rapteurs de femmes non publi-
ques seront puniz de mort. Et si la
femme publique estoit mariee, & de-
meurante auecques son mary, le ra-
pteur seroit puny de semblable peine.

VIc.XXIIII.

Femmes qui attirent ieunes gens
pour les deceuoir, & leur faire perdre
leur bien, doiuent estre punies, à l'arbitrage du Iuge.

VIc.XXV.

Celuy qui donne loyer, & celuy
qui le prend, pour mal-faire, doiuent
estre puniz en vne mesme maniere.

VIc.XXVI.

Furt qualifié sera puny à mort.

VIc.XXVII.

Ceux qui seront conuaincuz de larcin de cheuaux, bœufs, ou autres bestes de seruice & labeur, seront puniz
de mort.

VIc.XXVIII.

Et pour furt nõ qualifié, ne sera impoſee peine de mort, s'il ne monte ou excede la ſomme de dix liures monnoye : auquel cas s'enſuyura peine de mort, ſauf en tout l'arbitrage du Iuge, ſelon la qualité & circonſtance du delict. VIc.XXIX.

Si aucun trouue argent ou autre choſe à autruy appartenant, & il entēd ou ſçait qu'on le demande, & depuis il le cele, & retient, iuſtice le doit punir comme larron.

VIc. XXX.

Et ſi aucun prenoit les biens delaiſſez par les laboureurs aux champs, & il les receloit, il ſeroit pareillemēt puny comme larron.

VIc.XXXI.

Si aucun ſe tue à ſon eſcient, il doit eſtre pendu par les pieds, & traiſné comme meurdrier : & ſont ſes biens meubles acquis à qui il appartient.

VIc.XXXII.

Tous traiſtres, meurdriers, guetteurs

de chemins pour volerie , aſſaſins, bruſleurs & ardeurs de maiſons , rauiſſeurs de femmes , & d'autres biens, feront traiſnez des lieux où ils feront, iuſques aux lieux où doiuēt eſtre mis à mort.

VIc.XXXIII.

Tous condamnez de crime de ſodomie,feront traiſnez,ars & bruſlez.

VIc.XXXIIII.

Les faux monnoyers ſerõt bouilliz, puiſpenduz.

VIc.XXXV.

Ceux qui oſtent ou arrachent bornes ſcientement , & ceux qui mettent faulſes bornes , doiuent eſtre puniz comme larrons.

VIc.XXXVI.

Qui mettroit ſcientement de nuict les beſtes és gaigneries enſemēcees en bleds,ſpecialement au temps que leſdicts bleds ſont prins en grains , ou en prez en celle ſaiſon ,ou en vignes de-

puis qu'elles font en bourgeon, feroit
puny comme larron : & doit le Seigneur iufticier auoir les beftes, & fur
la valeur d'icelles defdommager la
partie.

VIc. XXXVII.

Les fentences de punitiõs de corps,
doiuent eftre promptemēt executees
és lieux plus exemplaires, en terreur
du peuple.

VIc. XXXVIII.

Tout homme qui eft condamné &
declaré pariure, ou qui eft vaincu de
cas de crime où eft impofee peine corporelle, perd tous fes meubles : & font
à celuy par la Iuftice duquel il eft at-
teint & condamné, & en peut prendre
fa volõté, pourueu qu'il en face pourfuite en l'annee.

VIc. XXXIX.

Amende ne doit eftre iugee ne lo-
uee des cas qui font d'aduēture ou de
fortune : fi auparauant il n'y auoit eu

dol, malice, ou coulpe notable.

VIc.XL.

Si les cheuaux ou charrette, ou autres choses meffaisoient, reparation en
seroit faicte sur la valeur. Et au cas que
ceux à qui sont les cheuaux, charrette, ou autres choses, ne les voudroient
laisser pour la reparation du meffaict,
ils seroiët tenuz les reparer, à la discre-
tion du Iuge.

VIc.XLI.

Si par moulins ou autres semblables
choses, est faict dõmage à autruy, ceux
à qui appartiennent lesdits moulins
ou autres choses, n'en sont tenuz s'ils
ne sont en coulpe.

VIc.XLII.

Le Iuge peut absouldre des cas aduenuz par fortune ou ignorance.

VIc.XLIII.

Si le feu prẽd en maison & la brusle,
celuy qui y demeure, verifiãt qu'il n'y
ait eu de sa faute, ne sera responsable

de la maison ny des meubles qui y es-
stoient. Et si aucuns meubles luy auroient esté baillez en garde, & ne les
auroit peu sauuer pour estre trop pe-
sans & difficiles à remuer & transporter, ne sera tenu en rēdre aucune chose : combien qu'il eust sauué tout ou
partie des siens.

VIc.XLIIII.

Et quand le feu ard la maison d'aucun,& la maison d'vn autre perille par
le mesme feu,si luy ne ses adherens ne
l'y mettent,pour faire dommage à celuy à qui elle est,ou à autres,il n'est tenu en rendre aucune chose.

VIc.XLV.

Quand le feu est ebrandy en plusieurs maisons , on peut abbatre les
maisons prochaines, pour appaiser
& estaindre le feu, & afin que les autres soiēt sauuees: & tous ceux de qui
on peut apperceuoir que leurs maisons ayent esté sauuees, sont tenuz à

defdommager ceux à qui les maifons
ont efté abbatues, chacun à la difcre-
tion de Iuftice.

Vc. XLVI.

Si aucun abbatoit vn arbre ou autre chofe pour entente de faire profit,
& les chofes qu'il abbatroit, feroient
dommage à autres, il n'en deuroit reparation, ne rendre aucune chofe, au
cas qu'il n'euft veu ou peu voir & faire ofter lefdites chofes au temps de la
choifte.

VIc. XLVII.

Mais s'il y auoit homme ou femme
morts, Iuftice doit informer de la verité : & fi celuy qui abbatoit les chofes auoit au temps du meffaict, ou de
parauãt haine auec les decedez ou les
leurs, & s'il euft peu garder & empefcher ledit meffaict. Et au cas qu'on ne
trouueroit aucune chofe fur luy, Iuftice doit prendre fon ferment qu'il
n'a faict le meffaict fcientemẽt : & partant

tant il doit estre quitte. Et où le contraire seroit trouué contre luy, il doit estre puny.

VIc. XLVIII.

Quand aucun ha en sa garde auoirs d'autruy, ou autres choses & biens, & ils périssent estans en sa garde, s'il ne peut mõstrer que ce soit par le defaut de ceux qui les luy auroient baillez en garde, & q̃ les cõditions d'entr'eux ne fussent accomplies, parquoy il ne peust sauuer lesdits auoirs ou autres biens, de peril, ou que ce fust par fortune, il est tenu de les rendre à l'estimation des choses.

VIc. XLIX.

Quand iniure a esté faicte au Seigneur, comme à ceux de sa garde, en chemin, en foyre, ou marché, qui luy appartenoient, qui auroient depecé brandon, faict attentat, ou escousse au Sergẽt, ou à partie, ou enfrainct le Iuge, esdits cas la plus grande amende

S

appartient au Seigneur, & à la partie, la moindre.

VIc.L.

Si aucun eſtoit bleſſé, plus grande amende appartient au bleſſé : & au Seigneur moindre, aux cas qui ne touchent le Seigneur, comme dict eſt.

VIc.LI.

Toutes amendes ſont arbitraires ſelon la quálité & eſtat des perſonnes & du meſſaict.

VIc.LII.

Quand aucun eſt bleſſé en ſa perſonne tellement qu'il a perdu membre, & ſeroit rendu impotent de pouuoir gagner ſa vie, celuy qui l'a bleſſé eſt tenu le pourueoir de ſa vie tout le temps d'icelle, ſelon l'eſtat du bleſſé, qualité & puiſſance du malfaicteur: ſi les exces n'auoient eſté faicts en ſe defendant, de tels ou plus grands exces qu'il auroit faicts.

VIc.LIII.

Pour amende deuë au Seigneur, ne
doit aucune terre eſtre venduë à la requeſte du Seigneur:mais il ſe peut ſai-
ſir des fruicts, & des leuees de ſon fief,
pour ſes amendes.

VIc.LIIII.

Si aucun Seigneur prend ou ſaiſit
aucune choſe indeuement & ſans raiſon , il doit eſtre arreſté par iuſtice : &
luy ſera baillé bref terme pour verifier que iuſtement il a apprehendé la
choſe,dõt eſt queſtion.Et ſi audit terme il ne peut monſtrer promptement
& ſans autre delay qu'il l'ait faict pour
bonne & iuſte cauſe, la partie aduerſe
ſera reſſaiſie, & luy,cõdamné aux deſpens,dommages & intereſts de la partie,& en l'amende de la Court.Et ores
qu'il fuſt Seigneur, & euſt prins en
ſon fief à tort, il amenderoit, & deſ-
dommageroit la partie, auant qu'elle
fuſt tenuë luy obeir. Et ne ſera tenu
celuy qui aura eſté deſſaiſi & depoſſe-

S ii

dé, obeir à fondit Seigneur, iufques à
ce qu'il ait efté reffaifi.

VIc.LV.

Le pere ou la mere auront fatisfa-
ction de la mort de leurs enfans, au
cas que lefdits enfans occis n'auroient
enfans de leurs corps. Et apres lefdits
pere & mere, les prochains parēts qui
leur doiuēt fucceder, pour la portion
qu'ils prēdroient aux meubles: pourueu qu'ils fe foiēt plainēts & en ayent
fait la pourfuite.

VIc.LVI.

Si l'enfant faiēt tort à autruy tant
qu'il fera au pouuoir de fon pere, le
pere doit payer l'amende ciuile, pource qu'il doit chaftier fes enfans.

VIc.LVII.

Le mary ne doit eftre reprins ne ac-
cufé des chofes que fa femme faiēt qui
cheent en crime, s'il n'en eft fçauant
& confentant : mais eft tenu reparer
ciuilement le forfaiēt que fa femme

feroit fur les biens de leur cómunité.

VIc.LVIII.

Confifcation d'heritage n'ha lieu en quelque crime que ce foit, fors & exceptéés cas cy apres declarez.

VIc.LIX.

Si le delinquant n'eft trouué pour faire execution de luy, parquoy il foit bãny, il perd fes meubles, & les fruicts de fes heritages à fa vie.

VIc.LX.

Et fi depuis le ban il eftoit larron ou meurdrier ou autrement delinquoit, à raifon dequoy il fuft prins & condamné à mort, fes biens meubles & immeubles font confifquez à la iuftice.

VIc.LXI.

Qui met la main en fon Seigneur par mal, & le frappe, il perd tout ce qu'il tient de luy, fi le Seigneur ne luy faifoit exces & iniure parauant, parquoy il l'euft frappé en foy defendant.

Et si le subiect a faict la foy à son Seigneur, il est infame, & perd ses meubles.

VIc.LXII.

Et si le Seigneur faisoit iniure à son
homme de foy, comme, de coucher a-
uec sa femme, ou sa fille (si la fille n'e-
stoit putain publique) où le guetter en
chemin pour luy faire iniure ou autre
meffaict, il perdroit son obeissance.

VIc.LXIII.

Qui appelle ou contredict le iugement qui est faict contre luy, & il suc-
combe à la cause d'appel ou contredict, doit quinze solds d'amende à son
Seigneur, & despens à la partie : & s'il
n'y a despens à la partie, n'appartient
amende.

VIc.LXIIII.

Si le Seigneur prouue contre son
homme, que l'adueu par luy baillé
soit defectueux en terres, rentes ou deuoirs, ledit homme cheoira en l'a-

mende de soixante solds enuers son
Seigneur.

VIc.LXV.

Quand aucun default en iugement,
pour le default est deu amende à la
Court, qui ne peut estre taxee plus de
vingt deniers.

VIc.LXVI.

Nul Croixé(s'il n'est clerc) ha priuilege en cas de crime, s'il a desseruy à
souffrir mort,qu'il ne soit executé par
court seculiere.

VIc.LXVII.

En tous cas de delict, y aura immu-
nité,fors aux cas exceptez de droict.

VIc.LXVIII.

Celuy qui auroit brisé la seureté par
luy donnee en iugemēt, doit estre puny par amende honorable, pecuniaire,ou autre,à l'arbitrage du Iuge,selō
la qualité du delict.

VIc.LXIX.

Action de seureté,est, requerir paix

à foy, & à fes chofes, & autres, pour
lefquels on la demande. Et qui requiert feureté, la donne, pourueu que
elle luy foit donnee.

VIc.LXX.

Tout, homme eft tenu donner feureté, iurant celuy qui la demãde qu'il
fe craint de celuy auquel il la demande. Et qui denie feureté à autre, iuftice
le doit arrefter, iufques à ce qu'il l'ait
baillee.

VIc.LXXI.

Si aucun menace autruy, & le menacé requiert feureté alencontre du
menaceur qui la denie, & ne peut iuftice pour lors l'arrefter ne retenir, s'il
fe trouue apres que le menacé foit outragé, le menaceur fera tenu de reparer le meffaict: s'il ne monftre & verifie qu'autre l'ait faict, ou qu'il ait efté
faict fans fa coulpe.

VIc.LXXII.

Qui prouue iniure luy auoir efté fai-

&e, l'iniuriant n'eſt receu pour atte-
nuer la reparatiõ de l'iniure à verifier
le faict, par lequel il l'a iniurié.

VIc.LXXIII.

En iniures verbales, y a compenſa-
tion, ſi l'vne iniure eſt auſſi grãde que
l'autre.

VIc.LXXIIII.

Quand gẽs de bas eſtat ou viles perſonnes iniurient le noble, ils doiuent
eſtre puniz par priſon, ou autrement à
l'arbitrage du iuge.

VIc.LXXV.

Et ſi noble perſonne dit iniure à vi-
le perſonne, il doit le reparer par pecune.   VIc.LXXVI.

Aucune choſe ne ſera innouee ny
vſurpee aux preeminences des Egli-
ſes, & n'y ſera vſé aucunemẽt de voye
de faict, ſur peine à celuy qui l'auroit
faict, de deſchoir du droict qu'il y
pourroit pretendre,& de punitiõ corporelle.

VIc.LXXVII.

Aucun n'vſurpera le nom, titre, armes, preeminences, & priuileges de
nobleſſe : & ceux qui le feroient & en
feroient connaincuz, feront condamnez rayer leſdits noms, qualité, armes
& preeminences de nobleſſe, & en l'a-
mende de trois cents liures, moytié à
la parroiſſe, moytié au delateur, outre
l'amende deuë au Roy : & ſans preiudice de plus grande peine pour le crime de faux, ſi elle y eſ het.

VIc.LXXVIII.

Tous Seigneurs, Gentils-hommes,
& autres qui pourſuyuront & con-
traindrõt que les fils ou filles de leurs
ſubiects, contre leur gré & de leurs parents, ſoient mariez à leurs ſeruiteurs
domeſtiques, pour reſcompenſe de
ſeruices ou autres, perdront l'obeiſ-
ſance qu'ils ont ſur leurſdits ſubiects.
Et outre, feront puniz ſelon l'exigence du cas.

VIc.LXXIX.

Les Tuteurs & parents qui auront prins or, argent, ou present pour consentir les mariages de leurs parēts, mineurs, serōt, comme indignes, priuez de leurs successions, comme elles eschoicront : & outre puniz à l'arbitrage du Iuge.

VIc.LXXX.

Toutes personnes de quelque qualité qu'elles soient, qui procederont à departemēt, & egail de deniers, & audition de comptes des parroisses, ne prendront aucune chose pour leur despense, vacation, & salaire : sur peine de concussion, fors le Notaire, ou Clerc, qui escrira lesdits departemēt, egail, & comptes, lequel sera payé de l'escriture seulement.

VIc.LXXXI.

Tous Cessionnaires seront tenuz se representer en iugement, l'audience tenant, & audit lieu, teste nuë, sans

ceincture, faire publiquement ladite
ceſſion : l'acte de laquelle ſera banny
au prochain marché du domicile deſdits Ceſſiõnaires, à leur diligence, auparauant qu'ils puiſſent s'aider du benefice de ladite ceſſion.

VIc.LXXXII.

Tous faux vendeurs, ou qui auroiēt
vendu meſme choſe à deux, ſerõt puniz comme larrons & faulſaires.

VIc.LXXXIII.

Si aucun priſonnier eſchappe de
priſon, celuy qui le tiendroit ou auroit en garde, n'en tomberoit en peril,
s'il pouuoit mõſtrer & faire apparoir
deuëment que ce ne fuſt par ſa faute.
Et ſi ledit priſonnier eſtoit eſchappé
par ignorance de celuy qui le tiēdroit
ou auroit en garde, ledit garde ſeroit
tenu deſdommager enuers court &
partie, ſelon la qualité du cas. Mais s'il
eſtoit trouué qu'il euſt ennoyé le priſonnier, ou ſouſtenu ſecrettemēt, par-

quoy il s'en fuſt allé hors de priſon, il
ſeroit puny comme le mal-faiƈteur.

VIc.LXXXIIII.

Pluſieurs Prelats, Eueſques, Comtes, Barons, Seigneurs, Chapitres, &
Communautez d'Egliſe & de villes,&
autres de ce Duché,ont certains priuileges & droiƈts particuliers, & aucuns
d'iceux patrimoniaux & hereditaux,
qui ne ſont eſcrits, comprins, ny contenuz en ce liure Coûſtumier, deſquels ils iouyront , & ſeront gardez &
obſeruez ainſi qu'ils ont eſté par le
paſſé, nonobſtant la reformation , le-
ƈture, & publication deſdites Couſtumes, qui ne leur pourrōt preiudicier,
ſinon en ce que expreſſément il y ſeroit derogé.

VIc.LXXXV.

Tous & chacuns les articles cy deuant eſcrits, ſeront entierement gardez, entretenuz & obſeruez de poinƈt
en poinƈt, ſelon leur forme & teneur:

fans qu'aucuns Iuges fubalternes, fou-
uerains, ne autres quelsconques, les
puiffent amplifier, moderer ny re-
traindre, foit pour tenir les peines y
contenuës, comme comminatoires,
ou autremët pour quelque caufe que
ce foit.

Vfances & loix particulie-
res de la Ville & Fors-
bourgs de Rennes.

VIc. LXXXVI.

'Vfement de la Preuofté de
Rennes eft tel, Que, les cõtrahans de chofe mobiliere
és fins & metes de la iurifdiction de ladite Prouofté : c'eft à fçauoir en la ville, neuf parroiffes d'icelle ville, & en la Chaftellenie dudit
Rennes, ceux cõtrahans font fubiects

& peuuent eſtre contrainéts, par ladite court de la Prouoſté de Rennes, à
entretenir leſdites promeſſes, grez, &
oétrois par eux faiéts eſdites fins &
metes de ladite iuriſdiétion : pouruen
qu'en l'adiournement ſoit celuy vſement libellé & mentionné, ſoient leſdits contrahans eſtrangers du pays, ou
d'autre iuriſdiétion quelconque : ſauf
toutesfois les manans & ſubieéts de
Vitré & Foulgeres, qui ſont exempts
par priuilege ſpecial.

VIc. LXXXVII.

Celuy qui baſtira ou refera maiſon
de neuf, en ladite ville & forsbourgs
de Rennes, ſera tenu de baſtir à droit
plomb : & faire les cloaiſons coſtie-
res de pierre entre ſa maiſon & celles
de ſes voiſins, iuſques aux ſableres qui
porteront les cheurons, de la couuer-
ture deſdites maiſons : & ſeront leſdites murailles moitoyennes, & en ſeront laiſſees feneſtres, & marques d'vn

costé & d'autre.

VIc.LXXXVIII.

Seront tenuz les voisins qui ne ba-
stiront, souffrir qu'on prenne la moytié de la terre en leurs fonds & heritages pour faire lesdites costieres & murailles moitoyennes. Et côtribueront
les voisins pour vne moytié de ce que
cousteront lesdites murailles lors que
ils voudront s'en seruir.

VIc.LXXXIX.

Ladite muraille moitoyenne sera
aux fondeméts de trois pieds : & hors
les fondements de deux pieds & demy, le tout en chaux & sable.

VIc.XC.

Sera tenu celuy qui edifiera de nouueau, soustenir à ses despens la maison
du voisin : & restablir les vieux mer-
rains en estat.

VIc.XCI.

Et si en ladite muraille aucun veut
faire iambages, mâteaux, corbeaux de
cheminees,

cheminees, ou autres attentes de clostures, faire le pourra à ses despens.
VIc.XCII.

Ausdites murailles, le voisin ne pourra mettre neasseoir les sommiers & autres pieces de bois en l'endroit & côtre les autres sommiers auparauāt mis & assis, ny aussi enl'endroit des cheminees. VIc.XCIII.

Qui veut faire conduict pour cloaque ou eaux, pour arriuer au conduict public, les voisins par sur lesquels le chemin sera plus commode, serōt tenuz souffrir le passage : sauf à eux à se seruir dudit conduict, s'ils voyent que bon leur soit, & en ce cas faire les fraiz dudit conduict en leur endroict.
VIc.XCIIII.

Lors qu'il sera besoin faire cōduicts pour arriuer aux conduicts publics, chacun sera tenu contribuer en l'endroit de sa maisō, aux fraiz de l'œuure dudit conduict. VIc.XCV.

T

Qui veut baſtir priuees , eſt tenu de baſtir deux pieds de muraille en chaux & ſable, auparauant que d'arriuer à la muraille du voiſin , propre ou cõmune.　　VIc.XCVI.

Veuës mortes (qui ſont entenduës faictes au deſſus de ſept pieds & demy ſur plancher à voirre mort) n'emporteront droict ne poſſeſſion ſur l'heritage du voiſin : en ſorte qu'il ne ſoit loiſible au voiſin de baſtir au ſien , & empeſcher leſdites veuës, s'il n'y a titre de ſeruitude expreſſe.

VIc.XCVII.

Et quant aux veuës & feneſtres ouuertes, à quatre pieds de plancher, & au deſſous à grille , ou voirre ouuert, emportent poſſeſſion , & ſe pourront preſcrire par quarante ans de poſſeſſion paiſible, ſans titre.

VIc.XCVIII.

Nul ne peut auoir dalles ſortantes ſur le paué en ladite ville & fors-

bourgs, priuees, ne ouuerture de ca-
ues, & autres que euentail, à droiĉt
plomb, fans entrer fur le paué.

Vfement de Goello.

VIc.XCIX.

EN aucuns endroits du territoire
de Goello, y a vfement, que l'aifné
des gẽs roturiers doit auoir la troifieme partie de l'heritage de fes pere &
mere, d'auãtage fes autres coheritiers:
& outre election de lotie, & portion
pour fon droiĉt d'aifneage.

VIIc.

Item oudit territoire, fi aucun tient
terres ou herritages à vn titre appellé
cẽfiue, & il foit par trois ans cõtinuels
en defaut de payer fa rente, il perd le
droiĉt qu'il y a, & demeure ladite cẽfiue au Seigneur de qui elle eft tenuë.

Vfement de Vennes.

VIIc.I.

Ntre les manans & habitãs des
villes, forsbourgs, & quatre

T ii

parroiſſes de Vennes, lors que aucun
ayant eſté en mariage par an & iour,
decede, les biens, debtes, & creances
de la communité du mariage, ſont
partiz egalement par moytié, entre le
ſuruiuant & les heritiers du decedé.

VIIc.II.

Le creancier demeurant eſdits ville ou forsbourgs de Vennes, peut faire arreſter ſon debteur de ſa perſonne, ou les biens d'iceluy debteur, de
quelque eſtat qu'il ſoit, iuſques à a-
uoir eſté ledit creancier payé de ſon
deu.   VIIc.III.

Item eſt d'vſement entre les marchans deſdits ville & forsbourgs de
Vennes, que, lors qu'aucun deſdits
marchans eſt en quelque voyage ſur
mer, pour ſon fait de marchandiſe,&
il eſt appellé en iuſtice, ſoit par court
eccleſiaſtique ou ſeculiere, le terme
d'iceluy marchand doit eſtre remis &
continué iuſques à quelque raiſonna-

ble temps, à l'arbitrage du Iuge, en
ayant regard au temps dudit voyage
encommancé,& la distance des lieux:
pourueu que pour la partie dudit
marchand conuenu, il soit deuëment
informé d'iceluy voyage.

Les vsements des ville forsbourgs,
& Comté de Nantes.

VIIc. IIII.

L'Vsement de la Comté de
Nantes, est, Que le suruiuãt
des mariez, iouyst des ac-
quests faicts durant leur mariage, sçauoir d'vne moytié par heritage, & de
l'autre par vsufruict, sera obserué d'o-
resnauãt durãt la viduité du suruiuãt:
en nourrissant par luy les enfans du
mariage d'eux deux, s'ils n'ont autremẽt dequoy viure. Et s'il se remarioit,
departiront ledit suruiuãt & heritiers
du predecedé, moytié par moytié. Et
le suruiuãt sera tenu de bailler le dõ-
ble des lettres des acquests & cõtracts

T iij

aux heritiers du decedé, s'ils le veulēt auoir, à ſes deſpens.

VIIc.V.

Veuēs ne eſgouts que l'vn des habitās aura ſur l'autre, ne porterōt à l'aduenir aucune droicture ny ſaiſine, s'il n'y en a titre : ſans lequel n'y aura lieu d'aucune preſcription pour quelque laps de temps que l'on pretende en auoir poſſeſſion, ores qu'elle excede la memoire des hōmes, à cōpter du tēps de l'an 1539. que ledit vſement fut premieremēt mis & redigé par eſcrit: ſans toutesfois deroger aux arreſts donnez en ſemblable cas, leſquels à l'aduenir ne ſeront tirez à conſequence, fors pour le regard des choſes iugees.   VIIc.VI.

Celuy qui veut faire veuës ſur l'heritage d'autruy, le doit faire à ſept pieds & demy haut de terre, ou de plācher où il les fait : & doit tenir celles veuës fermees à barreaux de fer &

voirre dormant & non ouurant,& en
maniere qu'on n'y puiſſe paſſer,ne ict-
ter aucune choſe.

VIIc.VII.

Et neantmoins leſdites veuës , le
voiſin peut edifier en ſa terre, ſans
qu'il luy ſoit dõné empeſchement, s'il
n'y a conuention au contraire.

VIIc.VIII.

En mur moitoyen & commun, on
ne peut, ſans le conſentement de partie,faire veuës,eſgouts,retraicts,ne cy-
ſternes. VIIc.IX.

Es ville & forsbourgs de Nantes,
tous murs ſont communs entre voiſins, iuſques à neuf pieds, c'eſt à ſçauoir,deux pieds en terre,ſept pieds au
deſſus de la terre : qui n'a titre par lettres, feneſtres, marques,ou autres enſeignements.

VIIc.X.

Iambages de cheminees,corbeaux,
& autres pieces aſſiſes en murailles,&

T iiii

ayans saillie, & feneſtres, & ouuerture
de cheminees, demonſtrent qu'au coſ-
té où ſont aſſis, le mur appartient. Et
s'il n'y a feneſtre, ouuerture, ou marque que d'vn des coſtez ſeulement, celuy mur eſt reputé eſtre à celuy du co-
ſté duquel la feneſtre ou marque ſera.

VIIc. XI.

Si en terre commune, l'vn des voiſins edifie mur, & l'autre voiſin s'en
veut ayder pour edifier ou autremẽt,
faire le pourra, en payant la partie de
ce, dont il ſe voudra ayder: mais le
pourra empeſcher celuy qui l'aura e-
difié iuſques à ce qu'il ſoit payé.

VIIc. XII.

Quand aucun veut baſtir pres d'vn
ſien voiſin, & qu'il y a entre-deux vn
mur cõmun & mutuel, ſur lequel eſt
aſſiſe goutiere ou geſſe pour porter
les eaux communes, celuy qui baſtiſt
le premier, peut conduire ledit mur
commun plus haut que la maiſon de

son voisin, si bon luy semble. Et portera cil qui ne bastist, les eaux, comme
il verra l'auoir affaire. Et se pourra ayder dudit mur, lors qu'il voudra haul-
ser sa maison, payãt le tier dudit mur,
comme dict est. VIIc. XIII.

S'il y a vne goutiere qui porte les
eaux de deux maisons, & qu'il y ait
vne maison plus haute que l'autre, &
que la goutiere soit commune, celuy
qui ha la maison plus haute doit payer
les deux parts de la goutiere & entretenement d'icelle, & l'autre le tier.

VIIc. XIIII.

Si vne maison est diuisee entre les
parties en telle maniere que l'vne desdites parties ait le bas d'icelle maison,
& l'autre le dessus, la partie qui ha le
bas est tenuë de soustenir & entretenir
les edifices estãs au dessous du premier
plãcher, ensemble celuy premier plãcher. Et la partie qui ha le dessus, est tenuë de soustenir & entretenir la cou-

uerture, & autres edifices qui sont
sous icelle, iusques audit premier plãcher, ensemble les carrelis d'iceluy
plãcher, s'il n'y a conuention au contraire.   VIIc.XV.

En mur moitoyen & cõmun, chacune des parties peut percer tout outre ledit mur, pour y mettre & asseoir
les poutres & soliues, & autres bois,
en rebouchant les pertuis : sauf à l'endroict des cheminees, ou l'autre ne
peut mettre aucun bois, ne corbeaux :
mais autrement en toutes choses s'en
pourra seruir, rabillant les choses demolies.

VIIc.XVI.

Quãd aucun edifie maisõ, & assiet ses
solles, le voisin ne peut mettre ne asseoir les solles à l'endroict contre les
autres solles, auparauant mises & assises.   VIIc.XVII.

En mur moitoyen, le premier qui
assiet ses cheminees, pour les courges

& corbeaux, peut percer le mur outre:
& ne les y peut-on faire oster ne recu-
ler.   VIIc. XVIII.

Murailles & pan de bois, ou terrace qui ne sont droicts, mais sont pen-
dantes, ventruës, ou contreplombees,
doiuent estre redressees aux despés de
ceux à qui ils appartiẽnent. Et l'vne
des parties peut cõtraindre l'autre par
iustice, pour reparer & mettre à droict
plomb & ligne, celuy mur & terrace.

          VIIc. XIX.

Quand il y a heritage desclos entre
voisins, & l'vn d'eux veut qu'il soit
faict closture entr'eux , si l'vn n'y veut
contribuer, l'autre le peut faire à ses
despés: & pour ce faire, prẽdre de l'heritage de son voisin, iusques au mõte-
mẽt de la moytié dudit pied & demy,
qui sera de l'epesseur de ladite muraille, quelle sera à sept pieds & demy de
hauteur hors de terre. Et neantmoins
sera celle muraille, cõmune entr'eux,

fans que celuy qui a faict ladite muraille en ait aucune mife ne recōpen-
fe de fon voifin. Et fera tenu celuy qui
baftira ladite muraille, laiffer feneftres
& marques d'vn cofté & d'autre, pour
tefmoignage de ladite communauté.

VIIc.XX.

Quãd aucun faict edifier ou reparer
en fon heritage , & ne le peut fans en-
dōmager fon voifin, ou fans paffer par
fa maifon & heritage, celuy voifin eft
tenu luy prefter & dōner patiēce à ce
faire, & luy fouffrir que par fa maifon
ou heritage , celuy baftiffeur paffe fes
attraicts, foient poutres, goutieres, ou
autres chofes , fi ledit baftiffeur ne les
peut conduire ne paffer par ailleurs.
Parce toutesfois que l'edifiãt eft tenu
reparer, reftablir, & mettre à deu eftat
à fes defpens, & en tout ce qu'il auroit
rōpu , demoly & gafté à fondit voifin.
Et ne peut l'edifiãt (pour raifon de ce
que deffus) acquerir droict ne poffef-

fion contre ne au preiudice de celuy
qui a dõné ou fouffert ladite patiĕce.

VIIc.XXI.

Fouillement en terre, grattement,
demolitiõ de muraille, ne autres œuures faictes clandeftinement par l'vn
des voifins au deceu de l'autre fon
voifin, n'attribue par quelque laps de
temps, droict ne poffeffion à celuy qui
aura faict lefdites entreprinfes.

VIIc.XXII.

Qui baftift ou refaict de pied maifon
de nouueau, la doit baftir à plomb, & à
la ligne, fans aucune faillie. Et s'il ne
rebaftift dés le pied, doit tenir à plõb
depuis l'eftage, où il reedifie.

VIIc.XXIII.

Aucun ne peut faire latrines, puys ou
foffe de cuyfine, pour tenir eau de
maifon, aupres de mur mutuel & cõmun, qu'on ne laiffe franc ledit mur.
Et outre, qu'on ne face muraille d'vn
pied & demy d'efpeffeur, de chaux &

ciment, au danger & defpens de celuy
qui faict ledit puys, latrines ou autre
receptacle: s'il n'y a pactiõ au cõtraire.

VIIc. XXIIII.

On ne peut faire ne tenir puys, retraicts, latrines, n'efgouts pres du puys
à eau de fon voifin, finõ qu'il y ait entre-deux neuf pieds d'efpace & diftã-
ce, pourueu que le puys foit premier
edifié.

VIIc. XXV.

Quand il y a puys, retraicts, latrines
ou efgouts communs entre deux parties, les vuidanges & curages fe doiuẽt
faire aux defpens des parties qui y ont
droict: & fi la vuidange eft faicte par
l'heritage d'vne defdites parties, de là
en-auãt les autres parties ferõt tenuës
confecutiuement endurer la vuidange par leur heritage, l'vne apres l'autre: toutesfois celuy qui endure & ha
la vuidange de fon cofté, ne doit payer
que le tier des fraiz, & l'autre partie

du cofté de laquelle ne feroit faicte ladite vuidange, doit payer les deux autres tierces parties, & ainfi confecutiuement.

VIIc.XXVI.

Chacun peut addreffer le cours de
fon touc, encores qu'il foit nouuelle-
mēt faict, aux autres prochains & anciens toucs, en contribuant à l'entretenement & nettoyement defdits anciens toucs.

VIIc.XXVII.

Entre vn four & mur moitoyen &
commun, doit auoir vn pied d'efpace
vuide,pour euiter le danger & incon-
uenient du feu.

VIIc.XXVIII.

Si vne maifon ne fe peut commodément departir entre plufieurs heritiers,lefquels par enuie l'vn de l'autre,
ou pertinacité, veulēt auoir chacun fa
portion, ladite maifon fera par iuftice venduë & inquantee entre lefdits

heritiers , & demeurera à celuy d'eux
qui plus en voudra offrir , & dernier
encherira, à l'esteincte de la chandelle.
Et les deniers qui en istrõt, seront en
tr'eux departiz , pour les portions es
quelles ils sont fondez.

VIIc.XXIX.

Tuteur ou curateur est tenu de faire
profiter honnestement l'argent de son
mineur,ou mineurs.Et apres l'inuentaire faict,se doiuent vendre tels meubles appartenãs audit mineur ou mineurs, que le tuteur & iustice verra
estre à faire publiquemẽt à l'enquant,
au plus offrãt & dernier encherisseur:
& les deniers qui en prouiẽdront,doit
ledit tuteur ou curateur faire profiter,
comme dessus : & de ce faire, bailler
bonne & suffisante caution.

F I N.

Proces Verbal.

L'AN mil cinq cens soixante quinze, le quinzieme iour du mois d'Aoust, Nous René de Bourg-neuf, Seigneur de Cucé, Côseiller au Conseil priué du Roy, & premier Presidét en la Court de Parlemét de Bretagne, Pierre Brullô, Seigneur de la Muce, aussi Conseiller audit Côseil priué, & Président en ladite Court, Bertran Glé, Seigneur de la Coustardaye, aussi Conseiller du Roy en ladite Court, estans en la ville de Rennes, receumes de la part des gens des trois Estats de ce pays & Duché de Bretagne, les Lettres patentes de commission du Roy, a nous addressees, obtenues par les gés desdits trois Estats, pour proceder à la reformation & redaction des Coustumes dudit pays de Bretagne, appellez auecques nous les Procureur general de sa Majesté audit pays, & Seneschaux de Rennes & Nantes : desquelles lettres la teneur ensuyt.

HEnry par la grace de Dieu Roy de rance & de Pologne, A noz amez & feaux Conseillers, Maistres René de Bourg-neuf, Seigneur de Cucé, Côseiller en nostre Conseil priué, & premier President en nostre Court de Parlement de Bretagne, Pierre Brul-

a

lon Seigneur de Beaumont aussi Cõseiller en nostre dit Conseil priué, & second Président en nostredite Court, Bertran Glé, sieur de la Coustardaye, Iean de l'Angle, sieur dudit lieu, Iacques Foucault Président és enquestes, & Pierre Cousturier, sieur de Rouartay, tous Cõseillers en nostredite Court, & aux six, cinq, & quatre de vo⁹ en l'abséce ou empeschemét des autres, Salut & dilectiõ. Cõme nostre desir & affectiõ ait tousjours esté & soit encores à présent de pouruoir & dõner ordre d'abreuier par tous les moyés qu'il no⁹ sera possible les proces & differents qui peuuent naistre & sourdre entre noz subiects, ensemble la cause dont ils procedét. Et soit ainsi que noz bõs & loyaux subiects de nostre pays de Bretagne, nous ayent cy deuant par leurs remonstráces fait entendre, qu'à raison de plusieurs articles estás dás lesdites Coustumes dudit pais peu esclarciz, & pour ceste occasion ou autremét mal entenduz, pratiquez par noz Officiers, Iuges & autres d'iceluy pais, il soit aduenu vne infinité de proces & differéts: & sur iceux diuersités de iugeméts & arrests, qui pourroit estre cause auec le téps de troubler & alterer l'estat & repos dudit pays, & nous eussent lesdits des Estats requis de faire reformer lesdites Coustumes: & sur icelles faire faire vne si claire & certaine interpretation q̃ les doubtes qu'on y a faict le téps passé, cessént pour l'aduenir. Et pour ce faire commettre & deputer personnages de qualité digne & conuenable, à quoy & toutes autres choses qui leur serout necessaires, nous desirons leur pouruoir fauorablemét.

Pour ces causes, & pour l'entiere cõfiance que nous auons de voz personnes, & de voz sens, suffisance, probité, integrité, & bõne volonté au bien de noz affaires & du public, vous auons cõmis, ordõnez & deputez:

cômettôns, ordonnous & deputós par ces presentes,
& les quatre de vous en l'absence ou empeschement
dès autres, dont nous entendôs y auoir tousiours l'vn
de vous Presidéts, pour vous assembler, sôit en nostre
ville de Rennes, où autre dudit pays, qu'aduiserez &
trouuerez la plus cômode, presens & appellez nostre
Procureur general, les Seneschaux de Rênes & Nantes, & tel autre nombre de noz Iuges, Officiers, Aduocats anciés, Practiciens dudit pays, le Procureur syndic general desdits Estats, & autres que iugerez &
cognoistrez estre necessaire : & là tous ensemble regarder & auiser aux difficultés qui sôt & se trouuerôt
sur l'interpretatiô des Coustumes de nostredit pays: &
apres dresser & arrester vn cahier & liure entier d'i-
celles Coustumes. Et ce faict, vous vous trâsporterez
& trouuerez à la prochaine generale assemblee & ordinaire des trois Estats de nostredit pays: pour y faire
particulierement entendre, lire, & publier ce qui aura
esté par vous faict, auisé, & arresté sur lesdites Coustumes, reformation & redaction d'icelles. A quoy nous
voulons estre par vous procedé ainsi que verrez & iugerez se deuoir faire en voz loynatés & consciences,
au bien de nous & de la chose publique dudit pays.
Selon laquelle reformatiô & redaction, voulós icelles
Coustumes estre leues, publiees & enregistrees en nostre Court de Parlement, & és sieges & Seneschaus-
sees: & par tout ledit pais gardez & obseruez de poinct
en poinct inuiolablemét, & sans enfraindre côme loy
perpetuele & irreuocable: nôobstât oppositiôs ou ap-
pellatiôs quelcôques faictes ou à faire, pour lesquelles ne voulós ladite reformation, redactiô, & publicatiô d'idites Coustumes estre differee, l'ayât à ceste fin
desapresent côme deslors, & deslors comme à present,

e ii

de noſtre certaine ſcience, pleine puiſſance & auctoꝛité Royal, ratifiee, auctoriſee & approuuee, ratifiõs, auctoriſons & approuuons par ceſdictes preſentes. Et ſi aucunes difficultez ſe trouuoient, ſur leſquelles on ne peuſt prendre reſolution en ladite aſſemblee d'Eſtats, voulõs icelles eſtre renuoyees en noſtredit Conſeil, auec les cauſes qui vous en auɾôt empeſché, pour y eſtre ordonné ce qu'il appartiendra. Et neantmoins cependant vous pouɾuoirez ſur les articles qui ſe trouueront ainſi en difficulté, de telle prouiſion que verrez eſtre raiſonnable: laquelle nous voulõs de la meſme auctorité, & nonobſtant ce que deſſus., ſortit ſon effect. Defendant tres-expreſſément par ceſdites preſentes, à tous noz ſubiects dudit pays, qu'apres ladite redaction, reformation, & publication deſdites Couſtumes ainſi faictes, ils n'ayent à s'aider, deduire, alleguer, ne mettre en auãt autres Couſtumes que celles qui ſeront redigees, publiees, eſcrites, inſerees & contenues dans le liure Couſtumier par vous arreſté : & à noſtre Court de Parlement, Iuges, & Officiers d'iceluy pays, de receuoir noſdits ſubiects en alleguer ne s'ayder d'autres, & n'y auoir aucun eſgard : mais que ſans s'y atteſter, ils ayent à Iuger les procez fondez en Couſtume, pendant deuant eux, ſur ledit liure Couſtumier, ainſi que dict eſt, par vous reformé & publié, ou l'extraict d'iceluy deuement collationné. Et d'autant que ladite redaction & reformatió de Couſtume eſt de telle importãce qu'elle regarde non ſeulement noſtre intereſt, mais de tout le public & peuple dudit païs. Voulons en outre, vous mandons & nous plaiſt, que auparauant la tenue deſdits Eſtats, vous mãdiez & faictes ſçauoir aux Iuges & Officiers de toutes iuriſdictions Royales de noſtredit pays, qu'ils ayent à

faire sçauoir tant à cry public que par attache, à iour
de marché, & lieux accoustumez des villes & paroisses de leurs iurisdictions, côme aux prochains Estats
dudit pays, apres lesdites proclamations, vous entendez proceder à la reformation, redaction, & publication de ladite Coustume, à ce que personne n'en pretende cause d'ignorance. Et aussi que les Euesques,
Abbez & Prelats dudit pays, ayent à se trouuer ausdits Estats en personne : & mesmes les Ducs, Comtes, Barons, Bannerets, Vicomtes, Seigneurs, Chastelains, & autres Nobles d'iceluy, sans y enuoyer ne estre receuz par Procureurs, sinon pour cause legitime :
& mesmes aux Chapitres, villes, & cômunautez, leurs
Procureurs & deputez deuemêt garniz de memoires
& pouuoirs speciaux & valables : & ce sur peine de
saisie du temporel des Ecclesiastiques : & biens patrimoniaux desdits nobles : & deniers communs desdites villes & communautez. De ce faire, vous auons
& ausdits quatre de vous, en l'absence ou empeschement des autres, donné & donnons plein pouuoir,
puissance, auctorité, commission & mandement special. Mandons ausdits gens tenans nostredite Court
de Parlement & Châbre de noz Comptes audit pays,
que à ceste fin ils publiét & verifiét cesdites presentes,
selon leur forme & teneur : & tiennent la main à l'execution d'icelles : & à tous noz autres Iusticiers, Officiers & subiects, qu'en ce faisant à vous ils obeissent
& entendent diligemment. Et pource que de ces presentes on pourra auoir affaire en plusieurs & diuers
lieux, Nous voulôs qu'au vidimus d'icelles, fait sous
seel Royal, ou deuement collationné par l'vn de noz
amez & feaux Notaires & Secretaires, foy soit adioustee comme au present original. Donné à Paris le

douziefme iour de May, l'an de grace mil cinq cens
foixante quinze, Et de noftre regne le premier. Ainfi
figné, Par le Roy eftant en fon confeil, Pinart, Et feellé du grand feel à fimple queue.

Et le troifieme iour de Septembre oudit an mil cinq
cens foixante quinze, Noufdits de Bourg-neuf, Brullon, & Glé, & mefmes Iacques Foucault Confeiller &
Prefident és enqueftes, Iean Coufturier auffi Confeiller en ladite Court, pareillement commis & deputez
par lefdites lettres de commiffion, Nous ferions af-
femblez en ladite ville de Rennes, pour auifer à ce
qu'eftoit neceffaire pour l'execution de noftredite
commiffion. Et enuertu du pouuoir à nous donné
par icelles lettres, auriôs decerné & faict enuoyer noz
lettres d'attache & cômiffion, auec la copie defdites
lettres patétes, à tous les Iuges Royaux d'iceluy pays,
pour leur mander d'appeller & faire affembler à certain iour chacun en fon fiege & auditoire, le meilleur nôbre qu'ils euffent peu d'Aduocats, Procureurs,
Practiciens, & autres perfonnes experimentés au faict
de la iuftice, afin de deliberer & regarder à ce que leur
fembloit deuoir eftre reformé, interpreté, ou plus
clairement efcrit, ou de nouueau adioufté au liure
Couftumier publié en l'an mil cinq cens trente neuf,
en dreffer memoires & inftructions, & iceux nous apporter au deuxieme iour de Mars enfuyuant audit
Rennes, où nous leur aurions affigné fe trouuer. Lefquelles lettres d'attache aurions faict expedier & figner par maiftre Pierre Gautier Notaire, Secretaire
du Roy, Audiencier en la Chácellerie de Bretagne, &
Greffier des Eftats dudit pays, par nous auffi prins
pour Greffier au faict de ladite reformation.

Et pource que ladite reformation fe faifoit à la re-

queste defdits des Estats impetrás defdites lettres de
Cómiſſion, & que l'aſſemblee generale d'iceux, ſe tenoit ordinairemét chacun an le xxv.iour de Septembre,auriós auſſi aniſé qu'on leur feroit entédre à leur
prochaine aſſemblee ladite aſſignatió par nous miſe
audit ii.de Mars lors prochain 1 5 7 6. afin qu'ils euſſent deliberé & reſolu enſemble, enquoy & ſurquoy
ils entendoient requerir la reformation, correction,
& interpretation de ladite Couſtume, ou bien euſſent deputé certain nombre de chacun ordre, pour
nous propoſer, remonſtrer & faire entendre tout ce
que bon leur euſt ſemblé au nom deſdits Estats,pour
eſtre en leur preſence, par nous, ladite Couſtume
veue & corrigee, ainſi qu'il nous eſt mandé par leſdites lettres. Ce que nouſdits de Bourg-neuf comme
l'vn des Commiſſaires deputez par le Roy,pour aſſiſter de ſa part à l'aſſemblee deſdits Estats aſſignez à
Nantes le vingtcinquieme iour dudit mois de Septé-
bre oudit an,leur aurions le vingtſixieme iour d'iceluy mois faict entédre. Surquoy (apres auoir leſdits
des Estats deliberé) ils auroient nómé & deputé certains perſonnages de chacun ordre,ainſi qu'il eſt porté par l'acte de ce faict, duquel la teneur enſuyt.

Les gens des trois Estats de ce pays & Duché de
Bretagne,eſtans cóuoquez par auctorité du Roy en la
ville de Nantes,deliberás ſur ce que Meſſire René de
Bourg-neuf,Cheualier, Seigneur de Cucé, Cóſeiller
au Conſeil priué du Roy, & premier Preſident en ce
pays, & l'vn des Commiſſaires du Roy pour aſſiſter
à ladite conuocation, auroit le iour d'hier en ladite
aſſemblee propoſé & faict entédre cóme luy & quatre
autres des Cómiſſaires deputez par ſa Maieſté,pour la
reformatió de ladite Couſtume,ayás reçeu les lettres

a iiii

de Commiſsion à ceſte fin obtenuës par leſdits des
Eſtats, ſe ſeroiẽt aſſemblez en la ville de Rennes, pour
deliberer & auiſer ce qu'eſtoit neceſſaire de faire,
pour acheminer l'execution de ladite Commiſsion,
& qu'ils auoient reſolu d'expedier, & enuoyer, côme
ils ont faiĉt, par toutes les iuriſdiĉtions Royales de
cedit pays, leurs Cômiſsions aux Iuges, pour aſſembler les anciens Praĉticiens de leurſdites iuriſdiĉtiõs,
& apres auiſer ce qui leur ſembloit qu'eſtoit neceſſaire reformer, adiouſter, ou autrement interpreter deſdites Couſtumes : & en dreſſer articles & memoires,
pour iceux rapporter deuant leſdits ſieurs Commiſſaires à Rennes, au deuxieme iour de Mars prochain,
où ils les autoient aſsignez. Et auſsi d'autant que ladite reformation ſe faiĉt à la requeſte deſdits des E-
ſtats, les auroit bien voulu aduertir qu'ils euſſent en
ceſte preſente aſſemblee à regarder & auiſer entr'eux
en quoy & ſur quels articles deſdites Couſtumes ils
entendoient, demander la reformation : & en dreſſer
memoires & inſtruĉtions. Et meſmes deputer aucuns
d'entr'eux de chacun eſtat qu'ils verroient eſtre neceſſaire, pour ſe trouuer & leur Procureur general
ſyndic à Rennes, audit deuxieme de Mars prochain,
auecques leſdits Cômiſſaires & Iuges de cedit pays:
pour là aſſemblement veoir & ouyr ce que chacun
voudra dire ou faire entendre touchant la reformation deſdites Couſtumes : pour, ce faiĉt, en eſtre aſſemblement arreſté vn liute entier, pour apres le rapporter aux prochains eſtats generaux de cedit pays:
pour y eſtre receu & publié.

Et apres auoir faiĉt lire en ladite aſſemblee les lettres de Commiſsion, pour ladite reformation, & ouy
leur Procureur & Syndic, qui a auſsi requis (d'autant

que la reformatió de ladite Couſtume ſe faict à la requeſte deſdits Eſtats,) qu'on euſt aduiſé ſur quoy, &
comment ſe prédroient les fraiz. A eſté reſolu & aduiſé que ladite reformatió de Couſtume ſe pourſuy-
ura. Et que pour ſe trouuer à Rennes audit deuxieſ-
me de Mars prochain, & aſsiſter auec leſdits ſieurs
Commiſſaires au nom deſdits Eſtats, ont preſente-
ment nommé: Sçauoir,

Pour l'eſtat de l'Egliſe, Meſsire François Thomé
Eueſque de ſainct Malo, maiſtres Pierre d'Argentré
Official & Chanoine de Rennes, Pierre de Bardy Archidiacre de Lamee, & Leonard Durand Official de
ſainct Malo.

Pour la Nobleſſe, de l'Eueſché de Rennes, Meſsire François du Gué, Vicomte de Mejuſſeaume, Cheualier de l'ordre du Roy, & Gouuerneur de Rennes,
Antoine de la Bouexiere, ſieur de Beauuois Boutg-
barré.

De l'Eueſché de Nantes, Meſsire René d'Auaugour ſieur de Kærgrois, & Claude Anger ſieur de
Crapado, Cheualier de l'ordre du Roy.

De l'Eueſché de Vennes, les ſieurs de Talleuert,
du Garo, & de Kæralio Cheualiers de l'ordre du
Roy, & les deux des trois.

De l'Eueſché de ſainct Malo, les ſieurs de Monterfil, & des Landes-maupertuys, auſsi Cheualiers de
l'ordre du Roy.

De l'Eueſché de Cornouaille, les ſieurs de Pontecroix, auſsi Cheualier de l'ordre, de Ploec, ou ſon fils
aiſné.

De l'Eueſché de Leon, les ſieurs de la Roche, Cheualier de l'ordre du Roy, & de Kærlech.

De l'Eueſché de Dol, les ſieurs du Breil, des Hom-

meaux, & sieur de Langan, Cheualiers de l'ordre, &
du Bignon Maupetit, & les deux des trois.

De l'Euesché de sainct Brieuc, les sieurs de Tregó-
mar, & de sainct Denoual, aussi Cheualier de l'ordre.

Et de l'Euesché de Latreguer, les sieurs de Kærou-
sy & de Kærgoanton, Robertault, ensemble leurdit
Procureur syndic general.

Et pour le tier Estat, ont aussi deputé maistres
Raoul Pepin, sieur de la Barbaye, Iacques Dauy, Mat-
thieu André, Iean Boutin, sieur de la Court, Rolland
Bourdin, Guillaume Guinemét Baillif de Karhais, &
Pierre le Boullanger à present Procureur des Bourgeois de Rennes, lesquels cy deuant nommez ils ont
mis & deputez, comettent & deputent par ces presentes, pour de leur part & au nom desdits Estats, assister
auecques lesdits sieurs Commissaires & autres, à la
reformation de ladite Coustume, tant à Rennes ledit
deuxieme de Mars prochain qu'autres lieux & iours,
& par tout ailleurs où mestier sera. Et là requerir, demãder, conclure, arrester, & faire tout ce qu'ils verrõt
& cognoistront estre necessaire, pour ladite reformation & redaction de Coustume, & pour le bien public
& commuũ des subiects de cedit pays. Et quant aux
fraiz & vacations qui serõt necessaires pour ladite reformation, ils se prendront sur les deniers tant des re-
stes que tous autres à eux appartenãs. Faict à Nantes
le xxviide Septembre, mil cinq cens soixante quinze,
Ainsi signé, Frãçois Thomé Euesque de sainct Malo.

Et ledit deuxieme iour de Mars oudit an mil cinq
cens soixante seze, ne se seroit trouué que peu de personnes tant desdits deputez des Estats, Iuges ordinaires que autres, appellez à ladite reformation, qui auroit esté cause que l'aurions continuee au neufieme

d'iceluy. Auquel iour enuiron les neuf heures du
matin, Nousdits de Bourg-neuf, Brullon, Glé, & de
l'Angle Cómissaires, preséns maistres Iacques Budes
sieur du Hitel, Conseiller du Roy, & son Procureur
general en cedit pays, & Bertran d'Argentré sieur de
la Guischardiere, aussi Conseiller de sadite Majesté,
& son Seneschal à Rennes, Nous sommes transportez
en l'auditoire du siege Presidial dudit Rennes, auquel
lieu & heure dependoit l'asignation que nous auriós
les iours precedens faict bannir & proclamer à son de
trompe & cry public, par cestedite ville, où auroit cóparu maistre Iulié Dauffy Procureur en ladite Court
de Parlement, substitut du Procureur & syndic des
gens desdits Estats : à la requeste duquel aurions
faict lire par ledit Gautier nostre Greffier, tant lesdites lettres patentes, que l'attache & Comission par
nous expediee & enuoyee ausdits Iuges de ce pays:
ensemble l'acte de la deputation faicte par lesdits E-
stats, & le requerant ledit Procureur general du Roy,
aurions faict appeller en general tous les Euesques,
Abbez, Prieurs, Communautez, Chapitres & Colleges
de cedit pays, le Duc de Peinthieure, les Barós, Comtes, Vicomtes, Seigneurs, Chastelains, & autres Nobles d'iceluy : ensemble les Procureurs des villes &
Communautez, & particulierement les deputez desdits Estats, tant de l'Eglise, Noblesse, que du tier Estat:
& mesmes lesdits Iuges Royaux ou leurs deputez de
chacun siege Royal, où comparurent.

Pour l'estat de l'Eglise, maistre Pierre d'Argentré
Prieur de Sens, Official & Chanoine de Rennes.

Pour l'Estat de la Noblesse, de l'Euesché de Rénes,
Messire François du Gué, Vicomte de Mejusseaume,
cheualier de l'ordre du Roy, capitaine & Gouuerneur

de ceste ville de Rennes, & Anthoine de la Bouexiere, sieur de Beauuois bourg-barré.

De l'Euesché de sainct Malo, Messire Iean le Bouteiller, sieur des Landes & de Maupertuys, & Frãçois
de Monterss, sieur dudit lieu, Cheualier de l'ordre du
Roy.

De l'Euesché de Vennes, Messire René de Kær-
meno sieur du Garo, aussi Cheualier de l'ordre.

De l'Euesché de Cornouaille, Messire Marc Rosmadec, sieur de Pontecroix Cheualier de l'ordre, &
Capitaine de Dinan.

De l'Euesché de Dol, Messire François de Tremigon, sieur de Langan, aussi Cheualier de l'ordre.

De l'Euesché de Leon, Messire Claude de Kær-
lec, sieur dudit lieu.

Et des Euelchez de Nantes, sainct Brieuc, & Treguer, ne seroient compatuz aucuns desdits deputez
ne autres.

Et pour le tier Estat ne se seroit representé que
maistre Pierre le Boulãger Procureur des Bourgeois
dudit Rennes,

Et des Iuges & Officiers desdits sieges Royaux,
Maistres Iacques Fabry Seneschal de Vennes, Bertran
Laurés Seneschal de Cornouaille, Iean Roger Seneschal de Ploermel, Gilles Guerin Seneschal de Foulgeres, Fiacre le Rouge Seneschal de Lantreguer, Philippes du Helgouet Seneschal de S. Brieuc, & Pierre
du Verger Seneschal de Guerrande.

Et quant à tous les autres que nous aurions faict
appeller tant en general qu'en particulier, ils n'auroient compàru, ne autres pour eux. Au moyen dequoy auroit ledit Procureur general demandé luy
estre deliuré defaut contr'eux : & requis par le profit

d'iceluy, que les saisies fussent apposées sur les fruicts
du temporel desdits Ecclesiastiques, biens patrimoniaux des Nobles, & deniers communs desdites villes. Surquoy auons ordonné que ceux desdits deputez, & autres qui estoient presens, auroiét acte de leur
comparution : & ceux desdits Iuges qui ont côparu
& presenté les cahiers & memoires par eux dressez
suyuant nostredite Commission, les mettroient és
mains de nostredit Greffier. Et contre les absens aurions dóné audit Procureur general, defaut : & neantmoins ordonné, auparauât adiuger le profit d'iceluy,
n'y proceder outre au faict de ladite reformatió, que
iteratif commandement seroit faict aux Iuges qui
n'ont côparu, ny envoyé leurs memoires & cahiers,
de les apporter ou ennoyer en ceste ville le premier
iour de May prochain.

Et quant ausdits Euesques & Chapitres tant d'E-
glises Cathedrales que collegiales, Abbez, & Prieurs
conuentuels, Barons, Comtes, Vicomtes, Seigneurs
Chastelains, & autres Nobles dudit pays : & mesmes
les Procureurs des villes, & autres qui pourroient y a-
uoir ou pretendre interests, que à la requeste dudit
Procureur general, & à la diligence de ses substituts
en chacun siege & iurisdictions, ils soient adiournez
à ban & cry public.

Et pour le regard des deputez desdits Estats pour
assister à ladite reformation, qu'ils seront, à la diligence dudit Procureur syndic d'iceux Estats, adiournez à personnes ou domicile : & tous ensemble assignez à se trouuer au quinzieme iour dudit mois de
May prochain en cestedite ville, pour dire, declarer,
& faire entendre tout ce qu'ils verrôt touchant la reformation desdites Coustumes, sur peine de saisie des

fruicts, & temporel defdits Ecclefiaftiques, biens patrimoniaux defdits Nobles, & deniers communs defdites villes. Et pour ce faire & executer, aurions enuoyé noz commiſſions par toutes leſdites iuriſdictions Royales d'iceluy pays; & meſmes audit Procureur des Eſtats.

Et le dixhuictieſme iour d'Auril oudit an mil cinq
cens ſoixante ſeze, à l'occaſió que les troubles & guer-
res ciuiles de long temps encómentées en ce Royaume, ſe renouueloiét, qui euſt empeſché pluſieurs Seigneurs, Gentils-hommes, & autres d'iceluy pays, de
pouuoir vacquer ne entendre au faict de ladite reforma-
mation, Nouſdits de Bourg-neuf, Brullon, Glé, & de
Langle, nous ſerions aſſemblez pour auiſer à ce qu'e-
ſtoit à faire. Et apres en auoir conferé auecques le
Seigneur de Bouillé, lors Lieutenant general en cedit
pays, en l'abſence de Monſeigneur de Mont-penſier,
aurions remis & prolongé leſdites aſſignations par
nous donnees auſdits premier & quinzieme de May,
iuſques au vingtcinquieme de Septembre enſuyuant,
ou autre iour, auquel ſe tiédroit l'aſſemblee generale
des trois Eſtats de ce pays, & en la ville ou autre lieu
qu'ils ſeroient conuocquez, pour eſtre procedé à ladite reformation ou autrement ordonné, ainſi qu'il
ſeroit veu pour le mieux. Dequoy nous aurions faict
expedier & enuoyer par noſtredit Greffier noz lettres
miſſiues à tous les Iuges pour les en aduertir, & faire publier ladite remiſe, par chacun d'eux en ſon reſ-
ſort.

A laquelle aſſemblee d'Eſtats, qui fut en ceſtedite
ville de Rennes, le vingtcinquieme iour de Septembre oudit an mil cinq cens ſoixante & ſeze, aurions
nouſdits de Bourg-neuf, faict entendre l'occaſion de

ladite remise, & de leur consentement assigné de nouueau au quinxieme iour de Mars, lors prochain, mil
cinq cens soixante & dixsept, en cestedite ville de
Rennes, pour commencer ladite reformation. Ce
que nous auroit esté rapporté auoir esté banny & pro-
clamé par leur Herault, en ladite assemblée, à ce que
aucun n'en eust pretendu cause d'ignorance. Et auroient encores lesdits des Estats en ladite assemblee,
deputé aucuns de la Noblesse de chacun Euesché,
pour s'y trouuer, auec mesme pouuoir que celuy que
ils auoient cy deuant doné à leurs premiers deputez,
dont a esté expedié l'acte duquel la teneur ensuyt.

Sur ce qui a esté proposé en l'assemblee generale,
des trois Estats de ce pays & Duché de Bretagne. cóuoquez par auctorité du Roy en ceste ville de Rennes, qu'aucuns deputez de la Noblesse aux Estats, dernierement tenuz à Nantes, pour assister auec Messieurs les Commissaires du Roy, pour la reformation
de la Coustume de ce pays, se pourroient volontiers
trouuez malades, absens de ce pays, ou autremét em-
peschez, de sorte qu'ils ne pourroient se trouuer au
quinzieme de Maes prochain, où l'on a remis & continué l'assignation cy deuant baillee pour proceder
à ladite reformation de Coustume, en ceste ville de
Rennes, de façon que cela pourróit estre cause d'empescher ou retarder ladite reformation. Pour à quoy
pouruoir, ont encores ceux dudit Estat de la Noblesse, nommé & deputé par ces presentes pour assister auec les autres par cy deuant nommez, pour ledit Estat : Sçauoir,

Pour l'Euesché de Rennes, Messire François Brullon, Cheualier, sieur de la Muce.

Pour l'Euesché de Nantes, le sieur de la Mauuaiſniere, Cheualier de l'ordre du Roy,

Pour l'Eueſché de Vennes, le ſieur de Kærueno, auſſi Cheualier de l'ordre.

Pour l'Eueſché de Cornouaille, le ſieur de Kærharro, auſſi Cheualier.

Pour l'Eueſché de ſainct Malo, le ſieur de Couetquen, Cheualier de l'ordre du Roy.

Pour l'Eueſché de ſainct Brieuc, le ſieur de la Coſnelays.

Pour l'Eueſché de Dol, le ſieur de Launay-baudouyn.

Pour l'Eueſché de Leon, le ſieur de Kærgoutnadec.

Pour l'Eueſché de Treguer, le ſieur de Kærouſy.

Auſquels & chacuns ils ont donné & donnent pareil pouuoir, puiſſance, d'eſtre & aſſiſter auec les autres, cy deuất deputez pour le faict de la reformation de ladite Couſtume, qu'il eſt porté & conclud par l'acte du pouuoir à eux pour ce faire donné en la derniere aſſemblee d'Eſtats, tenuz à Nantes, le vingtſeptieme iour de Septembre, mil cinq cens ſoixante & quinze. Faict à Rennes en ladite aſſemblee d'Eſtats, tenuz aux Iacobins dudit Rennes, le vingtſixieme iour de Septembre, mil cinq cens ſoixante & ſeze, Ainſi ſigné, A Emar Hennequin, Eueſque de Rênes.

Et pource que audit iour quinzieme de Mars, mil cinq cens ſoixante & dixſept, ledit Procureur des Eſtats ny autres leurs deputez, ne ſe ſeroient trouuez par deuers nous, aurions differé & ſuperſedé le faict de ladite reformatiõ, iuſques au vingthuictieme iour du mois de Septembre oudit an mil cinq cés ſoixante & dixſept: qu'eſtans nouſdits de Bourg-neuf & Brullon, Commiſſaires deputez par le Roy, pour aſſiſter

aux Eſtats

aux Estats tenuz à Vennes: les gés desdits Estats nous
auroient requis qu'eussions procedé à ladite réformation, en ladite ville de Rennes, au premier iour de
Mars lors prochain : & que audit iour nous eussions
derechef faict assigner tât par leurs deputez que tous
autres qui y pouuoient auoir interests: ce qu'aurions
faict. Et neantmoins ne s'y seroiét trouuez lesdits deputez ny autres pour cest effect: ce qu'auriós faict entendre aux Estats extraordinaires, depuis tenuz à Rén-
nes, l'vnzieme iour de May, mil cinq cens soixánte &
dix-neuf: & à leur requeste derechef remis & continué au premier iour d'Octobre lors prochain audit
Rennes. Laquelle remise & continuation auroit esté
bannie & proclamee par le Herault desdits Estats, en
leur assemblee: & baillé charge à leur Procureur syndic, icelle enuoyer aux Procureurs de chacun siege &
iurisdiction Royale de cedit pays, pour la faire bannir & proclamer par les villes, à son de trompe & cry
public : Et aux Estats generaux & ordinaires tenuz à
Nantes, le vingthuictieme iour de Septembre oudit
an mil cinq cens soixáte dixneuf, Aurions à la requeste des gens desdits Estats, prolongé & continué ladite derniere assignation, iusques au Lundy prochain
après Quasimodo audit Rennes, & aduerty lesdits des
Estats d'y cóparoir, sans esperance d'autre delay ný
remise. Et outre auroiét lesdits des Estats nómé & deputé de nouueau aucuns d'entr'eux, au lieu de ceux
qu'ils auoient auparauát commis pour le faict de ladite reformatió: lesquels estoiét depuis decedez, ainsi
qu'il est contenu par l'acte duquel la teneur ensuyt.

 Sur ce qui a esté proposé en l'assemblee generale
des trois Estats de ce pays & Duché de Bretagne, có-
uocquez par l'auctorité du Roy en sa ville de Nátes,

b

PROCES VERBAL

fuyuant fes letres patentes donnees à Paris le dix-
neufieme iour d'Aouft dernier, que depuis les nomi-
nations cy deuant par eux faictes, pour affifter de leur
part à la reformation par eux requife de la Couftume
de ce pays : auec meffieurs les Commiffaires du Roy
auffi deputez à cefte fin, il eftoit decedé aucuns de
chacun des ordres defdits Eftats: & que de ceux qu'ef-
ftoient encores viuans il s'en pourroit trouuer aucuns
malades ou empefchez ailleurs, lors qu'il feroit que-
ftion de proceder à ladite reformation : qui pourroit
eftre caufe de retarder vn œuure fi neceffaire pour le
bien dudit pais. Aufsi qu'il fembloit eftre requis pour
affifter à ladite reformation, qu'il y euft aucuns de
meffieurs les Officiers de la chambre des Comptes,
afin que ladite reformation fe feift par l'aduis & en
prefence des Officiers, tant de la Court de Parlemér,
chambre des Comptes que iurifdictions ordinaires.
Pour à quoy pouruoir, ont encores lefdits des Eftats
ce iour nommé & deputé de leur part: Sçauóir,

Pour l'Eftat de l'Eglife, outre les precedents, Re-
uerends peres en Dieu, Meffieurs les Euefques de
Nantes & de Dol, les Chantre de Dol, Treforier de
Rennes, Archidiacre du Defert, en l'Eglife dudit Rénes, au lieu de Leonard Durant, Officiál de fainct
Malo, cy deuant commis, & prefentement excufé
pour fa vieilleffe par monfieur l'Euefque de fainct
Malo, l'Archidiacre de Vennes, & le Treforier de
fainct Brieuc.

Pour l'Eftat de la Nobleffe de l'Euefché de Rennes, au lieu du feu Seigneur de la Muce, Meffire Iulien Botherel fieur d'Apigné, Cheualier de l'ordre du
Roy.

Pour l'Euefché de Nantes, Meffire Bonauenture

de la Muce, Cheualier de l'ordre, sieur de la Muce ponthux.

Pour l'Euesché de Vennes, Messire Guy d'Auaugour Cheualier, seigneur de Vay, au lieu du feu sieur de Talleuert, cy deuant depuré & commis pour Officier de ladite chambre des Comptes, maistre Guillaume de Francheuille, sieur du Leu, Cóseiller du Roy, & son Aduocat general en ladite chambre.

Et pour le tier Estat, au lieu de defunct maistre Iacques Dauy, & Pierre le Boulanger, maistre Guy Meneust, sieur de Bréquigny, Pierre Martin, sieur de Brouaises: & outre maistre Guillaume le Baud, Aduocat de Kimpercorentin, ensemble le Procureur syndic, Greffier, & substitut dudit Procureur desdits Estats, tous lesquels ils ont commis & deputez à ladite fin: & les deux de chacun ordre & de chacun Euesché, en l'absence des autres. Et à iceux donné, & par les presentes donnent pareil pouuoir & puissance, pour assister & comparoir auec les autres, cy deuant par lesdits Estats deputez, pour le faict de la reformation de ladite Coustume, qu'il est porté & contenu par l'acte du pouuoir à eux, pour ce faire, donné en l'assemblee tenue à Nantes, le vingtseptieme iour de Septembre, mil cinq cens soixante quinze.

Et outre, a esté aduisé & resolu, que la remise de la derniere assignation qui est presentement faicte, pour proceder à ladite reformation, au premier Lundy apres le iour de Quasimodo prochain, en la ville de Rennes: & sans esperance d'en faire autre, sera ensemble les premieres commissions cy deuant expediees par lesdits sieurs Commissaires deputez par le Roy, pour le faict de ladite reformation enuoyees par toutes les iurisdictiós Royales

de ce pays, pour y estre publiees, & ailleurs, à tous
ceux qu'il appartiendra y assigner, ainsi qu'il est contenu par icelle : enioignant au Heraut desdits Estats,
de se trouuer audit iour à Rennes, pour là y faire ce
qui luy sera commandé par lesdits deputez : & au Tresorier desdits Estats, de faire les fraiz pour le port des
pacquets, lettres, expeditions desdits Commissaires,
qu'il sera requis enuoyer par les villes de cedit pays,
& rapportant par luy la presente Ordonnance & quittance des parties, prenantés iusques à la somme de
         luy sera icelle passee & allouee en la
despence de ses comptes, & par tout où il appartiendra, par Messieurs les Auditeurs d'iceux, qui sont
priez ainsi le faire. Faict à Nantes en l'assemblee desdits Estats, tenuz aux Iacobins dudit lieu, le vingthuictieme iour de Septembre, mil cinq cens soixante
dixneuf. Ainsi signé, Philippes du Bec Euesque de
Nantes.

   Et le dixseptieme de Mars, l'an mil cinq cens quatre vingts, Estans nousdits de Bourg-neuf & Brullon
audit Rennes, aurions à la requeste dudit d'Auffy, audit nom, faict expedier & enuoyer noz Commissaires
par toutes les villes & iurisdictions Royales de cedit
pays, pour faire publier l'assignation pendante audit
premier iour de Lundy apres Quasimodo : Et appeller
à ban, tant les deputez desdits Estats, que tous autres
qu'il appartiendra, & voudroient assister à la reformation desdites Coustumes, leur intimant que à faute à eux de cóparoir, il seroit par nous auec ceux qui
seroient presens, procedé en leur absence au faict de
ladite réformation.

   Et ledit iour de Lundy apres Quasimodo vnzieme
d'Auril, l'an mil cinq cens quatre vingts, Nousdicts

de Bourg-neuf, Brullon & Glé Commiſſaires, & leſdits Budes Procureur general, & d'Argentré Seneſchal de Rennes, eſtans le matin dudit iour aſſemblez
audit Rennes, nous auroit eſté preſentees les lettres
patentes du Roy à nous addreſſantes, dónees à Paris
le vingtcinquiem iour de May, l'an mil cinq cens ſoixante ſeze. Par leſquelles Maiſtre Nicolas Alixant
Cóſeiller & Preſident aux Enqueſtes de ladite Court:
auroit eſté commis pour proceder auecqués nous, à
ladite reformation. Et parce que leſdites lettres s'ad-
dreſſoient auſsi aux gens deſdits Eſtats, aurions icelles enuoyees aux deputez d'iceux (qui eſtoient deſia
aſſemblez aux Iacobins de ceſte ville) pour les leur
cómuniquer: & ſçauoir d'eux, s'ils entendoient qu'en
vertu d'icelles, ledit Alixant euſt vacqué auec nous à
ladite reformation: & quelque temps apres ſetoient
auſsi venuz vers nous pluſieurs deſdits deputez, tant
de l'Egliſe, la Nobleſſe que du tier eſtat: & meſmes
Maiſtre Artur le Forbeur, Docteur aux droicts, ſieur
du Vigneau, Procureur ſyndic des gens deſdits trois
Eſtats: Leſquels nous auroient dict qu'ils auoient eu
communication deſdites lettres: mais que pour ne
laiſſer paſſer ceſte matidee ſans commencer l'execution de noſtre Commiſsion, ils n'y auoient deliberé:
& nous auroient prié, que ſuyuant l'aſsignation prinſe à la derniere aſſemblee deſdits Eſtats generaux, &
depuis repetee par noſdites Cómiſsions, publiees par
toutes les villes de ce pays, Nous euſsions commencé
à proceder au faict de noſtredite Commiſsion: atten-
du le bon nombre deſdits deputez, qui eſtoient venuz
expres en ceſte ville, pour ceſt effect: & deſſa s'eſtóiét
aſſemblez en la grand' ſalle du Conuent des Iacobins:
lieu par nous deſtiné & ordóné, pour vacquer au faict

de ladite reformation, Auquel lieu nous nous serions
transportez, & y aurions trouué grande assemblee de
peuple en laquelle aurions faict lire par ledit Gautier
Greffier, tant lesdites lettres patentes du Roy, de nostre commission, que les actes de nomination faictes
par lesdits gens des trois Estats, en leur assemblee generale, d'aucuns d'entr'eux, de chacun Estat, pour assister auecques nous à la reformation desdites Coustumes. Et à la requeste dudit Procureur general du
Roy, & Procureur syndic desdits gens des Estats, aurions par le Herault d'iceux Estats, faict euocquer &
appeller particulierement à haute voix, ceux qui ont
esté commis & deputez par les gens desdits trois E-
stats, ainsi qu'il apparoissoit par actes de leur nomination, Auquel appel comparurent,

Pour le Clergé, Reuerend pere en Dieu Messire
François Thomé Euesque de sainct Malo, Messires
Thomas Fauerel Chantre de l'Eglise de Dol, Sebastien Bouscher Tresorier de l'Eglise de Rennes, Pierre d'Argétré Prieur de Sens, Official & Chanoine dudit Rennes, Pierre Alain Archidiacre du Desert, en
l'Eglise dudit Rennes, Guillaume Bogar Archidiacre
en l'Eglise de Vennes.

Pour l'Estat de la Noblesse, de l'Euesché de Rénes,
Messire François du Gué, Vicomte de Mejusseaume,
Cheualier de l'ordre du Roy, Capitaine & Gouuer-
neur de Rennes, & sous-Lieutenát de cent lances des
ordonnances du Roy, sous la charge de Monsieur le
Duc de Mont-pensier, Messire Iulien Botherel, sieur
& Vicomte d'Apigné, Cheualier de l'ordre du Roy,
Anthoine de la Bouexiere, sieur de Beauuois Bourg-
barré.

De l'Euesché de Nátes, Messire René d'Auaugour

Cheualier, sieur de Kærgrois, Messire Claude Anger,
Cheualier de l'ordre du Roy, Gentil-hôme ordinaire
de sa Chambre, sieur de Crapado, Messire Bonauenture de la Mussé, Cheualier, sieur de la Mussé-pont-
hux.

De l'Euesché de Vennes, Messire Guy d'Auaugour, Cheualier, sieur de Vay, Messire Réné de Kær-
me,o, aussi Cheualier de l'ordre, sieur du Garro.

De l'Euesché de sainct Malo, Messire François de
Monterfil, sieur dudit lieu, Cheualier de l'ordre, Messire Iean le Bouteiller, sieur des Làdes & de Maupertuys, aussi Cheualier de l'ordre, Capitaine des Gen-
tils hommes de l'Euesché de Dol.

De l'Euesché de Cornouaille, Messire Marc Rosmadec, sieur de Pontecroix Cheualier de l'ordre du
Roy, Capitaine & Gouuerneur de Dinan.

De l'Buesché de Leon, Messire Troilus Demes-
couets, Marquis de Gouetremoual, Cheualier de l'ordre du Roy, Gentil-hôme ordinaire de sa Chambre,
Capitaine & Gouuerneur des ville & Chasteau de
Morlaix.

De l'Buesché de Dol, Messire François de Tremigon sieur de Langin, aussi Cheualier de l'ordre du
Roy, Iea Mau-petit, sieur de la Ville-Maupetit, aussi
Cheualier de l'ordre, Alain de Brebant, sieur de Lau-
nay bau louyn.

De l'Euesché de sainct Brieuc, Messire Iacques le
Vayer, sieur de Tregommar, Cheualier de l'ordre du
Roy, Enseigne de cent lances des ordonnances de sa
Maiesté, sous la charge de Messieurs de sainct Pol, &
Duc de Longueuille, Messire Iacques de sainct De-
noual, sieur & Vicomte dudit lieu, Cheualier de l'or-
dre du Roy, Messire Georges Thomas, sieur de la

Cofnelaye, aufsi Cheualier de l'ordre, & Enfeigne de cinquante lances des Ordónances de fa Maiefté, fous la charge du Seigneur de la Hunaudaye.

De l'Euefché de Treguer, François de Kæroufy Efcuyer, fieur dudit lieu, Mefsire Iean Loz, Cheualier, fieur de Kærgoanton.

Seroit aufsi comparu noble homme maiftre Guillaume de Francheuille, fieur du Len, Aduocat du Roy en la Chambre des Comptes, & deputé par les gens des Eftats : comme Officier de ladite Chambre.

Et pour le tier Eftat, maiftres Rolland Bourdin, fieur de la Gueriuiere, Guy Meneuft fieur de Brequigny, Pierre Martin fieur de Brouaife, Guillaume Guinement Senefchal de Karhais, & Guillaume le Baud, Maiftre Gilles Lezot Procureur des Bourgeois, manans & habitans de Rennes. Apres lequel appel ainfi particulierement fait, aurions au moyen des exploicts generaux qui auroient efté faicts à ban, par toutes les villes & fieges Royaux, faict euocquer & appeller en general, tous Euefques, Abbez, Prieurs, Doyens, Preuofts, & autres ayans dignité aux Eglifes Cathedrales, Collegiales, & Chapitres d'icelles, Comtes, Barons, Vicomtes, Seigneurs, Chaftelains, Ecclefiaftiques, ou feculiers, & autres Nobles ayans haute iuftice audit pays. Et les Procureurs des Bourgeois, manans & habitans des villes, & autres cómunautez dudit pays : & aufsi les Iuges Royaux, Aduocats, Procureurs, Practiciens, & autres qui euffent peu pretendre intereft à ladite reformation. A laquelle euocation generale, cóparurent maiftre Iean Chedane Procureur des Bourgeois de Vennes, maiftre Alain Serizay Brocureur des Bourgeois de Dinan, Alain Guillaume Procureur des Bourgeois de fainct Malo, Iean

PROCES VERBAL.

Kærlan Procureur des Bourgeois de Lantreguer, Michel Perrot Procureur des Bourgeois de Kimpercorentin. Comparurent aussi des sieges Royaux dudit pays, maistre Charles Marot, Seneschal de Dinan, maistre Iean de sainct Cire Procureur du Roy audit siege, maistre   Procureur du Roy à Foulgeres, maistre   Kærampuil Procureur du Roy à Karhais, maistre Oliuier de l'Armor, Alloué de la Gourt Royale de Treguer, & Gilles de Kærmel Lieutenant de la iurisdiction de Lantreguer, maistre Alain Perier Seneschal de Guerrande, maistre Mathurin le Gomeriel, Lieutenant & Iuge d'Antrain & Bazoges, maistre Procureur du Roy à Kimperlé. Ausquels Iuges aurió enioinct de mettre par deuers ledict Greffier, ce qu'ils auroient apporté de memoires & instructions, pour seruir à ladite reformation.

Et ladite euocation & coparution ainsi faicte, nous auroient lesdits Procureur general du Roy & syndic desdits Estats, requis defaut contre les non comparans : & qu'en leur absence fust procedé & passé outre à l'execution de nostredite Commission : suyuát laquelle requeste auriós donné defaut contre les non comparans, sauf s'ils comparent, ou Procureur pour eux, durant le temps que vacquerions à ladite reformation, dans lequel temps ils seront receuz à dire, requerir, & proposer tout ce que bon leur sembleroit. Et ordonné neantmoins apres auoir veu les actes, exploicts, & proces verbaux des assignations, proclamations, & intimations, faictes par noz ordonnances & Commissions, tant en general que particulier, qu'en l'absence desdits defaillans, & auec les presens, il seroit par nous procedé à la redaction & reformation

defdites Couftumes, fuyuant nofdites lettres de cō-
mifsion. Et ce faifant leur aurions dictqu'ils euffent
à bien & meurement confulter & aduifer enfemble
fur quoy ils entendoient demāder que lefdites Couftumes euffent efté reformees, corrigees, augmentees,
interpretees ou efclarcies, & admonnefté de n'y chan-
ger aucune chofe legerement, pour les inconueniens
qui peuuent auenir, de faire ou eftablir nouuelles loix
& Couftumes: ne retenir aufsi ópiniaftrement ce qui
eft fuperflu, inutile, ou que l'experience a faict cognoiftre n'eftre raifonnable ny equitable: les exhor-
tant de nous propofer & rapporter en leurs cōfcien-
ces, ce qu'ils en ten froient eftre bon, vtile, & profitable pour le bien public dudit pays, fans aucune confideration de leur intereft, & commodités priuees: afin
que le peuple par leur bonne & louable action peuft
receuoir le bien, profit, & foulagemēt qu'il attend au
moyen de cefte reformation. Et que pour ce faire ils
euffent dreffé leurs cahiers & articles, pour iceux par
nous veuz, eftre concluds & arreftez auec eux, ou autrement par nous ordonné: & le tout eftre à la prochaine affemblee generale des Eftats de cedit pays,
prefenté & publié, fuyuant nofdites lettres de com-
mifsion.

Et le dixhuictieme iour dudit mois, Nous auroient
lefdits deputez des Eftats baillé vn cahier, contenant
les articles qu'ils nous ont dit auoir veuz & accordez
en leur falle & affemblee, fur les deux premiers titres
du liure des Couftumes, dernierement reformees.
Lequel cahier ils nous ont requis vouloir veoir cependant qu'ils continueroient & pourfuyuroiét l'ordre qu'ils auoient commencé fur les autres titres du-
dis liure. Et aufsi nous auroient dict qu'ils auroiét de-

deliberé sur les lettres de commission dudit Alixant,
consentoient & requeroient que au moyen d'icelles,
il eust assisté auecques nous comme Commissaire du
Roy à ladite reformation, suyuant lesquels consentement & requeste, aurions ordonné que ledit Alixant vacqueroit auecques nous à ladite reformation,
enuertu desdites lettres de commission du Roy, desquelles la teneur ensuyt.

HEnry par la grace de Dieu Roy de France & de
Pologne, A noz amez & feaux Conseillers, maistres René de Bourg-neuf, sieur de Cucé, Conseiller
en nostre priué Conseil, & premier President en nostre Court de Parlement de Bretagne, Pierre Bruslon
sieur de Beaumont, aussi Conseiller en nostredit priu-
ué Conseil, & second President en nostredite Court,
Bertran Glé, sieur de la Coustardaye, & Iean de l'Angle sieur dudit lieu, Iacques Foucault President és Enquestes, & Pierre Coustarier sieur de Rouartay, tous
Conseillers en nostredite Court, & aux gens des trois
Estats de nostredit pays & Duché de Bretagne, Salut
& dilection. Sur la remonstrance à nous cy deuant faicte par vous gés desdits Estats, à ce q̃ pour mettre fin
& dõner quelque bon ordre à vne infinité de proces &
differents qui se meuuent & sourdét iournellement
entre noz subiects dudict pays de Bretagne, par le
moyen d'aucuns & plusieurs articles estás dedans le
Coustumier d'iceluy pays, peu esclarciz, mal entenduz, & practiquez par noz Iuges, Officiers, & autres
nosdicts subiects, que à ceste occasió, pour la diuersité
des arrests & iugements ou autremét poutroient a-
uec le temps estre cause de troubler & arreter l'estat &
repos public dudit pays, qu'il nous pleust, pour à ce
obuier, dõner ordre sur la reformation & intelligéce

de ladite Coustume. Et pour ce faire & y proceder, deputer, & commettre aucuns d'entre vous nosdits Presidents & Conseillers, ce que nous auons faict : & entre autres nostre aussi amé & feal Côseiller & Presidét des Enquestes de nostredite Court, maistre Nicolas Alixant, pour la bonne cognoissance, lôgue experience & intelligence qu'il ha en ladite Coustume dudit pays. Toutesfois par la commission que nous en auriôs à ceste fin expediee du douzieme May dernier, coppie de laquelle est cy attachee sous le côtreseel de nostre Chancellerie, à vous nosdits Presidéts, Côseillers addressante, on auroit par inaduertâce obmis d'y comprendre & nommer ledit Alixant: lequel pour la bonne opinion, fidelité, & cognoissance que nous auons de luy, au bien & seruice de nous & la chose publique, & à la longue & grande experience qu'il ha tant en la Coustume dudit pays, que autres de nostre Royaume, & au faict de nostre Iustice (ainsi que nous en auons esté bien amplement certifiez par aucuns de noz plus speciaux seruiteurs & ministres estans lez nous) auons, à ceste occasion, tousiours entendu qu'il fust commis pour opiner, donner aduis, & assister auec vous nosdits Presidents & Conseillers, en ladite visitation & reformation de ladite Coustume dudit pays de Bretagne: comme nostre desir & intention a tousiours esté telle.

A ces causes & autres bonnes & grandes considerations à ce nous mouuans, auons ledit Alixant cômis, ordonné, & deputé, commettons, ordonnons & deputons par ces presentes, pour assister & proceder auec vous, & chacun de vous, à l'execution de ladite commission du douzieme May dernier, & reformation de ladite Coustume, à sept, six, cinq, & quatre de vous,

en l'abſence & legitimes empeſchements des autres,
ainſi que par icelledite commiſſion dudit douzieme
May dernier, & autres precedentes commiſſions, eſt
porté & contenu : & y vacquer auec vous tout ainſi
que ſi par ladite commiſſion il eſtoit expreſſement
nommé & y comprins. Car tel eſt noſtre plaiſir. Donné à Paris le vingtcinquieme iour de May, l'an de
grace mil cinq cens ſoixante ſeze. Et de noſtre regne
le deuxieme. Ainſi ſigné, Par le Roy en ſon Conſeil,
Brulart. Et ſcellé.

Et le lendemain dixneuſieme dudit mois d'Auril,
Nouſdits de Bourg-neuf, Brullon, Glé, & Alixant,
nous ſerions retirez auecques leſdits Budes Procureur general, & d'Argentré Seneſchal de Rennes, en
vne autre ſalle du Conuent deſdits Iacobins, ſeparee
de celle où s'aſſembloient les deputez deſdits Eſtats,
pour veoir leſdits cahiers & articles qu'ils nous auroient baillez : & auiſer & deliberer ſur iceux. En laquelle ſalle aurions depuis ordinairement vacqué à
reuoir les autres cahiers & articles, que leſdits des E-
ſtats auroient auſſi continué de dreſſer en la grande
ſalle qui leur eſtoit deſtinee pour s'aſſembler. Et le
troiſieme iour de May oudit an mil cinq cens quatre
vingts, ſerions entrez en ladite grand'ſalle, pour con-
ferer & communiquer auec leſdits des Eſtats. Et y
eſtans, nous auroit eſté remonſtré par aucuns deſdits
deputez pour le tier Eſtat, que en leur abſence ils a-
uoient eſté nommez & commis par le corps deſdits
Eſtats, pour aſſiſter pour ceux dudit tier Eſtat, à ladite reformation : combien qu'ils ſoient Nobles & non
du tier Eſtat. Laquelle deputation ils auroient neantmoins acceptee : & aſſiſteroient tres volontiers à ladite reformatió, pourueu que cela ne deroge ne por₃

te prejudice à leurdite qualité de nobleſſe. Et ont requis qu'ils fuſt ainſi par nous declaré: autremét,qu'ils
fuſſent excuſez d'y aſsiſter. De laquelle requeſte &
proteſtation par eux faicte, leur aurions decerné acte
pour ſeruir,ce que de raiſon.

Nous auroit auſsi eſté par ledit Procureur ſyndic
des gens deſdits trois Eſtats,remonſtré,Que pour ac-
celerer l'execution de noſtre commiſsion, ſans y faire
aucune difficulté ne remiſe , ne s'arreſter à la ſurána-
tion des premieres lettres,il auroit obtenu autres lettres patentes qu'il nous auroit preſentees : & requis i-
celles vouloir faire inſerer en noſtre proces Verbal:ce
que luy aurions accordé,comme enſuyt,

HEnry par la grace de Dieu Roy de Fráce & de
Pologne, A noz amez & feaux lés Commiſſaires
par nous deputez, pour la reformatió des Couſtumes
de noſtre pays & Duché de Bretagne , Salut & dilection. Encores que dés le douzième de May,mil cinq
cens ſoixante quinze,par noz lettres patentes, dont la
copie eſt cy attachee ſous noſtre contreſcel, vous euſ-
ſions commis & deputez pour proceder à ladicte reformation. Toutesfois ayans eſté aduertiz , que n'a-
uez encores commencé à ce faire, tant à raiſon de ce
que leſdites lettres ſont ſurannees, que au moyen de
la clauſe contenue auſdites lettres , portant mandement à noz Courts de Parlement & chambre de noz
Comptes dudit pays, de les publier & verifier, ce qui
n'a eſté faict, comme choſe non neceſſaire ny accou-
tumee en tel cas: vous pourriez differer de proceder
a l'execution & reformation deſdites Couſtumes,qui
apporteroit trop grand prejudice & dommage à noz
ſubiects dudit pays ; à tout quoy deſirans pouruoir,
Vous mandons & enioignós par ces preſentes,proce-

der à l'execution de nosdites lettres: & suyuant icelles à la reformation des Coustumes de nostredit pays
& Duché de Bretagne, auecques les deputez pour ce
faire, par les trois Estats dudit pays, tout ainsi & de la
maniere qu'eussiez peu & pourriez faire, dans l'an, du
iour & date d'icelles. Et que s'il n'y auoit aucune ad-
dresse pour les publier & verifier en nostredite Court
de Parlement, & chambre des Comptes, ce que nous
n'auons entendu & n'entendons ce deuoir faire, côme
chose qui n'est requise ny necessaire: mais seulement
voulons & declarons, par cesdites presentes, que ayât
le liure desdites Coustumes esté par vous, auecques les
deputez des Estats dudit pays arresté & reformé, &
iceluy publié en la prochaîne assemblee generale des
trois Estats d'iceluy pays, en estre par vous mis vn o-
riginal souz voz seings, au Greffe de nôstre Court de
Parlement dudit pays, ainsi que l'on a accoustumé:
& qu'en semblable il s'est faict en autres prouinces &
pays de Coustume de nôstre Royaume. Car tel est
nostre plaisir. Donné à Paris le sixieme iour d'Auril,
l'an de grace mil cinq cês quatre vingts. Et de nostre
regne le sixieme. Ainsi signé, Par le Roy, Brulart.
Et scellé.

Et apres aurions faict lire publiquement à haute
voix, en la presence desdits des Estats, ce qu'aurions
faict, deliberé, & arresté sur chacun article du premier cahier, qu'ils nous auroient presenté. Et les quatrieme, vnzieme, trezieme, quatorzieme, sezieme, dixhuictieme, dixneusieme, vingtieme, vingtquatrieme,
vingtcinquieme, vingtseptieme, & vingthuictieme
iour dûditmois de May: serions rentrez en ladite grâd'
salle, & aurions continué à y faire publiquement
lire, ce qu'auoit esté pareillement par nous faict,

deliberé & arreité, sur les articles de leurs autres cahiers. Et ont esté lesdites Coustumes, reformees, corrigees, esclarcies & augmétees par leurs auis, accord,
& consentement, ou de la plus grande & meilleure
partie d'eux : fors & reserué en ce que sera cy apres
noté, en l'endroit de chacun article, contre lequel y
auroit eu opposition, remonstrance ou protestation
faictes par lesdits deputez, au nom commun des E-
stats, ou aucuns d'eux pour chacun ordre, ou par autres en general ou particulier, ainsi que s'ensuyt.

Sur le premier titre.

Des Iustices & iurisdictions, Ministres & droits d'icelles.

V premier article du liure desdites Coustumes reformees en l'an mil cinq cens trenteneuf, ont esté adioustez ces mots, (uy faire
exploicts de iurisdiction contétieuse,) & ces
mots, (des defaux obtenuz,) Et apres y a esté adiousté
ce qui ensuyt.

Pourront neantmoins les Commissaires venans
d'autres lieux & iurisdictions, vacquer au faict de
leurs commissions, és iours de festes, qui ne font vniuerfellement commandees & gardees au Duché.

Le deuxieme article a esté rayé en cest endroict, &
renuoyé sous le titre des Testaments ; apres l'article
vc.lxxiiii.dudit liure.

Le troisieme aussi rayé icy, & remis sous le titre des
arrests, auecques les articles cxx.cxxvii.& cxxviii.

Sur le quatrieme article, ledit Messire François
Thomé

Thomé Euefque de fainct Malo, au nom dudit Clergé, a remonftré qu'au moyen de ce qu'eft porté par
ledit article, que les fraiz de la Iuftice feculiere, feront
payez lors que les Preftres & autres Clercs priuilegiez
feront réduz à leurs Iuges Ecclefiaftiques, les Prelats
font chargez d'infiniz fraix par les Iuges Royaux &
autres inferieurs, lefquels ne leur renuoyent lefdits
Preftres & Clercs qu'apres les auoir long temps rete-
nuz prifonniers: & ne les veulent rédre qu'ils ne foiét
prealablement payez, tát de la defpenfe faicte en leurs
prifons, que de leurs vacations & autres grands fraix,
qu'ils difent auoit faicts pour la confection des proces, combien que les procedures par eux faictes, foiét
nulles, comme faictes par Iuges incompetens. A cefte
caufe a requis qu'en declarát ledit article fuft dit que
lefdits Ecclefiaftiques payerôt feulement lefdits fraiz
du iour de la fommation & requefte qui leur aura e-
fté faite de retirer & receuoir lefdits Preftres & Clercs.
Ce que ledit Procureur general a empefché: difant,
que la plufpart defdits Preftres & Clercs font prins en
habits diffoluts & defguifez, de forte qu'on ne peut
cognoiftre ny iuger qu'ils foient de l'ordre & profeffion Ecclefiaftique: & fouuent feignent eftre d'autre
vacation. Et ne fe difent eftre Preftres ny Clercs que
lors que leurs proces font prefts à iuger: & quelques-
fois attendent à le dire en la caufe d'appel, tellement
que la longueur de leur detention & de leur proces,
dont fe pleignent lefdits Ecclefiaftiques, ne prouient
de la faute des Iuges feculiers: mais de la malice des
prifonniers. Et fi lefdits Euefques ou autres Prelats
n'en payoient les fraiz, le Roy feroit contrainct les
porter fur fes finances, lefquelles font par les autres
fraiz de la Iuftice fort diminuez. Et pource a requis

c

qu'il soit dict & ordonné, cóme aussi a esté touflours obserué par Coustume ancienne que lesdits Prelats payeront tous les fraiz desdits Prestres & Clercs, aux cas non priuilegiez, & la moytié aux cas priuilegiez. Surquoy apres auoir ouy les deputez de la Noblesse, & tier Estat qui se seroient remis en nous d'y pouruoir, Auons ordonné qu'apres ces mots, *tous les fraiz raisonnables de la iustice seculiere*, seroit adiousté, (autres que ceux qui auroient esté faicts par les parties.) Et à la fin seroit aussi adiousté ce qui ensuyt, (Et sera tenu le Iuge seculier, incontinent apres qu'il sera informé de la qualité & priuilege des Prestres, & autres Clercs en aduertir le Iuge Ecclesiastique, pour les retirer.

Et apres ledit iiii. article a esté par l'accord & consentemét desdits Estats, adiousté l'article qui ensuyt.

Ne iouyront du priuilege des Clercs, sinō ceux qui sont constituez és ordres sacrez: & pour le moins Sousdiacres, ou Clercs beneficiez, ou actuellement residens & seruans aux offices, ministeres, & benefices qu'ils tiennent en l'Eglise, ou Escholiers actuellemét estudians, & sans fraude.

Au cinquieme article au lieu de ces mots, *accusé de crime d'heresie*, a esté escrit, (accusé de tous crimes dōt la cognoissance appartiét aux Iuges d'Eglise, faisant apparoir du decret.)

Du vi. ont esté rayez ces mots, *s'il ha biens meubles ou immeubles sur lesquels le crediteur peut faire proceder à execution*.

Le septieme commençant, *Les Clercs, Prestres ou autres gens de Religion* a esté reformé comme ensuyt.

Si les Prestres, Diacres, Sousdiacres, & Religieux profes, ont delinqué en la monnone, ou commis auties delicts, où y ait cas priuilegié, leurs procés leur

feront faicts aux prifons des Iuges Ecclefiaftiques,
s'ils en ont fur le lieu de feures & commodes, finõ és
prifons des Iuges feculiers, concurremment par les
Iuges d'Eglife & fubiects, tant fur le delict commun
que cas priuilegié. Et feront tenuz à cefte fin lefdits
Prelats afsifter ou commettre Vicaires pour faire &
parfaire le procés fur les lieux, & donner fentéce par
iugements feparez. Et feront lefdits Prelats tenuz degrader les fufdits delinquants, s'ils font conuaincuz
dudit crime de faulfe monnoye, ou autre meritant
degradation pour eftre puniz de mort par le Iuge feculier, s'ils l'ont deferuy.

Le huictieme a efté rayé & remis en la difpofition
du droict commun.

Au dixieme article a efté adioufté à la fin ce qui
enfuyt, (Et quant aux actions de retraict lignager, &
autres femblables, appellees en droit efcrites *in rem*, feront pourfuyuies par deuant les Iuges du domicile,
ou de l'heritage, a l'option du demandeur.)

A l'vnzieme article a efté adioufté, [Et au cas que
elle foit faicte par contract, n'y aura lieu de retraict
de barre : & vaudra la prorogation, tant pour le prorogeant que pour fes hoirs.] Faifant la lecture duquel article, maiftre Guillaume Godet fieur de Booz,
Aduocat en la Court, fe portant Procureur du Seignr
Comte de la Val, de Montfort, Quintin, Harcourt,
Vicomte de Rennes, Baron de Vitté, la Roche Ber-
nard fires de Rieux & de Roche-fort, auroit dit &
remonftré qu'eftant les iurifdictiõs des Seigneurs de
fief patrimoniales, comme elles font, on ne peut par
raifon diftraire leurs fubiects proches de leurfdites
iurifdictiõs & territoires, & n'y peuuët lefdits fubiects
deroger ny renoncer au prejudice defdits Seigneurs,

A cefte caufe auroit requis que nonobftant la prorogation de iurifdiction faicte par ceux qui font fes vaffaux & fubiects, il luy fuft permis les retirer à luy par
droict de retraict de barre: & fpecialemét pour le regard de fes vaffaux & fubiects de la Baronnie de Vitré, en laquelle il ha vn priuilege particulier, fondé en
contracts, titres anciés, & vallables, de ne pouuoir, ny
mefmes fefdits hommes & fubiects de ladite Baronnie, eftre cónuenuz que par deuant le Senefchal de
Rennes, & non deuant autre Iuge : & ce par mande-
mēnt clos & feellé du cachet dudit Senefchal de Rē-
nes, & par adiournement faict par le Sergent appellé
le Sergent d'Efpinay, au commencement des plaids
generaux dudit Rennes. Et apres ladite premiere có-
parutió, ledit Seigneur Baron peut par fon Procureur
demander le retraict de fes hommes & fubiects, & la
cognoiffance de leurs caufes ciuiles & criminelles,
laquelle luy eft toufiours, & a efté de tout temps ac-
cordee fans difficulté, neátmoins que lefdits fubiects
euffent prorogé de iurifdiction audit Rennes. Aufquels droicts & priuileges, le cótenu audit article, ny
en l'article xxviij. de ce titre, ne doit nuyre ne preiudicier: & a infifté qu'ainfi fuft par nous dict & declaré. Sur quoy auons refervé de luy faire droit cy a-
pres.

Le xii. article a efté declaré & amplifié comme enfuyt.

Les delinquans non domiciliers, font Iufticiables du
Iuge au diftroict & territoire duquel ils ont commit
le delict, pour raifon d'iceluy delict, s'ils font appre-
hédez audit lieu, ou preuenuz par decrets, ou adiournements executez, au cas que le Iuge foit capable de
la cognoiffance dudit delict. Lequel Iuge procedera

ontre lefdits delinquans, où ils ne comparoiſtroient, ou ne pourroient eſtre apprehendez, par deſſauts & contumaces, iuſques à ſentence de forban: laquelle il ſera tenu donner dedans quatre mois, à compter du iour du delict. A faute dequoy, & ledit temps paſſé, le luge du domicile en pourra & deura cognoiſtre, & aire iuſtice, ſelon l'exigence du cas: ſans qu'il ſoit tenu en faire renuoy au luge du delict. Et où il ne ſeroit capable de la cognoiſſance dudit delict, doit inimer la iuſtice du Seigneur ſuperieur qui doit & eſt tenu prendre & receuoir les accuſez, pour en faire iuſtice & punition, ſelon la qualité du delict, s'ils n'eſtoient Clercs priuilegiez, qui doiuent eſtre renduz ux iuges d'Egliſe, comme il dict cy deſſus.

Au xiii. article a eſté adiouſté, (s'il n'y auoit preuention & pourſuyte continuele, faicte par le iuge dudit delict, iuſqu'auſdits foire & marché.)

Et apres l'article xiiii. a eſté mis en ordre l'article xxxi. de ce titre, lequel a eſté reformé comme enſuyt.

Si le Seigneur inferieur ou ſa iuſtice eſtoient negligens de faire leur deuoir d'informer & decreter dans quinzaine, à compter du iour du delict cómis, le Seigneur ſuperieur en cognoiſtra, ſans qu'il ſoit tenu en faire aucun renuoy, s'il n'en eſt requis dans ladicte quinzaine.

Sur le xv. au lieu de ces mots, *mais celuy qui ſous coulleur*, *&c.* a eſté eſcrit ce qui enſuyt. (Et où il prendroit fauſſe qualité de Sergent, ſeroit puny par le Iuge du delict, comme il eſt dict cy deſſus.

Le xvi. commençant, *Nul ſubiect Seigneur*, *&c.* a eſté icy rayé, & transferé auecques le xxxix. article.

Le xxii. commençant, *Sergent executant*, a eſté eſclarcy, amplifié & reformé comme enſuyt.

c iii

Sergent executant ou exploitant pour son Seigneur, ne peut demander aucun salaire, sinon qu'il y eust vne bannie & commandement faict au prosne de grand' Messe, à tous les subiects, de payer les rentes deuës au seigneur: & outre sommation particuliere par escrit. Auquel cas les executions & autres exploits de iustice seront faicts aux despens des subiects, si par l'euenement ils se trouuent auoir indeuement refusé de payer, si le Sergent n'estoit feodé, lequel n'aura aucun salaire. Et si le Seigneur, apres ladite bannie & sommation, faisoit exploicter par autre que par son sergent, il n'aura autre salaire que celuy que deuroit auoir sondit Sergent. Et quãd iceluy Sergent exploictera pour autre que le Seigneur, il aura salaire raisonnable, s'il n'estoit feodé. Et si les subiects faisoient entr'eux exploicter par autres Sergens que ceux dudit fief, ils ne pourroient pretendre repetition de plus grand salaire que celuy qu'eust deu auoir le Sergent d'iceluy fief, si n'estoit eu cas de refus du Sergent dudit fief.

Le xxiiii. commençant, *Quand adiournement*, a esté rayé comme inutil, & qui ne côcerne que les formes prescrites par les ordonnances sur ce faictes par le Roy.

Sur le xxv. commençant, *Nul terme n'est competant, &c.* ont esté chãgez ces mots, *de tier iour pour le moins*, & escrit, (de trois iours frãcs:) puis adiousté, (qui sont sans comprendre le iour de l'adiournement donné, & celuy de l'assignation.) A esté aussi corrigé, *Sans excepter les festes*: & excepté, (s'il n'y a feste.)

Sur le xxvi a esté adiousté à la fin d'iceluy, (Toutes lesquelles assignations seront franches, comme il a esté dict des trois iours cy dessus.

Le xxxi. commençant, *En cas de crime*, *&c.* a esté cy euant employé sous le quatorzieme article.

Le xxxvii. article a esté mis apres le xxxviii.

Au xxxix. article commençant, *Mesmes si les Officiers*, a esté ioinct le xvi. article cy renuoyé, & les deux mis ensemble comme ensuyt.

Si le Seigneur subiect & ses officiers vouloient cognoistre des faicts & droicts qui appartiennent au Seigneur superieur, ledit Seigneur subiect le doit amender. Et si s'estoient ses officiers, seulement en ce cas, & autres qui seroient contre le serment de fidelité deu au Seigneur superieur, pourra ledit Seigneur subiect desauouer ses officiers, s'ils n'auoient mâdement special de luy.

Les xli. xliii. xliiii. ont esté rayez comme superfluz. Et quant au xlii. est employé au titre des Crimes.

Le xlv. a esté corrigé & esclarcy depuis ces mots, *aussi pourront-ils suyure ses hommes, &c.* comme ensuyt.

Et quant au meffaicts ou mesdits faicts par les subiects, & par les hommes d'autres iurisdictions, au Seigneur, ses femme, enfans, ou domestiques, en son distroict & iurisdiction, ledit Seigneur ou son Iuge les pourra poursuyure iusques à capture seulement, sans qu'il les puisse retenir plus de vingtquatre heures, apres ladite capture faicte: ains sera tenu les renuoyer à la iustice superieure.

Le xlvii. a esté rayé comme inutil.

Du xlix. en a esté retranché iusques à ces mots, *Aussi ne peut le Seigneur*.

Au cinquantieme commençant, *Le Seigneur ne peut*, ont esté pour mieux l'expliquer & faire entendre, adiousté ces mots, [auecques submissiô & prorogation expresse.]

c iiii

Des droits du Prince, & autres Seigneurs, & des aides cou-stumiers.

LE cinquantehuictieme article audit liure, com-mençant par ces mots, *Chose trouuee doit estre gar-dee*, a esté mis premier de ce titre, Des droits du Prin-ce : & audit lviii. au lieu de ces mots, *& aux marchez, ainsi qu'il est accoustumé au pays*, a esté mis, [& vne fois au prochain marché, lesquelles bânies serôt verifiees du Iuge du Seigneur.) Et apres ledit article a esté em-ployé le lvii. commençant, *Il n'appartient à aucun auoir*, comme il est audit liure, parce qu'il parle de sembla-ble matiere.

A la fin du liiii. commençant, *Les Seigneurs qui ont iusticement*, a esté adiousté, (& les Seigneurs doiuent mettre les deniers de leurs amendes pour reparer & amender les mauuais chemins,) ce qu'a esté prins du vie. xxxi. au titre des Crimes & amendes.

Et ayant faict lecture du lv. maistre Iean le Prevost se disant Procureur du Duc de Peinthieure, auroit re-monstré, que neâtmoins que ledit article ne feist mé-tion que des Barons, toutesfois ledit Seigneur Duc, comme Comte ancien, & Seigneur de Peinthieure qu'estoit partage de Bretagne, estoit en bonne posses-sion d'auoir cognoissance & punition de feu. Et pour-ce auroit requis que audit article il eust esté faict mé-tiô du droit apartenât audit Duc de Peinthieure. Sur quoy auroit esté remonstré par aucuns de la Nobles-se, au nom d'autres Seigneurs, qu'il y auoit d'autres Côtes anciés en cedit pays, lesquels estoiét, à cause de leurs Comtez, en bône possessiô de semblable droict.

Et partant requeroient qu'il fust faict mention par ledit article des anciens Comtes en general, & non en particulier de celuy de Peinthieure, à ce que les autres ne semblent estre exclus: ou bien que l'article demeurast comme il estoit escrit audit liure. Surquoy aurions ordonné que l'article demeureroit comme il est escrit au Cahier par nous reformé: & que les anciens Comtes du pays en vseront comme ils ont faict au temps passé.

Au lix. a esté ioinct le lxviii. sous ce mesme titre, & des deux faict & dressé l'article qui ensuyt.

Si aucune chose tenue en fief est vendue, les ventes en appartiennent au prochain Seigneur, ores que le superieur eust droict de bánies sur ladite chose, sinon qu'elle fust tenue comme iuueigneur d'aisné, auquel cas les ventes appartiennent au prochain Seignr lige.

Le ix. a esté declaré & reformé comme ensuyt.

Et si le vendeur de quelque chose tenue en fief, a faict maisons, ou qu'il ait bois de haute fustaye, tenans lieu d'immeuble, & il vend l'heritage à l'vn & à l'autre les edifices, bois & superfices, en fraude des ventes deuës au Seigneur, il sera payé des ventes du tout.

Au lxi. commençant, *Celuy qui a engagé*, ont esté pour l'expliquer adioustez ces mots, (& fait entrer le pris de l'engage en la vente.)

Le lxii. & lxiii. ont esté reformez & declarez comme ensuyt.

Et s'il aduient qu'aucun baille son heritage pour iouyr des fruicts d'iceluy, en payement des deniers prins par le bailleur ou autremét à titre d'engage qui passe neuf ans, ventes sont deues, & s'il ne passe, ventes ne sont deues.

Au lxiiii. a esté adiousté ce qu'ensuyt.

Et le temps de la premiere côdition escheu & passé, si le remboursement n'est faict au dedans d'iceluy, ventes sont deues, ores que la grace eust esté prolongee, ou autre de nouueau ottroye par l'acheteur.

Le lxv. a esté corrigé comme ensuyt.

Ventes sont deues au Seigneur quand le bien-faict, douaire, vsufruict ou autre viage sont venduz ou appreciez à deniers.

Et apres a esté adiousté l'article qui ensuyt.

Ventes ne sont deues quand deniers se baillét pour partage, pour dot, ou que assiette se faict pour deniers promis & baillez en dot.

Le lxvi. a esté reformé comme ensuyt.

Quand heritages sont baillez au creancier en payement de debtes mobilieres, ventes sont deues. Et en ont esté ostez ces mots, *Les ventes doiuent estre calculees, & assiette faicte à celuy pour le pris d'icelles sur lesdits heritages.* Et apres a esté de nouueau adiousté l'article qui ensuyt.

En tous contracts faicts à titre de réte cens, s'ils excedent dix solds de rente, ventes sont deues : qui serôt estimees à la vraye valeur de la terre. En quoy ne seront comprins les arrentements faicts par grains, sans fraude.

Le lxii. a esté osté de ce titre, & transporté au titre des Executions, pour estre mis auecques l'article ccxxxi. parce que les deux sont de mesme effect.

Sur le lxix. au lieu de ces mots, *doit auoir le tier desdites ventes,* a esté mis, [doit auoir les ventes.]

Apres le lxix. dudit liure Coustumier, a esté de nouueau adiousté celuy qui ensuyt,

Et où l'obeissance seroit retenue, ne seroit deu que

lès ventes au Seigneur superieur, demeurant le rachapt & autres droicts au Seigneur vendeur.

L'acquereur payera & acquitera le tout des droicts
de ventes, sans que le vendeur en paye aucune chose.

Sur le lxxiii. apres ces mots, *n'appartiennent ventes,* a
esté adiousté.

Sinon que l'eschange fust fraudeuse. Et si l'vn des
contrahans s'oblige luy ou par personne interposee,
de fournir ou faire fournir deniers, pour la chose par
luy baillee, l'eschãge sera estimee fraudeuse, verifiant
ladite promesse par actes ou serment seulement. Sera
aussi l'eschange presumee fraudeuse, si l'vn des contrahans est trouué posseder l'vne & l'autre des choses eschangees, dedans l'an, s'il ne verifie que la seigneurie luy en soit aduenue par succession.

Le lxxvi. a esté corrigé & reformé comme ensuyt.

Quand aucun meurt, en quelque aage que soient
ses heritiers, le Prince ou autre ayant droict de rachapt,prendra & leuera pour vn an les fruicts & issues
des terres,heritages & rentes du decedé,sans coupper
bois, soient tailliz ou autres, prendre ny vendre les
bois tombez & abbatuz par impetuosité de vents ou
autrement : pescher estangs, courir en garenne ny en
forest, prédre ny delairer oiseaux de proye, Hairons,
Palles ny autres, ny iouyr des fuyes & coulombiers.
Et neantmoins quant ausdits bois tailliz & autres de
reteuu, le Seigneur aura le pris de ce qu'ils seront e-
stimez valoir en chacun an,

Sur le lxxvii. ont esté rayez ces mots, *ou des hoirs de*
celuy qui tiendroit de l'heritage dudit decedé en iuueignage,
comme ayans esté escrits au liures imprimez par erreur & autremét qu'en l'original. Et apres iceluy article a esté de nouueau adiousté celuy qui ensuyt,

Et aduenant qu'en mesme annee deux ou plusieurs vassaux Seigneurs d'vne mesme terre decederoient, en ce cas le Seigneur de fief iouyra depuis le deces du premier iusques au deces du second : & depuis le deces du dernier, vn an entier.

Du lxxviii. ont esté rayez ces mots, comme inutiles, *& parce n'y auroit rachapt que par mort, & és cas reseruez, par Coustume.*

Et procedât à la lecture des lxv. lxvi. lxix. lxx. lxxi. lxxiii. lxxv. lxxvi. lxxvii. & lxxviii, articles, faisant mention des droicts des ventes, rachapt, & bail, maistre Guy Meneust sieur de Brequigny, Procureur general de la Roine, en Bretagne, mere du Roy, dame vsufructiere de la Baronnie de Foulgeres, & Chastellenies en dependantes, & maistre Iean le Rollier Procureur du Roy audit Foulgeres, auroient remonstré comme à raison d'icelle Barónie, le Roy seul est fondé & luy appartient auoir & prédre les droicts de rachapts, & soustrachapts, sur toutes les terres nobles assises sous ladite Baronnie, & qui en sont mouuâtes en proche ou arrierefief, au moyen de la commutation n'agueres faicte du bail ancien audit deuoir de rachapt. Aussi à luy seul appartiennent les droicts de lodes & ventes, bannies, & appropriements de contracts, de tous les heritages situez en ladite Baronnie, Requerant à ceste cause, qu'il soit dict que par lesdites Coustumes generales ne sera faict prejudice aux droicts anciens de ladite Baronnie. Et qu'au moyen d'icelles aucuns ne pourront pretendre autre ny plus grands droits, pour le regard des rachapts, soustrachapts, lodes, ventes, bannies, & appropriements de contracts qu'ils n'ont eu au temps passé. Aurions ordonné que sans prejudice des droicts de ladite Ba-

ronnie, & des hommes & vaſſaux d'icelle, leſdits articles demeureroient.

Apres ledit lxxviii. a eſté mis le lxxiiii. auquel a eſté
ioinct le cccxii. au titre des Fiefs, parce qu'il eſt de
meſme effect: & les deux comprins en l'article qui
enſuyt.

L'aiſné n'ha bail, rachapt, ventes, ny haute iuſtice ſur
ſon iuueigneur, à cauſe de la terre qu'il tient comme
iuueigneur d'aiſné.

Le lxxix. a eſté ioinct auec le cccclxxiiii. & les deux
corrigez & compris en l'article qui enſuyt.

Le Seigneur ayant bail, ne peut empeſcher que le
pere ne laiſſe la garde de ſes enfans & de ſes biens,
à qui il luy plaira, ny les fraiz & autres ordonnances
teſtamentaires du defunct. Et où il n'y auroit teſtament, les tuteurs & proches parents pourront ordonner des obſeques & aumoſnes ſur les fruict de la terre, ſans que le Seigneur, pour raiſon de ſon bail, le
puiſſe empeſcher.

Le lxxx. a eſté remis au titre des Succeſſions & partages.

Sur le lxxx. au lieu de ces mots, *d'huictaine d'interualle en chacune bannie*, ont eſté mis ces mots, (qui ſe feront par trois Dimanches conſecutifs.)

Et apres la lecture du lxxxi. article, le ſieur de la
Fontaine, tant pour luy que pour les Gentils-hômes
& autres qui poſſedent fiefs és Baronnies de Foulgeres, Vitré, & Chaſtellenies en dependantes, auroit remonſtré que le Roy, comme Baron de Foulgeres, &
le Baron de Vitré, & leurs vaſſaux poſſedans fiefs eſdites Baronnies, ont certain droict hereditel & patrimonial, que tous fiefs ſont faracheux & reuachables,
Et les ſubiects tenuz à faire la ſergentie & recepte de

leurs rentes en leur tour & rang : & en faire là somme bône à leur Seigneur, au iour qu'ils sont deuz : autrement peut le Seigneur faire executer celuy de ses subiects que bô luy semblera pour toute ladite somme, sauf son recours contre les autres hômes : de sorte que par priuilege le Seigneur du fief n'est tenu bailler roolle à ses subiects : mais sont tenuz le faire-faire, & la sergentie comme bon leur semble. Aussi ont droict de faire saisir les terres de leur fief, par defaut de deuoir non faicts ny payez, nonobstant la possession & tenue d'an & iour : qui faict clairement cognoistre que le contenu audit article ne peut ny doit auoir lieu, pour les fiefs qui sont de la nature susdite. A ceste cause a supplié au nom des sussidits que ledit article fust reformé & ordonné que les Seigneurs de fief esdites Baronnies, ne seiôt tenuz bailler roolles à leurs subiects, qu'ils n'ayent premierement baillé leur tenue & adueu, sur lesquels on les puisse former, ou bien adiouster audit article : sans prejudice des droicts de ceux qui ont fiefs faracheux & reuanchables, ou autres priuileges hereditaux.

Et sur le lxxxiii. ledit Godet Procureur dudit Seigneur Comte de la Val auroit dict s'y opposer. Et remôstre que ledit Seigneur de la Val ha certain droict particulier & hereditel en la terre & seigneurie de Gael, qui est tel, Que tous ses hommes de fief, appellé, le fief & dommaine môsieur Guillaume, & autres fiefs dependans dudit Gael, sont tenuz comparoir auecques les Sergents d'iceux fiefs chacun an le iour de la natiuité S. Iean Baptiste, sans autre assignation, sur peine de l'amende, en l'auditoire de ladite iurisdiction. Et là lesdits Sergents & Receueurs de l'an precedét, sont tenuz chacun en son bailliage & dômaine, eslire trois des hommes & subiects de chacun desdits

bailliages, qui soient soluables, lesquels choisissent &
nomment en chacun d'iceux bailliages, l'vn des te-
neurs & dõmaniers d'iceluy, qui est tenu faire la cueillette des rétes & deuoirs deuz ledit an esdits bailliages, & les payer audit Seignr ou ses Chastelains & fermiers, sans aucune diminution, aux termes accoustumez: & sans bailler ausdits Sergéts aucuns roolles, ré-
tiers, ny declaratiõ desdites rentes & deuoirs. Et sont
chacũ desdits hõmes solidairemét obligez pour tous
les autres, au payemét de ce qu'est deu au Seignr: sauf
leurs reuanche & recours contre les autres. Desquels
droicts, & autres semblables, qui sont entieremét contraires à la dispositiõ dudit article, estãt ledit Seignr
de la Val, en possession, cõme il est, d'en iouyr: auroit
requis qu'il y fust maintenu, sans q̃ iceluy article luy
peust prejudicier, ny à sesdits droits qui sont hereditaux & patrimoniaux: Auriõs ordõné q̃ sans prejudice des droits pretenduz par ledit Seignr de la Val, &
par les Gentils-hõmes & autres Seignrs de fief, sous
lesdites barõnies de Foulgeres & Vitré, & Chastellenies qui en dependent, lesdits articles lxxxi. & lxxxij.
demeurerõt cõme ils sõt escrits audit cayer reformé.

Apres l'article lxxxiiii. dudit liure, a esté employé le
ccxxx. pris du titre des Executiõs, pource qu'il est disposé de mesme matiere: & a esté corrigé ainsi qu'il est
cy apres. (Et neantmoins le Seigneur, pour ses rentes,
droits & deuoirs, peut faire executer en son fief, & vé-
dre de iour en iour, & d'heure à autre, quand les exploicts sont deuement faicts; mesmes contre vn nouueau detenteur de son fief, pourueu que le Seigneur,
ses predecesseurs ou autheurs, soiét en possession desdits deuoirs en l'vn des trois ans derniers. Et en ce
cas, sera ledit Sergent tenu garnir la main de iustice,
ores qu'il y ait opposition, sans prejudice d'icelles.

Et si ledit Seigneur n'estoit en ladite possession, fai
que, pour raison desdits deuoirs, il vienne par action
sinon qu'il y eust contract, iugé, ou rolle & rentie
portant execution parée.

Et apres ledit article a esté aussi employé le ccxxx
dudit liure, au titre des Executions, cómençant, *Au*
peut le Seigneur, auquel ont esté adioustez ces mots, (a
cas qu'elles se trouuent liquidees par la somme con
tenue au contract.

Et apres a esté de nouueau adiousté.

Et où par les contracts les heritages seroiét baille
tenuz de diuers Seigneurs, & ne seroit le pris de c
qu'est tenu de chacun Seigneur distinctement decla
ré, l'aualuation s'en fera aux despens de l'acquereur.

Le lxxxv. a esté remis au titre des Fiefs, feautez &
hommages, apres les articles cccxxii. & cccxxiii.

Sur le lxxxix. au lieu de ces mots, *par le regard d*
profitables hommes, asté mis, [par l'aduis des plus appa
rents gens de bien subiects dudit Seigneur.]

Sur le xcii. a esté adiousté, (sous lesquelles ils son
hommes dudit Seigneur, les nourrissant eux & leur
bestes.)

Et apres ces mots, *eux & leurs biens*, a esté adiousté
(Ce que ledit Seigneur sera tenu de faire.)

Le xciii. a esté reformé comme ensuyt.

Aussi quand aucun crie au feu, ou au meurdre, cha
cun est tenu y aller, sans espoir de salaire.

Le xcv. reformé comme ensuyt.

Noble hóme n'est tenu faire à son Seignñr viles cor
uees en personne : mais est tenu, pour sa terre noble
luy aider aux armes, & autres aides de noblesses. E
s'il possede terres roturieres, dont soient deues viles
coruees, il sera tenu bailler homme poutl es faire.

Et partant

Et partât, les cccxl. & cccxli. rayez, parce qu'ils sont comprins en cest article.

Des Procureurs.

LE xciii. a esté reformé comme ensuyt.

Celuy qui a faict faire exploict en qualité de Procureur d'aucun, doit faire apparoir de procuratió generale ou speciale, selon le cas, en date precedét ledit exploict. Et s'il n'ha ladite procuration en main, le Iuge luy baillera delay competant: autremenr & à faute à luy d'en faire apparoir de precedent date, l'exploict est nul, & payera ledit pretendu Procureur, despens à la partie, & amende à la Court.

Et a esté le surplus de l'article rayé comme inutil.

Apres le xcvii. a esté adiousté l'article cy apres.

Et ne seront lesdites procurations valables ny d'aucun effect, apres les trois ans de l'ottroy, sinon qu'au moyen d'icelles il eust esté exploicté, & en la cause seulement en laquelle il a esté procedé.

Au xcviii. à la fin d'iceluy ont esté adioustez ces mots, [leurs requiere mandement special.

Le xcix. commençant, *Si le Procureur est treuué excommunié, &c.* a esté rayé & remis à ce qu'est ordonné par les prochains subsequents articles.

Du centieme ont esté rayez ces mots, *Et ne peuuent les Clercs soluts estre Procureurs en Court seculiere, sinon qu'ils fussent Procureurs pour autres Clercs, ou pour l'Eglise.*

Sur le ciii. commençant, *Procureur fondé & receu en cause ciuile, &c.* en a esté rayé depuis ces mots, *& où ledit Procureur voudroit soustenir, &c.* & ce qui s'ensuyt, iusques à la fin de l'article.

Du ciiii. en a esté rayé depuis ces mots, *Et conuti, &c.*

d

Iufques à la fin,pour y auoir eſté pourueu par les precedents articles.

Au cv a eſté adiouſté, [ou Aduocat n'ayant charge
ou memoire de leur partie.

Et apres ledit article a eſté adiouſté de nouueau,
celuy qui enſuyt.

Tous Procureurs ſeront tenuz bailler recepiſſé aux
parties, par briefue certification ou reſcription de la
charge,lettres,& argent,au deſſus de cent ſolds monnoye,qui leur ſerōt baillez, & leur charge expiree par
iugement executé, reuocation, ou autrement, ſeront
tenuz rédre les lettres & pieces aux parties,lors qu'ils
en ſeront requis: & les parties tenues de les retirer
dedans trois ans,lequel temps paſſé, n'en ſerōt leſdits
Procureurs recerchez,iurant ne les auoir, ny par dol
laiſſé de les auoir,ſi auparauant ledit ſerment la partie ne ſe charge de prouuer le contraire,autrémēt que
par ledit recepiſſé. Et ne ſeront auſſi (leſdits trois ans
paſſez) leſdits Procureurs receuz à demāder leurs ſalaires & miſes.

Des Plegements & attentats
ſur iceux.

SVr le cvii. commençant, *Nul n'eſt receuable, &c.* apres
ces mots,*ne arreſté,* y a eſté adiouſté, (ſoit par dẽ faut
d'hommage, payemẽt de rachapt, ou autre cauſe que
ce ſoit.) Et partāt l'article cxv.dudit liure a eſté rayé
parce qu'il y eſt ſatisfaict.

Le cxiiii. corrigé & eſclarcy comme enſuyt.

On ne peut tenir par voye de plegement cōtre l'heritier du defunct en droicte ligne, pour luy empeſ-

chet la continuation de la saisine de l'heritage, si ce n'est du faict d'iceluy heritier : parce qu'en ligne directe le mort saisist le vif.

Le cxv. a esté rayé, parce qu'il est comprins cy deuant en l'article commençant, (Nul n'est receuable à proceder, &c.

Des Arrests & ostages.

LE cxvi. a esté osté de ce titre, & mis au titre des Crimes, auecques l'article vic.ix. qui commence, (Si aucun Seigneur prend ou saisist, &c.) parce qu'il est de mesme effect.

Le cxxiii. a esté augmenté & reformé côme ensuyt.

Sergent ou autre ministre de Iustice ne doit signifier arrest sãs s'asseurer du domicile de la partie pour laquelle il exploicte, de Procureur & caution resseante en la ville, ou au lieu où se deura traicter l'arrest, laquelle caution signera, si elle sçait signer, ou autre à sa requeste.

Sur le cxxv. a esté reprins le iii. article dudit liure, qui cômence, *Quand arrest est faict sur quelque chose, & c.* Et desdits deux articles ensemble des cxxvii. & cxxviii. a esté faict celuy qui ensuyt.

Quand arrest est signifié sur quelque chose mobiliere à quelque personne que soit, Ecclesiastique, ou autre, ores qu'elle eust esté desrobee, le Iuge seculier du lieu de l'arrest en cognoistra iusques à ce que celuy auquel est signifié ledit arrest, ait baillé caution de se representer, & la chose arrestee, deuant son Iuge ordinaire, & d'y ester à droit. baillât laquelle caution, luy sera faict deliurâce de ladite chose. Et à faute de la bailler, la iustice demeurera saisie de la chose arrestee, iusques à ce que l'arrest soit vuidé.

d ii

Le crxvi. a esté aussi corrigé reformé comme ensuyt.

On peut proceder par voye d'arrest sur la debte deue
au debteur, iusques à la concurrence de la debte, sans
aucune discussion des biens du debteur.

Des Monstrees & veuës.

SVr le cxl. commençant, *Le vassal est tenu &c.* au lieu
de ce mot, *prendre,* a esté mis, [saisir & mettre en sa
main. Et au lieu de ces mots, *comme si l'homme l'auoit
desauoué,* ont esté mis ces mots, (iusques à ce qu'il ait
esté recognu.

Des Garents & requestes.

SVr le cxlix. commençant, *Entre coheritiers y a garentage,* ont esté adioustez à la fin ces mots, (& proceder à nouuelles loties, si autrement ladite rescompense
ne se peut commodement faire.

Le cl. a esté corrigé comme ensuyt.

Quand aucun a esté receu à amener garent, & ne
l'ameine à l'assignation qui luy a esté baillee, il n'aura plus de delay de garent, & sera tenu de defendre
en la cause de luy-mesmes & de son chef: mais s'il
amene garent qui prenne le proces, il demeurera en
surseance, iusques à la sentence donnee contre le garent.

Le cli. a esté aussi esclarcy & reformé comme cy a-
pres.

Et s'il aduenoit que le garent fust condamné, la
sentence sera executee alencontre du garenty, sauf
des despens, dommages & interests de l'instäce, dont

liquidation & execution se fera contre le garent seulement, sans recours vers le garenty, ores que le garent fust insoluable.

Le cliii. a esté pareillement corrigé comme ensuyt.

Si aucun est trouué saisi, ou a disposé de chose desrobee ou mal-prinse, il & ladite chose peuuent estre arrestez. Et si celuy qui est arresté, clame garent, neātmoins il demeurera arresté, iusques à ce qu'il amene garent : & s'il amene garent, sera eslargy par tout, & ledit garét sera arresté iusques à ce qu'il soit cogneu à qui appartient ladite chose. Et s'ils se trouuent coulpables l'vn ou l'autre, ou tous deux, seront puniz selon l'exigence du cas, & tenuz l'amender, & desdómager celuy à qui sera trouué appartenir ladite chose.

De l'article cliii. ont esté rayez ces premiers mots, *pource que le simport est du tout toln & aboly*, & & ledit article ainsi commence, *Vn defendeur pourra appeller, &c.*

Des Prouues & serments.

LE premier article de ce titre, qui est le cliiii. corrigé comme ensuyt.

La prouue qui est faicte par deux tesmoings est suffisante : neantmoins pourra estre prins le serment de la partie, que ses tesmoins ont dict verité, si requis en est. Et le surplus dudit article rayé icy, parce qu'il est cy apres employé auecques le cl xvii. en ce mesme titre, qui commence, [Exploict de Court ne se prouuera.

Le clv. rayé en cest endroict, & remis à ce qu'est disposé par le troisieme article du titre des Successions & partages, commençant par ces mots, *Les maisons*,

fieſt, &c. Et par vn autre article adiouſté au titre des
Crimes & amendes, commençant, [Aucun n'vſurpera
le nom, titre & armes, &c.]

Le clviii. reformé comme cy apres.

Le roturier iuſticiable d'aucun Seigneur, ſoit à cauſe de la perſonne, ou de la choſe qu'il poſſede, & Gen-
til homme eſtager, ne peuuent eſtre teſmoings pour
leur Seigneur, fors où il ſeroit queſtion de prouuer
poſſeſsion de rente, ou autre deuoir feodal pretendu
par ledit Seigneur. Et auſsi en cas de crime, qui auroit
eſté commis en tel lieu ou heure, qu'on ne peuſt en a-
uoir prouué par autres que par les ſubiects.

Sur le clxiii. au lieu de ces mots, *à pain & à pot*, a e-
ſté mis ce mot, (domeſtiques.

Le clxvii. qui commence par ces mots, *Aucun n'eſt*
tenu accepter, &c. a eſté reformé, y comprenant la fin
du premier article de ce titre des Prouues, comme cy
apres.

Exploict de Court ne ſe prouuera par teſmoings,
ains par actes ou par le ſerment de la partie, ſinon en
cas qu'on alleguaſt la perte de l'acte: auquel cas l'exploict & teneur dudit acte ſe pourra verifier par trois
teſmoings.

Le clxviii corrigé comme enſuyt.

Si aucun eſt deſſaiſi de ſes biens ſans ſon conſentement, ou auctorité de iuſtice, il ſera creu de la quantité deſdits biens par ſon ſerment: informât prealablement par gens ſuffiſans que ſa perte peut eſtre telle.

Le clxix. a a eſté auſsi corrigé & reformé comme
enſuyt.

Quand aucun prend menues marchádiſes, de ceux
qui les expoſent en vête, par fois iuſques à douze deniers, par autre fois plus ou moins, iaçoit que le pie-

neut defdites décrees le reniaſt, le bailleur en ſera creu
par ſerment iuſques à la valeur de vingt ſolds monnoye, pour le tout & non plus. Et tout ainſi eſt ordóné des negotiateurs & deſpenſiers des maiſons: cóme,
ceux qui achetent pain, vin, chádelle & autres prouiſi-
ſions, ou payent ouuriers: leſquels ſeront creuz par
ſerment contre ceux pour leſquels ils auront faict la
deſpenſe & miſe, iuſques à pareille ſomme de vingt
ſolds monnoye.

Au clxxii. ont eſté adiouſtez ces mots, (par la partie, ou procureur ſpecialemét fondé :) & en a eſté oſté,
s'il n'eſt accuſé par autre.

Des Sentences, appellations &
contredicts.

LE premier article de ce titre, qui eſt le clxiii. de
l'ancien liure, a eſté reformé & amplifié comme
enſuyt.

Toutes ſentences prouiſoires données en matieres
ſubiectes à prouiſion, par quelque Iuge que ce ſoit,
comme aliments, douaires, medicaments, recreances,
reintegrande, garniſon de main, & autres ſemblables,
ſeront executoires, baillant caution, iuſques à la ſomme de cinquante liures monnoye, nonobſtant l'appel,
oppoſition ou empeſchement quelconque, & ſans
prejudice d'iceux. Et au deſſus de ladite ſomme de
cinquante liures monnoye, les iuges ſubalternes non
Royaux appelleront auecques eux pour conſeil deux
autres Iuges ou Aduocats qui ſigneront auec leſdits
Iuges, dont ſera faicte mention au bas de ladite ſentence: autrement ne ſeront les ſentences deſdits Iuges
ſubalternes, executoires par deſſus l'appel.

Du clxxiiii. a esté osté ce mot, *lors.*

L'article clxxvii. a esté rayé, parce qu'au moyen de la voye d'appel, il demeure inutil.

Le clxxix. amplifié & reformé comme cy apres.

Et où le Procureur de la iurisdiction, seroit appellant de l'eslargissement du prisonnier, il demeurera pendant l'appel en prison : sinon que ledit Procureur eust conclud à peine pecuniaire seulement : auquel cas sera, nonobstant ledit appel, le prisonnier eslargy, baillant par luy caution, comme dict est.

Et le cxxx. rayé comme superflu.

Des Despens & Dommages.

SVr le lxxxiiii. ont esté rayez ces mots comme superfluz, *pourueu que ladite partie ou son procureur ne soient infamez.*

Le clxxxv. a esté rayé icy, & est remis cy apres au tittre des Appropriemens, en l'article qui commence, *Celuy qui iniustement retient, &c.*

Le clxxxvii. a esté rayé, parce qu'il a esté cy deuant comprins au tittre des Garents, en l'article qui commence. *Si aucun est trouué saisi, on a disposé, &c.*

Des Obligations, Actions & pleuines.

LE clxxxviii. commençant, *Celuy qui reçoyt aucune chose, &c.* a esté reformé, declaré, & amplifié auecques le xcxiiii. comme ensuyt.

En toutes choses excedans la somme & valeur de cent liures pour vne fois payez, seront passez côtracts par deuât Notaires, signez des parties, si elles sçauent figner, ou d'vn preud'homme à leur requeste.

Et pour le regard des obligatiõs personnelles, pasfees par deuãt lefdits Notaires, foit pour foy, ou pour autruy, y aura hypotheque du iour & date d'icelles, encores qu'il n'y euft aucune conuention d'hypotheque generale ou fpeciale. Et fi lefdites obligations & promeffes font feulement par fcedules & efcritures priuees, y aura hypotheque du iour de la recognoiffance on denegation d'icelles faicte en iugement, fi apres ladite denegation elles font verifiees. Et quant aux obligations & promeffes n'exeedant ladite fomme de cent liures, emporteront hypotheque : & fera le premier creancier en date preferé, ores qu'il n'euft lettres du deu, en informant du premier temps de fa debte.

Celuy qui reçoit aucune chofe pour autruy, ou qui eft condamné rendre quelque chofe, encores qu'il n'y euft conuention precedente, ou qui faict delict, fes biens demeureront hypothequez du iour qu'il aura receu, efté condamné, ou commis le delict.

Au cLxxxix. ont efté adiouftez ces mots, (ou prefenté plainte par deuant le iuge.

L'article cxcv. a efté icy rayé & employé cy apres fous le titre des Appropriances, bannies & prefcriptions, en l'article qui commence, *En contract de chofe mobiliere, &c.*

Les cxcvi. cxcvii. cxcviii. & cxcix. font rayez, parce qu'ils font côprins aux precedents & fubfequents articles.

Le cc. reformé comme cy apres.

Obligation peut eftre faicte par autruy, pourueu que la perfonne qui s'oblige foit capable, encores que celuy pour lequel il s'oblige foit iacapable de s'obli-

ger, soient mineurs, prodigues, furieux, au autres, côtre lesquels ceux qui se sont obligez n'auront aucun
recours, sinon qu'il se verifiast que l'obligation eust
tourné à leur profit.

Le ccii. reformé & modifié comme ensuyt.

Mais si le detenu auoit donné plege de tenir sa prison, ou se representer à iustice à certaine peine, ores
qu'apres les delaiz competás baillez aux pleges, ladite peine fust declaree commise contre lesdits pleges
& cautions: neantmoins si l'accuse est apres reprins
& representé à iustice, ladite peine pourra estre moderee, & se fera l'execution d'icelle vers le plege, sans
qu'il soit besoin faire discussion vers le principal.

Le cciii. rayé comme inutil.

Le cciiii. corrigé & reformé comme cy apres.

Et si le plege a payé peine ou amende, il peut
mettre en vente & en bannie la terre d'iceluy, pour
lequel il s'est constitué plege, sans aucune discussion
de meubles.

Au ccvi. ont esté adioustez ces mots, (ou se fait plege

Le ccvii. a esté reformé & decl.ré comme cy apres.

Quand aucun est obligé pour autre, le creancier le
peut sommer de le payer ou faire pa,er:ce que de plege est tenu faire, s'il ne monstre auec effect, biens du
principal debteur situez au Duché, lesquels ne soiét
aucunemét debatuz: ou bien cas de debat ou empeschement, ledit plege offre faire la poursuyte desdits
biens à ses perils & despens. Et en ce cas ne pourra le
creancier contraindre & executer le plege, fors de ce
qu'il restera, & n'aura esté payé de sa debte par le
principal, ou de ses despens, dommages & interests,
liquidation prealablement faicte d'iceux.

Le ccvii, cómençant, *Et si le creancier donnoit terme, & c.*

a esté reformé & declaré comme ensuyt.

Quand le creancier faict nouueau côtract auec son debteur, le plege, non appelle, ledit plege ne sera plus obligé: mais si ledit creancier prolongeoit seulement le terme au debteur, le plege ne seroit pource descharge & quitte de la pleuine, sinon que pendant ladite prologatió, le debteur fust demeuré insoluable.

Le ccix. commençant, *Et en autre cas, &c.* a esté expliqué & declaré comme cy apres.

Si plege (le temps de payer escheu) faict sommation au creancier de se faire payer sur le debteur, & que depuis icelle sommation par le defaut & demeure du creancier, les biens du debteur fussent tournez autre part, le plege n'en est tenu & demeure quitte.

Le ccxi. a esté declaré & amplifié comme ensuyt.

S'ils sont plusieurs pleges, & le principal debteur les laisse contraindre à payemét, chacun en doit porter sa part, comme ils sont tenuz par l'obligation. Et s'ils estoient solidairement obligez, & l'vn d'eux fust prins pour le tout, il aura recours vers les autres pleges pour leur portió, sans qu'il soit besoin d'auoir autre cession du creancier.

Le ccxiiii. commençant, *Obligation de ceux, &c.* & le ccxvi. commençant, *Femme ne se peut, &c.* ont esté corrigez & reformez : & au lieu d'iceux mis en l'article qui ensuyt.

Ceux qui sont en pouuoir d'autruy, côme mineurs, enfans de famille, femmes mariees, prodigues qui sót interdicts, & furieux, ne se peuuent obliger: & en sont les obligations du tout nulles, & n'en appartient aucune action: sinon au cas que la femme s'obligeast pour ses Pere & Mere, pour son Seigneur espoux, ou pour ses enfans: en ce cas les obligations desdites femmes feront valables, eftantes auctorifées de leurs mariz, fors quand l'obligatió fe feroit pour leurfdicts marys, fans qu'elles fe puiffent aider du droict de Velleian.

Le ccxv. a efté reformé comme enfuyt.

Nul n'eft receuable à demander payemêt des marchandifes prinfes en foire ou marché, foit en ville ou village, s'il n'y a obligation ou promeffe par efcrit: ou qu'il y euft force ou larcin, fans en ce comprendre les marchants trafiquans enfemble.

Le ccxvii. a efté rayé comme inutil.

Des Donations.

LEs ccxviii. commençant, *Toute perfonne, &c.* & le ccxxvii. commençant, *Noble perfonne peut faire &c.* ont efté reformez: & au lieu d'iceux adiouftez les quatre prochains articles cy apres.

Nul ne peut donner plus que la tierce partie de fes immeubles par heritage, ou la moytié d'iceux par vfufruict: foit de patrimoine ou d'acqueft par donation fimple ou caufée, ores que foit de celles qu'on dit *ob pias caufas*, ou autres. Et ores que la donatió n'excederoit ladite tierce partie par heritage, ou moitié par vfufruict, toutesfois elle ne feroit valable fi elle eftoit faicte en haine ou fraude des prefumptifs heritiers: aufquels auffi ny aux defcendans d'eux, nul ne peut dôner aucune chofe, fors la perfonne noble, qui peut donner fes meubles tout ou partie à fes enfans puifnez, fils ou filles, fes debtes mobilieres & obfeques prealablement payez fur iceux.

Si quelqu'vn ha heritiers de diuers eftocs & branchages, il ne peut par donation ou autre titre lucratif, grener l'vn defdits heritiers outre le tier de fon branchage. Et ne fe pourra faire d'icelle donation affiette outre le tier en chacun eftoc. Et fera la tierce partie des chofes donnees par heritage, ou la moytié par vfufruict entendues des biens fituez au Duché feulement : & quant aux autres, fe regleront les donations felon les Couftumes des pays, où lefdits biens font fituez.

Et ne fe fera l'affiette de la donation fur la principale maifon de la fucceffion : & fera eftimee la principale maifon au choix de l'heritier.

Aucun ayant heritiers de deux eftocs , ne peut dôner par heritage ou vfufruict chofe qui viéne de l'vn d'iceux , à l'heritier de l'autre , foit de propre ou d'acqueft.

Le ccxix. commençant, *Et auffi peut donner, &c.* amplifié & declaré comme enfuyt.

Celuy qui ha heritage propre ou acquefts, peut donner tous fes meubles à autre qu'à celuy auquel il auroit donné le tier de fes heritages, ou la moytié de l'vfufruict d'iceux : pourueu que l'heritage propre ou acqueft ne foient de moindre valeur que lefdits meubles. Et s'il n'a que meubles ou chofes reputees pour meubles, ou que l'heritage propre ou acqueft ne valuft autant que lefdits meubles , il n'en pourra dôner que le tier. Et s'il n'a qu'acquefts , ne pourra donner que le tier d'iceux, fes debtes mobilieres & obfeques prealablement payees fur le tout defdits meubles : & où ils ne fuffiroient , fur les conquefts : dont le donateur baillera caution, fi requis en eft.

Et fi font meubles donnez ou deliurez du viuant dudit donateur, fans fraude, ils ne feront fubiects aux debtes.

Le ccxx. a esté aussi reformé & amplifié, & outre adiousté les cinq autres articles qui ensuyuent.

Homme peut donner à sa future espouse, ou la femme à son futur espoux au traicté de leur mariage, faisant leurs fiançailles, & par le contract d'icelle, la tierce partie de son heritage: pour ne iouyr par les donataires eux & leurs hoirs par heritage, pourueu que le donateur n'ait enfans du premier mariage: auquel cas il ne peut donner plus que se monte la portion de celuy des enfans qu'il ha lors de la donation, & qui est fondé à prendre le moins en la succession du donateur: & ce pour en iouyr le donataire & ses heritiers procreez de luy, soient dudit mariage ou autre.

Femme ne peut auoir don & douaire ensemble : & sera en son option de choisir & prendre le douaire ou donation.

Donation faicte, mariage faisant, entre le mary & la femme, sera bonne & valable, ores qu'elle soit conceue en ces mots, pour en iouyr luy ou elle, & les enfans du mariage d'eux deux : ou en ces termes, pour luy ou elle, & leurs hoirs.

Et au cas qu'il y auroit donation du tier par heritage, ou de l'vsufruict de la moytié du tout, ne pourrot donner les meubles à celuy auquel aura esté faicte la donatiõ desdits tier & moytié, soit en faueur de mariage, ou autremét, si ce n'estoit par donatiõ mutuele desdits meubles, que le donateur aura lors du deces.

Et ne vaudra la donation faicte pendant la maladie de laquelle mourra le donateur.

Le ccxxi. commençant, *Ee s'entre-peuu ut faire constant, &c.* a esté expliqué & esclarcy comme cy apres.

Mary & femme s'entre-peuuent faire, conftant le
mariage, donation mutuele des meubles, au plus viuant d'eux deux:laquelle paffera aux heritiers du furuiuant. Et s'entre-peuuent donner par donatió mutuelle & egale leurs conquefts faicts durant leur mariage ; ores qu'ils vaudroient plus que la tierce partie
de leurs heritages. Et ne tiendra celle donation de
conquefts, que le cours de la vie du furuiuant : & la
iouyffance de la moytié defdits conquefts tournera
aux hoirs du premier decedé.

Et apres le ccxxii. article, ont efté de nouueau adiouftez les trois prochains articles.

Ne feront reputez pour meubles les deniers rembourfez apres la feparation du mariage, tant des rentes conftituees fur dommaine & recepte du Roy, que
autres, mefmes d'offices venaux acquis à condition
de rachapt perpetuel, retraict lignager, feodal ou có-
uentiónel, & tous rembourfements de cótracts d'heritage pour quelque caufe que ce foit: ains feront diuifez & partagez comme immeubles, comme euffent
efté les conquefts.

La donation mutuelle & egale, faicte conftant le
mariage duquel il y a enfans, n'aura lieu, au cas que
le furuiuant fe remarie. Et pour la conferuation des
droicts à qu'il appartiendra, fera faict inuentaire des
meubles de ladite communité dés lors du deces du
premier mourant.

Nul ne peut faire donatió de fes meubles, en tout ou
partie, pour auoir lieu apres fa mort : finó à la charge
de payer les obfeques, aumofnes, legs & debtes pour
telle part & portion que fe montera ladite donation.

Le ccxxiiii.commençant, *Pere noble &c.* & le ccxxv.
cómençant, *Et fi en mariát,&c* font rayez icy, & remis

au Titre des Partages, en l'article commmençant, *Les filles maries par pere noble, &c.*

Le ccxxvi. declaré comme cy apres.

Celuy qui a donné & baillé possession actuele de la chose donnee, ne doit rien leuer des fruicts depuis la donation. Et s'il en prend aucune chose, est tenu le rendre au donataire, s'il n'y a autre conuention.

Le ccxxvii. rayé, pour y auoir cy deuant esté satis-faict.

Au ccxxviii. ont esté adioustez ces mots, (meubles ne immeubles.)

Des Executions.

LE ccxxx. & ccxxxi. ont esté rayez, pour y auoir esté cy deuāt pourueu & satisfaict par l'article cōmençant, (Les roolles & rentiers,) au titre des droicts du Prince & autres seigneurs.

Au ccxxxvi. ont esté adioustez ces mots, [Si mieux ledit tier ne veut verifier par autre voye lesdits biens estre siens.]

Au ccxxxix. ont esté adioustez ces mots, [En nul cas ne seront executez les vestements à vsage quoti-dien, &c.) iusques à la fin.

Le ccxlii. a esté rayé, parce qu'il y a esté cy deuant pourueu, & est comprins en l'article commençant, (Si on vendique, ou autrement, &c.) au Titre des Garents & requestes.

De l'article ccxliii. ont esté rayez les mots, *de Cha-stellenie & Baronie:* & au lieu ont esté mis, (au prochain lieu accoustumé à faire exploicts de iustice.

Apres le ccxlvii. ont esté mis & employez pour garder meilleur ordre, les articles cclxi. cclxii. cclxiii & cclxiiii.

& cclxiiii. Et lesdits articles cclxi. cclxxii. reformez comme ensuyt.

Execution se pourra faire tant de meubles que immeubles, sur les debteurs des debteurs, sans aucune discussion, lesdits debteurs appellez.

Et si la debte du second debteur n'est liquidée, on procedera par arrest sur icelle, iusques à ce qu'elle soit liquide, pour ce faict en auoir execution.

Et de l'article cclxiiii. en ont esté ostez ces mots, *en baillant caution.*

Des Prisages.

A Esté arresté de separer les articles qui font mention des Prisages & Appreciations, de ceux des Executiós: & les mettre à part, sous vn titre, qui a esté inscrit, Des Prisages, duquel le premier article estoit le cxlviii. dudit liure Coustumier.

Le ccxlix. reformé & amplifié comme ensuyt.

Et doit le Cómissaire arrester la somme de la debte, de la mise des bannies, du prisage, du salaire du Sergent & des ventes, pour du tout estre faict assiette : finan que le debteur payast lesdits fraiz dans huictaine apres liquidation d'iceux.

Le ccl. & ccli. rapportez cy apres aux articles commençans, Tous prisages, & autres subsequéts faisans mention de l'estimation & prisage.

Le ccli. amplifié & esclarcy comme cy apres.

Les choses qui sont annexees à l'heritage, qui ne pourront estre deplacees à profit, demeureront & seront prisees auecques la terre, cóme elles se poursuyuent bonnes ou mauuaises, à vingt ans quitte, rentes, seruices, & toutes autres charges rabatues : & lesdites

chofes ainfi prifees, feront baillées au creancier pour
fa debte, au cas qu'il ne fe trouueroit autre acheteur.

Sur le ccliii. a eſté eſcrit au lieu de ce mot. *ſix*, le mot
dix.

Le cclv. rayé côme fuperflu, pource que la difcuſ-
ſion n'eſt requiſe.

Le cclvi. reformé & amplifié comme cy apres.

Appreciation d'heritage n'eſt valable, s'il n'y a trois
hommes non ſuſpects, qui foient côuenuz, ou fur re-
fuz baillez de iuſtice, & iurez de faire bonne & loyale
appreciation.

Le cclvii. eſclarcy & reformé en partie côme enſuyt.

Si l'heritage eſt noble, & celuy fur qui on faict l'appreciation noble, les Appreciateurs ferôt nobles gens
de fur les lieux, à ce cognoiſſans, qui feront ferment
en tel cas requis : & s'enquerront de la valeur, cômo-
dité ou incommodité : & des charges qui font fur les
chofes qu'on veut apprecier, pour charges rabbatues,
le tout calculer, liquider, & bailler au creancier pour
fa debte, & payer lods & ventes au Seigneur, & autres
fraiz & miſes dudit prifage, à vingt ans quitte : fauf
pour le regard deſdicts fraiz & miſes, ſi le debteur ne
les payoit dedans huictaine, côme il eſt dict cy deſſus.

Les fix articles prochains apres, ont eſté de nouueau
adiouſtez.

Tous prifages & aualuations de fonds, fe feront
felon la valeur des fruicts que leſdits fonds rendent
par chacun an, faifant des dix annees vne commune :
commençant à compter du temps des dix ans precedents. le temps côuenu pour faire l'aſiette : & en matiere de refciſion, du temps des côtracts. Laquelle valeur de fruicts fe doit prendre de l'eſtimation cômune de chacune eſpece deſdits fruicts, qui fe verifie par

le rapport des Greffes des iurisdictions esquelles se font lesdites assiettes ou des Courts superieures, en cas qu'il ne se trouue rapport esdites iurisdictions inferiures. Et au regard des especes dont ne se font rapports, l'estimation s'en fera par fermes, lettres & tesmoings, & declaration des laboureurs & mestayers.

Toutes lesquelles estimations de dix ans accumulees & comptees ensemble, la dixieme partie est le iuste reuenu de chacun an.

Tout achapt de fonds sans iurisdiction ou obeissance noble ou roturier faict à vingt ans quitte, est dict & censé faict à iuste pris.

Toute assiette de rente en fief de basse iustice faicte à trente ans quitte, est censee faicte à iuste pris, tant pour le reuenu certain que casuel & obeissance. Et si l'assiette ou vente est faict en fief de moyenne iustice, le iuste pris est au denier trentecinq. Et si elle se faict en fief de haute iustice, la iuste valeur est à quarante ans quitte, y comprins aussi l'obeissace & denier casuel.

S'il y a rachapt ou bail, ou autres deuoirs qui ne soient deuz que par la mort du vassal, le iuste pris sera au denier trente vn.

En fief où n'est deu que simple obeissance sans rente ny rachapt, sera chacun estager estimé deux solds, quelque estédue de terre qu'il tienne: & s'il n'est estager, douze deniers.

Le cclviii. a esté rayé, parce qu'il est employé cy deuant.

Et apres l'article cclix. commençant, *Et si le prisage est faict, &c.* ont esté de nouueau adioustez les dix articles qui ensuyuent.

Les grains qui sont ensemencez & en herbe iusques au premier iour du mois de May, serôt prisez comme

femence & labourage, Et ledit iour paſſé qu'ils commencent eſtre en tuyau, ſeront priſez pource qu'ils
peuuent apporter de grain & paille à l'Aouſt, ſelon ce
qu'ils peuuent rendre par iournau, les fraiz de la ſe-
mece & labourages deduicts & rabatuz.

Quant aux edifices, s'il y a maiſon ſeigneuriale,
le priſage ſera de la moytié de ce que peut auoit couſ-
té la matiere & manufacture, eu egard au temps que
elle fut baſtie. Et au regard des gráges & logis du me-
ſtayer & autres neceſſaires pour la cueillette & conſeruation des fruicts, ſeront priſez en entier ſeló leur
valeur, lors que l'aſſiette ſera faicte, ou au cas de vendition, au temps du contract.

Et pour le regard des maiſons des villes, ſeront eſti-
mees ſelon leur valeur en entier.

Les bois de haute fuſtaye, foreſts, touches, rabines,
& autres bois nõ accouſtumez d'eſtre emódez, en partage d'entre freres & ſœurs & autres paréts nobles, ne
ſeront eſtimez & n'entrent en priſage: mais ſeront e-
ſtimez les paſnages, glandees, aſſens & autres emoluments accouſtumez, & prouenans deſdites foreſts, le
bois demeurant ſauf & debout. Mais entre eſtrágers,
quand l'aſſiette eſt deue, & qu'on demande reſciſion
par deception, leſdits grands bois ſerót eſtimez à part
& ſeparez; & le fonds à part comme deueſtu: & l'eſtimation deſdicts bois reduicte à fonds.

Les moulins ſerót priſez & eſtimez à la raiſon des
dix annees, en faiſant vne commune, le tier du reuenu de ceux qui ſont ſur la mer, riuieres & grás eſtágs:
rabbatu, & le quart de ceux qui ſont ſur ruiſſeaux &
autres eſtangs: & quant aux moulins à vent, ſera rabbatu le tier dudit reuenu.

Celuy qui eſt tenu faire aſſiette de rente, doit declarer les charges reelles & foncieres : autrement s'il se trouue desdites charges non declarees, il sera tenu en faire assiette sur ses autres heritages.

En assiette deue par couention, y aura vn seul tressault, si celuy qui doit l'assiette le requeroit : s'il n'est dict & couenu que ladite assiette se feist de prochain en prochain.

En execution d'obligations, ou sentences de restitutió de fruicts, le debteur sera tenu affirmer par serment la quantité des fruicts. Et pourra le demãdeur informer de plus grande quantité desdits frqicts, par comptes, papiers, baux à ferme & tesmoings, & l'estimatió & valeur en sera prinse par le rapport du Greffe à pris commun de chacune annee, sinon qu'apres le iugement & códamnation y ait sommation faicte au debteur : auquel cas si le debteur n'y obeist & satisfaict, ladite estimation sera iugee pour sa demeure au plus hault pris de chacune annee : sinon qu'en consideration de minorité, pauureté, grande cherté, & autres iustes causes, le iuge deust moderer au commun pris.

Les rentes anciennes desquelles le payement a esté continué par quaráte ans, ne seront estimees rachetables, si par titre ou autrement il n'appert du cótraire.

Ne sera d'oresnauant vsé du prisage appellé franc pris, sans toutesfois prejudicier aux droicts acquis par les conuentions cy deuant faictes.

Le cclx. reformé & amplifié comme cy apres.

En tout partage, appreciation ou aualuement d'heritage, soit en matiere de rescision de cótracts fondee en deceptió de pris ou autre, l'vne ou l'autre des parties peut requerir & auoir reueue dedans l'an & iour du premier prisage à ses despens, par autres apprecia-

teurs iurez à faire ladite reueüe, côuenuz par les parties : ou à faute d'en conuenir nommez d'office par
les Iuges, s'il n'y a autre conuention entre parties.

Les cclxi. cclxii. cclxiii. & cclxiiii. ont esté rayez
parce qu'ils sont employez & comprins au titre des
Executions ppres l'article qui commence, (Ceux qui
sont condamnez au nom d'autruy, &c.)

Les cinq articles prochains apres ledit article cclx.
ont este de nouueau adioustez ainsi qu'ils sôt cyapres.

Le iournal soit en terre arable, prez, bois tailliz &
forests, herbregements, vignes, landes, & autres terres,
contiendra vingt cordes de long, & quatre de laize:
chacune corde de vingtquatre pieds de Roy, chacun
pied de douze poulces, chacuns poulce de douze lignes ou grains. Laquelle mesure ey dessus sera gardee par tout ce pays & Duché.

Et où les Arpenteurs & Gauleeurs seroient trouuez
auoir faict defaut en l'arpentage & mesurage, & les
Priseurs auoir faict faute notable en l'estimation &
aualuatiõ desdites terres, & autres choses, lesdits Arpenteurs seront condamnez en amendes arbitraires
pour la premiere fois; & pour la seconde, priuez de
leurs estats. Et les Priseurs de refaire à leurs despens
les prisages: & porter les dommages & interests des
parties.

Seront lesdits Priseurs & Arpenteurs tenuz d'arrester sur le lieu & par chacune piece de terre qu'il
priseront & corderont la quátité & estimation d'icelle, auparauant entrer au cordage & estimatiõ des autres terres qui seront à priser. Et sera ladite estimatiõ
paraphee & signee tant d'iceux Cordeurs & Priseurs
que du Iuge, s'il y a Iuge present qui ait esté requis par
les parties d'vn commun consentement, lequel au-

trement n'y pourra eftre.

Les Seigneurs, leurs Chaſtelains & Fermiers, auſquels ſeront deues aucunes rentes par grains, deues à
grenier, ſeront tenuz aſsigner leurs greniers, & iceux
tenir ouuerts aux termes auſquels leſdites rentes ſe
doiuét payer, par le temps de quinze iours. Et où leſdits greniers ne ſeroient aſsignez & ouuerts audit
temps, & que leſdits Seigneurs ou leurſdits Chaſtelains & fermiers feroient refus de receuoir leſdits
grains, les ſubiects ne ſeront tenuz, par apres, de porter & payer le ſurhauſſement qui pourroit arriuer du
pris deſdits grains.

Tous leſdits Seigneurs, leurs Chaſtelains & ermiers
ne pourront faire faire aucun apprecy des grains qui
leur ſont deuz par leurſdits ſubiects, que à raiſon du
pris que leſdits grains auront valu cómunement aux
trois derniers marchez ſubſequéts les termes que leſdits grains ſont deuz: ſi ce n'eſt en rentes de grains
par deniers ſeulement à certain iour, qu'on dit rentes
à l'apprecy: deſquelles l'apprecy ſera faict ſelon les
trois marchez precedens le iour auquel ledit apprecy
ſe doit & eſt accouſtumé d'eſtre faict : faiſant deſdits
trois marchez vn commun pris.

Et apres a eſté auſsi de nouueau adiouſté celuy qui
enſuyt.

En toutes rentes par grains, ſi les ſubiects qui les
doiuent ſont en defaut de les payer & deliurer au
Receueur ou Sergent, lors de la ſommation qui leur
ſera faicte apres le terme de payer eſcheu (pourueu q̃
auparauãt ladite ſommatió le Seignr euſt fait ſçauoir
à la paroiſſe q̃ à certain iour leſdits ſubiects ſe fuſſent
tenuz garniz deſdits grains) le Sergét pourra executer
leſdits ſubiects pour le pris deſdits grains deuz pour

l'année feulemét. Et defdits deniers acheter les graíns
qui reſteront pour ladite année au prochain marché:
& les rendre au Seigneur aux fraiz communs de tous
lefdits ſubrects executez.

Sur l'article à nous preſenté par leſdits deputez des
Eſtats pour eſtre inſeré en ce titre des Priſages, duquel la teneur enſuyt.

Sera loiſible aux parties de conuenir & nommer
pour faire leſdits priſages & arpétages, telles perſonnes que bon leur ſemblera, ſoient perſonnes priuees
ou autres: parce que leſdits priſeurs & cordeurs ſeront
iurez de bien & loyaument ſe porter auſdits priſage
& cordage.

Ledit Procureur general du Roy a dict empeſcher
l'effect d'iceluy : parce qu'en ce pays il y auoit Edict
publié & receu portant creation & erection en titre
d'office formez d'Arpenteurs & Cordeurs de terre:
dont y en auoit de pourueuz en la pluſpart des iuriſdictions Royales dudit pays, auſquels appartenoit, &
non à autres, d'arpenter & meſurer les terres. A ceſte
cauſe aurions remis ledit article au Roy, pour ledit
Procureur general, & leſdits des Eſtats ouys, eſtre par
ſadite Majeſté ordonné ce qu'elle verra en raiſon appartenir.

Des Appropriances, banniés &
preſcriptions.

LE cclxv. commençant, *Quand on s'approprie*, qui eſt
le premier dudit titre audit liure ancien, &c. & le
cclxviii. commençant, *Et tous autres contracts, &c.* ont
eſté reformez & comptins aux deux prochains cy a-
pres.

On se peut approprier de tout heritage ou autre
chose reputee immeuble, soient servitudes ou autres
droits reels, par tous contracts & titres receuz de
droict & de coustumes habiles à transferer seigneurie, acquerant lesdits heritages ou droits de celuy qui
est saisi & actuel possesseur, en son nom, par luy, & ses
autheurs, par an & iour: prenant ledit acquereur possession actuele en vertu desdits contracts & titres. Et
faisant apres ladite possession trois bannies, tant dudit contract que de la prinse de possession par trois
iours de Dimanche cósecutifs sans intervale, incontinent apres l'issue de la grand' Messe, en la congre-
gation du peuple, à haute & intelligible voix, aux
lieux accoustumez, en la parroisse ou parroisses où
les choses acquises sont situees: par lesquelles bânies
sera faicte expresse declaration par quelle Court, soit
prochaine ou superieure, l'acquereur entéd s'approprier: & faisant ledit acquereur rapporter & certifier
lesdites bânies en iugement des prochains plaids generaux subsequents lesdites bannies, deuant le Iuge
du lieu où sont lesdites choses situees, par le Sergent
qui a faict lesdites bânies, & deux records, ou par deuant le Iuge superieur, selon la declaration portee par
lesdites bannies, en l'endroit de la mence & obeissance du fief dót les choses sont tenues, si obeissance y a.
Laquelle certification de bânies se fera en iugement,
huictaine apres la derniere bannie pour le moins, &
sera ladite huictaine franche, sans compter le iour de
Dimanche de la derniere bannie, ny le premier iour
desdits plaids.

Apres la certification deuement faicte, ne sera receu aucun opposant: ains sera l'acquereur approprié.

Le cclxvi. reformé & diftingué en deux articles
qui enfuyuent.

Si aucun acquiert heritage ou droits reels par quelque titre ou contract que ce foit, & la poffeffion reel-
lement prinfe, il en ait faict vne bánie, dont il ait informé en iugement huictaine apres en la forme que
deffus, & depuis le tienne & poffede notoirement par
le temps de dix ans, il fera du tout & enuers tous approprié: & ne luy nuira d'auoir faict plufieurs bánies.

Tout acquereur ayát titre enuertu duquel il a pof-
fedé actuelement & notoirement quinze ans entiers
& accompliz, par luy & fes autheurs, à compter du
iour de la poffeffion prinfe fans interruption, fera
vers tous & contre tous approprié.

Le clxxxv. ofté du titre des Defpens & Dommages,
a efté rapporté & inferé en ceft ordre, comme plus à
propos, & reformé comme enfuyt.

Celuy qui iniuftemens retient le bien d'antruy &
l'aliene ou le perd, combien que l'acquereur en fuft
approprié, fi eft-il tenu en faire refcompenfe à celuy
qui eftoit Seigneur & proprietaire de la chofe, ainfi a-
lienee ou perdue: & ce par heritage ou autremét, au
choix de celuy duquel l'heritage a efté aliené.

Le cclxix. a efté mis en ceft endroit, cóme lieu plus
conuenable: & reform é comme enfuyt.

Ceux qui font appropriez par bannies d'heritages
& droicts reels, en la forme cy deffus, font defenduz
contre quelques perfonnes que ce foit, abfents, mineurs, & tous autres, fans aucuns excepter: fors & referué contre ceux qui font hors du Duché, au temps
de la certification des bánies, lefquels ont an & iour
pout s'oppofer, à compter du iour de ladite certification, cótre lefquels feroit requis que l'acquereur euft

tenu lefdites chofes par an & iour fans empefchemé t après ladite information & certification de bannies.

Et après ont efté de nouueau inferez & adiouftez les cinq articles qui enfuyuent.

Et s'il y auoit dol ou fraude au contract ou aux bannies, competera action nonobftant lefdites bänies & cartification d'icelles, iufques à dix ans après ladite certification. Et où il n'y auroit bannies, ne fera aucun receuable après les quinze ans, à compter du iour du contract & poffeffion prinfe, à debatre le contract de dol, fraude, ne fimulation : & demeurera l'acquereur (comme dict eft) approprié.

La forme cy deffus ordonnee pour faire bannies d'heritage, fera vniuerfellement gardee par tout le pays, quelque vfemét local que les Seigneurs & Gentils-hommes ayent par cy deuant pretendu en leurs terres, fans prejudice de leurs droicts en autre chofe.

Les bannies d'heritages fituez en plufieurs parroiffes, fe doiuent faire en chacune d'icelles : & certifier en la iurifdictió dont les chofes font tenues prochement, ou Court fuperieure. Et où on auroit obmis à bannir en quelques vnes defdites parroiffes, vaudra l'appropriement pour le regard des heritages fituez aux parroiffes où les chofes auront efté deuement bannies, pourueu qu'on ait faict les bannies en parroiffe en laquelle le chef ou principal manoir de la terre font fituez.

Les oppofitions, foient iudiciellement ou extrajudiciellement faictes contre bannies ou appropriemét ne durent qu'vn an, à compter du iour qu'elles auroient efté fignifiees extrajudiciellemét, ou formees en iugement, s'il n'y auoit fur lefdites oppofitions, contestation ou appoinctemét du Iuge, d'escrire dans l'an qu'elles auroient esté formees en iugement, ou signifiees extrajudiciellement. Et où il n'y auroit cóteftation ou appoinctement à escrite dedans ledit temps, demeureront lefdites oppofitions fans effect d'interruption, & fans aucun efpoir de reftitution, Et demeurera l'acquereur approprié: & feront les oppofans deboutez par fin de non receuoir, foit que ladite oppofition fuft libellee ou generale.

Et au cas qu'il y auroit conreftation, appoinctemét à escrite, ou autre pourfuitte de l'oppofition, fi l'inftance eft difcontinuee par trois ans, ladite inftance demeureta perie, & aura l'appropriement fon cours.

Faifant la lecture dudit article, commençant, *La forme cy deffus ordonnee. &c.* Maiftre Iean le Preuoft fe difant procureur du Duc de Peinthieure, ledit Godet procureur dudit Comte de la Val, & maiftre Pierre Bodet fe difant procureur de Meffire René de Langán Cheualier fieur du bois-Feurier, ont dict s'oppofer & empefcher que le contenu d'iceluy ait aucun lieu pour leur regard. Remonftrant ledit le Preuoft audit nom, que ledit fieur Duc de Peinthieure, à caufe de fondict Duché, ha droict hereditel & patrimonial de faire faire par fon Sergent bannier, qu'eft le fieur de   ou fes commis, les bannies de tous les contracts d'heritages qui fe feróit en fa iurifdiction à iour de marché, à certain lieu, en la ville de Lambale: duquel droict il eft en bonne poffeffion, & en a iouy & fes deuanciers de tout temps. Et pour ces caufes auroit requis (nonobftant le cótenu dudit article) y eftre maintenu & conferué. Et quant audit nom, a dict que ledit Seigneur de la Val ha auffi vn droict hereditel en fon Comté de Quintin, duquel il

est en possession immemoriale, que toutes bannies de
terres & heritages venduz & alienez sous les fiefs &
iurisdictiō dudit Côté de Quintin, se font au bout de
la halle de la ville dudit Quintin, à iour de marché,
& ce par le sieur de Quellineuc, ou son cōmis, bauier
feodal de ladite iurisdiction,& nō aux issues des grā-
des Messes parrochiales, ainsi que le portēt lesdits articles. Requerant qu'il soit dict que ledit article ne
pourra preiudicier au droit patrimonial & hereditel
cy dessus mentionné, ny à tous autres semblables,que
ledit Seigneur Comte de la Val peut auoir en ses autres terres & seigneuries, tout ainsi que s'ils estoient
en cest endroict particulierement declarez. Et quant
audit sieur du bois-Feurier, que de tout tēps les Seigneurs Barons de Foulgeres se seroient reseruez pri-
uatiuement le droict de faire bannie & appropriemēt
de tous contracts d'heritage faicts par les subiects &
vassaux en ladite Baronnie de Foulgeres. Que pour
faire lesdites bannies, les sieurs de la maison du bois-
Feurier , laquelle est mouuante de ladite Baronnie,
ont droit, & sont en possession de cōmettre Sergents
suffisans, lesquels ont accoustumé faire lesdites bannies au grand carrouer de la ville de Foulgeres aux
iours de Samedy heure de marché. Duquel droit luy
& ses predecesseurs, & les Sergés par eux nōméz &cō-
mis ont vsé, & iouy iusques à present, sans contradi-
ction, ny qu'il en soit venu plainct: ayant iceluy
droict, qui est hereditel & patrimonial,rendu par adueu au Roy comme portion du reuenu de sa terre.
Requerát pour ces causes qu'il soit dict que ledit article n'aura lieu pour son regard en ladite Baronnie
de Foulgeres: & qu'il pourra iouyr & vser de sesdits
droicts,& faire faire lesdites bannies comme il a faict

au temps paſſé. Sur quoy leur auons reſerué de faire
droiĉt par cy apres.

Le cclxxi. a eſté mis apres le cclxx. parce qu'il parle de meſme ſubieĉt, & reformé comme cy apres.

Les deuoirs de lods, vêtes, rachapts, & autres droiĉts
ſeigneuriaux, qui ne chent d'an en an, ne ſe preſcriſtôt
s'ils ne ſont eſcheuz : auquel cas ſe preſcriſtôt les lods
& ventes par trente ans, à compter du iour de l'exhibition des contraĉts faiĉte au Seigneur proche ou ſon
Procureur : & les rachapts du iour qu'ils ſeront eſcheuz.

Et apres a eſté mis le cclxxi. lequel a eſté reformé
comme enſuyt.

Droiĉture & ſeigneurie eſt acquiſe à celuy qui a
paiſiblement & notoirement iouy ſans titre, par luy,
ſes predeceſſeurs, ou autres, dôt il a cauſe, par l'eſpace & laps de quarante ans : laquelle preſcription aura lieu contre mineurs, abſents, communautez, meſmes entre freres & ſœurs pour leurs partages.

Le cclxvii. a eſté rapporté en ceſt ordre cóme plus
à propos.

Entre freres & ſœurs & autres coheritiers, le detenteur d'heritage partagé entr'eux, eſt approprié par an
& iour, ſans bannie, au regard de ſes coheritiers.

Le cclxxii. a eſté mis en ceſt endroit, & corrigé cóme enſuyt.

Choſe mobiliere ſe preſcrit par l'eſpace de cinq
ans, s'il n'y a obligation, lettre, ou promeſſe par
eſcrit.

Le cclxxiii. corrigé & amplifié comme cy apres.

Aĉtion perſonnelle ſe preſcript par le temps de
trente ans : ſoit qu'elle compete pour heritage ou hypotheque acceſſoire à la perſonnelle aſſiette de rente,

ou autre chose immeuble: excepté les legats faicts par testament, lesquels se prescriront par trente ans, à compter du iour de la publication & notificatió faicte aux legataires.

Les deux articles prochains ont esté de nouueau adioustez ainsi que s'ensuyuent.

Les prescriptions introduictes & approuuees par la Coustume, ou accordees par les contracts & conuentions des parties commencees auecques les maieurs, courent contre absens pour quelque cause que ce soit, mineurs, insensez, furieux, prodigues, interdicts estás poruueuz de Tuteurs ou Curateurs, sans aucun espoir de restitution ou relief, sauf leurs recours cótre les Tuteurs, Curateurs, & autres administrateurs: fors & excepté la prescription de dix ans, pour dol, fraude, circonuention, crainete, violence pretenduz aux contracts & cóuentions faictee auec les maieurs. Laquelle prescription ne courra contre lesdits mineurs & autres cy dessus nommez, ny mesmes contre les maieurs, que du iour que lesdites causes de dol, force, & crainete, auront cessé.

Les conditions & graces de reemere accordees par ces mots (toutesfois & quátes que le vendeur ou autre voudra,) se prescrirót par trente ans, à compter du iour de l'ottroy d'icelles, qui se verifiera par acte ou serment deferé à la partie seulement.

Le cclxxiiii, a esté amplifié & reformé comme cy apres.

Action de crime est esteincte tát pour l'interest public que ciuil, par cinq ans, prouuant l'accusé son bon nom: s'il n'y auoit plainete faicte, & information sur icelle, auquel cas y aura dix ans.

Le cclxxv. rayé icy pour eſtre cy deuant comprins en l'article cclxxl. commençant, *Droicture & ſeigneu-**rie.* Et le cclxxvi. en l'article cclxx. commençant, *Les denoirs de lods, ventes, &c.*

Le cclxxix. a eſté reformé & extendu comme enſuyt.

Action d'endommagement de beſtes, payement de fouages, tailles, impoſts, billots, & autres deniers d'octroy, taux, guets, aides, & defaut d'auoir moulu à moulin, impoſitions extraordinaires, ſalaire, gages & loyers de ſeauiteurs, & marchandiſes baillees en detail à autres que marchans de ſemblable marchandiſe. ſeront preſcriptes par an & iour, à compter du iour que l'action compete, s'il n'y a ſcedule ou obligation par eſcrit, ou interruption.

Le cclxxx. commençant, *Celuy qui s'eſt obligé*, reformé comme il eſt cy apres.

Exception de pecune nõ nombree, ou de marchandiſe nõ liutee, n'aura aucun lieu. Pourra neantmoins celuy qui s'eſt oblige requerir & auoir le ſerment du creancier.

Le cclxxxi. a eſté auſsi amplifié & corrigé comme enſuyt.

Entre le Seigneur & homme de foy, longue tenue ne nuiſt, ny ne porte prejudice audit Seigneur, qu'il n'ait le retraict de ſes hommes à court & moulin. Et ſera le Seigneur ſuperieur tenu faire renuoy deſdits hommes du Seigneur ſubiect, à la premiere requeſte que luy ou ſon Procureur en feront audit Seigneur ſuperieur.

Le cclxxxii. reformé comme cy apres.

En contract de choſe mobiliere, autre que de trãſaction de quelque ſomme que ce ſoit, on pourra, pour iuſte cauſe,

iuſte cauſe, demander la reſciſion, en intimant & declarant à la partie dedans vingtquatre heures qu'on
ne le veut tenir. Et ſi l'vne des parties demandoit la
reſciſion pour deceptiõ d'outre moytié de iuſte pris,
elle n'y ſera receüe au deſſous de cent liures. Et ſi le
contract excede ladite ſomme, pourra demander ou
la reſciſion ou ſupplement de iuſte pris. Et n'eſt rol-
lue la redhibitoire, qu'elle ne ſe puiſſe intenter dans
quinze iours pour cheuaux: & pour autres choſes
dans ſix mois.

Et apres a eſté de nouueau adiouſté l'article qui enſuyt.

Ne pourront les mineurs eſtre releuez des côtracts
par eux faicts pendant le temps de leur minorité, a-
pres l'aage de trentecinq ans parfaict & accomply.

Le cclxxxiii. a eſté amplifié & reformé comme enſuyt.

Les reſciſions de contracts, diſtracts, faicts auec maieurs, fondez ſur deception d'outre moytié de iuſte
pris, ſe preſcriront par le laps de dix ans, à compter
du iour deſdits contracts, diſtracts, & autres actes: &
courra la preſcription ainſi commencee contre toutes perſonnes, meſmes contre les mineurs, & autres
pourueuz de Curateurs: ſauf leur recours, comme
deſſus eſt dict.

Des Premeſſes & retraict lignager & feodal.

AV cclxxxiiii. a eſté adiouſté ce qui enſuyt.
Et ſera l'heritage reputé du ramage du re-
trayât, quand aucun de ſa famille en a eſte approprié,

& faict Seigneur irreuocable, ores que le retrayant
n'en fust descendu.

Sur le cclxxxviii. ont esté rayez ces mots, *Et s'il re-*
tournoit audit Duché, &c. iusques à la fin.

Au ccxcii. a esté adiousté ce qu'ensuyt.

Et ne sera le Seigneur du fief frustré du retraict
feodal par appropriement: sinon que l'acquereur eust
auparauant faict exhibition du contract au Seigneur
ou son Procureur fiscal, & qu'il eust payé ou offert in-
diciellement audit Seigneur ou son Procureur & Receueur (la court dudit Seigneur tenant) le deuoir de
lods & vétes, ou que ledit acquereur eust faict les bannies & appropriement par la Court dudit Seigneur.

Le ccxciii. corrigé & amplifié comme cy apres.

L'opposant, soit par opposition generale ou particuliere, qui est recogneu à presme en iugement par
l'acheteur, doit payer reaument & de faict le pris de
la chose qu'il pretéd auoir par retraict, selon qu'il est
contenu au contract, s'il n'y a fraude: & les loyaux
cousts & mises dans quinze iours apres la recognoissance & adiudication de premesse, sans que ledit téps
puisse estre prolongé par aucun Iuge.

Le ccxcviii. reformé comme ensuyt, (En put seage
noble ne doit y auoir premesse): le surplus rayé comme inutil.

Le ccxcix. reformé & le ccci. y comprins, comme
ensuyt.

Quand heritage est baillé pour iouyr des leuees pat
certains ans, & iusques au parfaict payement de la
debte du creancier, & en tout autre engage, ferme, ou
louage, s'ils n'excedét neuf ans, n'y aura premesse: &
s'ils excedent neuf ans pourra le presme venir au retraict, pourueu qu'il reste six aus de la iouyssance du

dit heritage.

L'article cy apres adiousté comme enfuyt.

En tout contract céfuel, y aura lieu de rettalct foit au lignager, ou Seigneur feodal ou censuel.

Du ccc. la fin de l'article depuis ce mot, logis, a esté rayé comme superflu, & y adiousté ces mots, [y aura retraict lignager, baillant refcompenfe au compermutant d'autre maison ou heritage fuffifant, le plus commodément que faire ce pourra pour ledit compermutant.] Et apres ont esté adioustez de nouueau les deux articles qui enfuyuent.

En contract faict partie par titre d'efchange, & partie par titre de vente, les contrahans feront tenuz fpecifier les heritages qu'ils entendent faire entrer en la vente: & y aura premeffe és chofes vendues. Et fi le contract eftoit faict & conceu à titre d'efchange feulement, & y auroit deniers debourfez pour fuppleement, fi lefdits deniers n'excedent le tier de la valeur, n'y aura aucune premeffe. Et au cas qu'ils excederoient ledit tier, y aura premeffe, au pro rata de tout l'argent debourfé. Et feront les contrahans tenuz exprimer par le côtract à quelle portion ils estiment ledit fuppleement. Et fi le préfme ne fe contente de ladite eftimation, il pourra faire prifer les chofes à fes defpens: fauf repetition defdits fraiz, s'il fe trouue fraude en l'eftimation faicte par les contrahans.

En transaction faicte de bonne foy & fans fraude, fur proces intenté & pendant entre les parties, n'y aura retraict, ventes, ne lodes, ores qu'il y ait argét baillé ou promis pour fe departir du procés.

Le cccii. a esté icy rayé & ofté de cest ordre, remis & comprins en vn article de nouueau adiousté au titre des Fiefs, cômençant, (La faifie eftât appofee, &c.)

f ii

Au cccv. a esté adiousté ce qui ensuyt, (auquel cas soursoirra le remboursement iusques apres le deces du donataire, en baillant caution.

Au cccvi. ont esté aussi adioustez ces mots, (pour le regard du my denier.

Apres l'article cccviii. a esté de nouueau adiousté l'article tel qui ensuyt.

En vendition de rente auecques obligation d'assiette, le temps de la premesse ne commencera à courir que du iour de l'afsiette faicte, sinon que ladite afsiette fust promise sur certain fonds designé, & que le contract fust banny, & certification faicte en iugement : auquel cas l'appropriement aura son effect.

Apres le cccix. ont esté de nouueau adioustez les deux articles qui ensuyuent.

Quand la vendition est faicte à l'vn du ramage, vn autre dudit ramage en pareil degré que l'acquereur, ne pourra auoir la premesse. Et si la vete estoit faicte à vn estranger de la famille, ou plus esloigné, ceux du ramage qui seroient en mesme degré, côcurreront en la premesse par egales portions : si ce n'estoit en terre noble, & entre nobles, en mesme degré. Auquel cas l'aisné du noble en pareil degré, sera preferé au puisné, & n'y aura representation en premesse.

Si en la recognoissance & execution de retraict lignager ou feodal, a esté commis fraude au preiudice d'autre lignager, ayant aussi demandé la premesse, ou le Seigneur feodal ayant aussi demádé le retraict feodal, y aura dix ans, à côpter du iour de la recognoissance, pour decouurir la fraude : & reprendre la demande du retraict lignager & feodal.

Des Fiefs feautez & hom-
mages.

L'Article premier de ce titre a esté de nouueau adiousté tel comme ensuyt.

Nul ne peut tenir terre en Bretagne sans Seigneur:
parce qu'il n'y a aucun franc-aleu en iceluy pays.

Le cccx. & cccri. auecques les cccxviii. cccxviii.
cccxxv. cccxxvi. & cccxxvii sont partie reformez, partie comprins & cosus aux neuf prochains articles cy
apres de nouueau inserez & adioustez, comme ensuyt.

Il y a trois formes de Tenues nobles : La premiere
est appellee, Lige, ou à Ligence, qui est, quand le Vassal tient prochement & ligement du Seigneur.

La seconde est, la Tenue du iuueigneur d'aisné en
parage & ramage: qui est du puisné Vassal, ou ses
descendans de luy, à son frere aisné Seigneur, ou descendans dudit aisné. Et celuy qui tient comme iuueigneur d'aisné en parage, tient aussi en ligence du
Seigneur superieur lige, & prochain dudit aisné.

La tierce s'appelle en iuueigneurerie, sans parage,
qui est, Quand le fief baillé au iuueigneur vient à la
main d'vn estranger, & qui n'est du ramage, & celuy
qui tient ainsi en iuueigneurerie sans parage, tient
aussi du superieur proche, comme du Seigneur lige.

La Tenue lige ou en ligence est ordinaire en tous
fiefs, laquelle de sa nature emporte obeissance du vassal, foy, hommage & Chambellenage, & outre les
droits & desoits côtenuz en l'infeodation & anciens
adueuz & tenues.

L'hommage lige se fera en ceste forme: sçauoir, que
le Vassal, l'Espee & Esperons ostez, teste nue (ayant les
mains entre celles de son Seigneur, & s'enclinant)

dira telles paroles : *Monseigneur, ie deuien voſtre homme lige pour (telles choſes) leſquelles ie releue & tien de vous ligement en (tel voſtre fief & ſeigneurie,) leſquelles choſes me ſont aduenües par (tels moyens) à cauſe dequoy, ie vous doy la foy & hommage lige ; & vous promets par ma foy & ſerment, vous eſtre loyal & ſeable, porter honneur & obeiſ-ſance ; & enuers vous me gouuerner ainſi que noble homme de ſoy lige doit faire enuers ſon Seigneur.* Le Seigneur reſpondra comme enſuyt, *Vous deuenez mon homme, pour rai-ſon de (telles choſes) par vous diſtes & declarees, & me promettez, que vous me ſerez, feal & obeiſſant homme, & Vaſſal , ſelon que voſtre fief le requiert.* Et le ſubiect reſpondra, *Ie le promets ainſi.* Et lors le Seigneur dira, *Ie vous y reçoy, ſauf mon droict & l'autruy.*

Celuy qui tient en iuueigneurerie ſans parage, eſtāt hors de la ligne, fera l'hommage tant à l'aiſné qu'au Seigneur lige & prochain ſuperieur dudit aiſné, en la forme ſuſdite : fors que faiſant l'hommage à ſon aiſné, au lieu des mots, [faiſant mention du Seigneur & Vaſſal lige,] ſera dict *comme iuueigneur d'aiſné.*

De meſme ſe faict l'hōmage cōme iuueignōr d'aiſné, par le iuueigneur qui tient en parage : ſans toutes-fois oſter l'eſpee & eſperós, ny mettre ſes mains entre celles de ſon aiſné : mais doit l'aiſné baiſer le iuueignōr.

Tous Seigneurs tenans par degrez les vns des au-tres, comme iuueigneur d'aiſné, doiuent l'hommage lige au prochain Seigneur ſuperieur de tous, & les iu-ueigneurs chacun à ſon aiſné proche, doiuét l'hom-mage, fors la ſœur, laquelle n'eſt tenue durant ſa vie, faire aucun hommage de ce que luy eſt baillé à tenir comme iuueigneur d'aiſné, s'il n'eſt conuenu au con-traire : mais apres ſa mort, l'aiſné peut requerir ſon hoir ou ayant cauſe d'elle, nonobſtant longue tenue, de luy faire la foy. Et à faute de ce faire, l'aisné, ou celuy qui le represente, peut saisir par faute d'homme & hômage non faict. Et la saisie executee & signifiee, fera les fruicts siés iusques à ce q̃ la foy luy soit faicte.

Et ne sont tenuz les hoirs de la sœur, ou qui ont cause d'elle, faire la foy iusques à ce qu'ils en ayent esté requis : si parauant ceux desquels ils ont cause, n'auoient esté en la foy de l'aisné.

Le cccxiii. reformé comme cy apres.

Les droicts de la Tenue en parage, sont prerogatiues personnelles de sang, que si l'aisné appelle son iuueigneur en cause concernant le fief, il doit libeller sa demande, & articuler ce qu'il pretend : & luy donner assignation de temps competant, à ce qu'il se puisse pouruoir de conseil, pour y respondre. Et si le iuueigneur faict deux defaux, & auparauant le iugement du prouffit d'iceux il se presente & iure qu'il n'a rien faict par mespris de son aisné, il ne peut estre poursuiuy pour raison desdits defaux, denegations, contredicts & appellations qu'il auroit interiectees, en s'en departant dans le mesme iour : & n'en deuroit amende: ains seroit receu à fournir ses defenses.

Le cccxiiii. a esté esclarcy comme cy apres:

Le iuueigneur tenant en parage, se peut seoir en iugemēt au costé de son Seignr aisné, ou de son Iuge.

Le cccxii. & cccxx. ont esté rapportez en cest endroict, & reformez comme ensuyt.

L'aisné n'hà ventes ny rachapt, ny haute iustice sur son iuueigneur ny ses hoirs, comme dict est.

Et apres a esté de nouueau adiousté celuy qui ensuyt.

La Tenue en iuueigneurerie simple est, quand le parage est finy: lequel se finist quand la terre est transportee en main estrange.

Le cccxxii. & cccxxiii. commençant, *Quand aucun vient, &c.* & *Si aucun, &c.* ont esté partie corrigez, & partie confus en l'article qui ensuyt.

Celuy qui vient à nouuelle possession d'aucun heritage ou fief, par quelque ouuerture que ce soit, doit faire la foy & hommage à son Seigneur, soit lige ou comme iuueigneur d'aisné, dans quarante iours apres l'an du rachapt finy : & au cas qu'il n'y auroit rachapt, quatre mois apres qu'il est venu à la nouuelle possession. Et à faute de ce faire, ledit temps passé, le Seigneur pourra saisir les choses tenues de luy, & en fera les fruicts siens en pure perte du Vassal depuis la saisie executee & signifiee, iusques à ce que la foy luy soit faicte.

Apres la lecture duquel article, les deputez de l'Estat de l'Eglise ont remonstré que ceux qui sont pourueuz de noûueau des benefices, ne peuuent le plus souuent vn an, voire deux ny trois, apres leur prouision, sçauoir de qui les fiefs & terres desdits benefices sont tenuz, pour n'en auoir les Titres ny enseignements, qui sont demeurez és mains du dernier possesseur, ou de ses heritiers, qui ne sont quelquefois de ce pays : ou s'ils en sont, il ne seroit possible de les retirer d'eux dans le temps de quatre mois porté par ledit article, pour faire les foy & hommage, tellemét que à faute de ce, le benefice sera saisi auparauant que celuy qui en est possesseur ait peu sçauoir de qui les choses sont tenues, pour luy aller faire la foy & hommage. Pour ceste cause ont requis qu'il soit dict que ledit article n'aura lieu côtre les Ecclesiastiques pour le temporel de leurs benefices. Nonobstant laquelle requeste aurions ordonné que la Coustume seroit gardee, comme elle est escrite.

Le cccxix. commençant, *Et s'il y a Seigneur lige, &c.* a esté osté de son ordre, & mis cy apres, comme plus à propos, & reformé comme ensuyt,

Si le iuuseigneur est en defaut de faire la foy à son aisné, & à son Seigneur lige, ledit Seigneur lige peut saisir le fief du iuuseigneur, & iouyr des fruicts (comme est dict cy dessus) sans pouoir estre empesché par l'aisné : lequel ne peut exploicter pour ses droicts, que apres le Seigneur lige.

Le cccxxviii. començant, *Lors qu'aucun, &c.* a esté osté de son ordre, reformé & mis apres le cccxxiiii. començant, *Celuy qui fait la foy doit, &c.* cóme ensuyt,

Celuy qui faict l'hommage lige, doit cinq solds monnoye pour droit de chambellenage à son Seigneur. Et s'il aduient changement en la personne du Seigneur lige, & qu'autre deuiéne Seigneur, le Vassal est derechef tenu de faire la foy à celuy qui succede, en la place & possession du precedent Seigneur, sans aucun deuoir de chambellenage. Et en ce cas le Seigneur ne pourra saisir qu'apres sommation & interpellation faicte au Vassal par escrit, ou que le Seigneur eust faict assauoir ses hómages generaux, apres laquelle sommation ou tenuë d'hommages, si le Vassal est en defaut de faire la foy & hommage, le Seigneur pourra saisir : & fera les fruicts siens, comme deuant est dict.

L'article cccxxv. & cccxxvi. ont esté rayez comme comprins en l'article cy dessus.

La fin du cccxxii. article a esté mis apres le cccxvi. comme plus à propos, corrigé & amplifié comme cy apres (Le Seigneur peut saisir les terres de son homme mineur, apres qu'il est pourueu de Tuteur, quatre mois apres la succession escheuë, ou possession prinſe, ou quarante iours du rachapt finy comme deuant eſt dict.) Le ſurplus, comprins en l'article de ce Titre, qui commence, *Quand le Seigneur eſt abſent*, &c.

Le cccxxxiii a eſté rayé, Apres a eſté mis le cccxxxviii. à la fin duquel ont eſté adiouſtez ces mots, Encore que la femme l'auroit faicte pour les meſmes choſes.

Du cccxxxiiii. a eſté rayé la fin depuis ce mot, *fors*, &c.

Le cccxxxv. commençant, *Si terres ou autres choſes*, &c. & le cccxxxvii. commençant, *Et telle ſaiſine*, &c. Et le cccii. au Titre des Premeſſes, commençant, *Et le temps du bail, rachapt, ou ſaiſie*, &c. ont eſté rayez, & au lieu d'iceux, eſcrit les deux articles cy apres,

La ſaiſie eſtant appoſee ſur aucun heritage ou fief pour bail, rachapt, ou defaut d'homme, droits & deuoirs non faicts, n'emporte aucun effect pour autre que pour le Seignr ſaiſiſſãt, & ne s'en peut ſeruir le tier pour luy valoir & ſeruir d'interruptiõ, ou autre effect.

Toutesfois ſi pendant le temps de la ſaiſie, la premeſſe eſtoit demandee, le temps de rembourſer ne courra, tant que la ſaiſie durera.

Sur le cccxxxix. a eſté adiouſté ce qui enſuyt, (Et ſi aucun eſtoit Seigneur des terres roturieres, & depuis il deuint Seigneur du fief, dont elles eſtoient tenues, demeureront neantmoins leſdites terres roturieres comme auparauant.

Le cccxl & cccxlii. rayez, par ce qu'ils ſont cõprins & employez cy deuant au Titre des Droits du Prince & autres Seigneurs, article cõmençant, *Noble homme n'eſt tenu*, &c. Et apres que l'article cccxlii, commençant, *Par Couſtume anciennement*, &c. a eſté leu, les deputez deſdits trois Eſtats, ont dit empeſcher & oppoſer formelement que ledit article fuſt rapporté en la

Coustume, & ont requis qu'il en fust rayé & osté: disant, que oncques les Ducs ny Roys depuis l'vnió de ce Duché à la coutône de Fráce, n'ont prins tel droit de rachapt de roturiers & non nobles, pour leurs fiefs, terres nobles audit pays. Aussi que ledit article ne determine aucune chose: mais presuppose seulement ce que iamais ne fut practiqué ny tiré à consequence en cedit pays. Ce que ledit Procureur general du Roy, auroit empesché & requis que ledit article tel que auroit esté trouué en la Coustume, pour la côseruation des droits du Roy y fust demeuré. Ce qu'aurions ordonné suyuant la requeste dudit Procureur general.

Les cccxliiii. cómençant, *Et en autre cas ne doit, &c.* & lxxxv. article, au Titre des Droits du Prince, commençant, *Tout subiect baillera, &c.* ont esté rayez, par ce qu'il y est satisfaict par les dix atricles prochains, qui ont esté de nouueau augmentez, comme ils sont cy apres.

Les Seigneurs qui ont terres de leur dómaine propre, non cultiuees, pourront sans diminuer le fief du Seigneur superieur, les affeager, & en prendre rente, auec retention d'obeissance: & outre quelque deniers d'entree qui n'excederont cent solds par iournal : & en ce cas n'y auroit ventes ny premesse. Et s'il en prenoit d'auantage, y auroit ventes & premesse, & passeroit l'obeissance au Seigneur superieur.

Tous subiects tenans fiefs & iurisdiction, bailleront leurs Adueuz & minuz dedans l'an à compter du iour qu'ils sont venuz à nouuelle possession desdits fiefs: & les autres qui ne tiennent que terres & heritages saus fiefs, dedás six mois. A faute dequoy faire pourrôt les Seignrs, de qui les choses sont tenuës, proceder par saisies. Et toutesfois satisfaisant par lesdits Vassaux,

ils feront tenuz leur faire main leuee, payant les fraiz
& loyaux coufts defdites faifies, & execution d'icelles. Et pendant le temps de fournir ledit Adueu, fera
le fubiect, en cas de rachapt, tenu bailler au Seigneur
declaration fommaire dans vn mois, des chofes qu'il
tient : à ce que le Seigneur puiffe iouyr des droits dudit rachapt.

Tout Seigneur eft tenu de blafmer ou reprocher
les Adueuz & denombrements qui luy feront prefen-
tez dedans trente ans, à compter du iour de la reception defdits Adueuz, par le Seigneur ou fon Procureur. Et ledit temps paffé demeureront pour deuëment verifiez.

Le Vaffal appellé à recognoiftre fon Seigneur, le
doit auoüer. Et s'il le defauoüe & en foit par iugemét
vaincu, il perd ce qu'il tient dudit Seigneur en la Tenuë defauouee. Et fi le Vaffal dit qu'il ignore ladite
Tenuë, & qu'il ait quelque iufte caufe d'ignorance,
comme s'il a nouuellement fuccedé à autre, ou qu'il
foit venu par contract particulier à nouuelle poffeffion, & en ce cas delay côpetant luy doit eftre baillé
de s'en enquerir, & en venir refpondre par adueu ou
defaueu, au terme qui luy fera préfix. Et fi audit terme il defauoüe ou defaueu, & par fentence eft vaincu,
il perdra ce qu'il tient en la Tenuë deniee, comme
deuant eft dict.

S'il y a plufieurs heritiers d'vn Vaffal auparauant
que le partage foit fait, l'aifné du noble, faifant l'hommage, acquitera pour tous : & apres ledit partage, s'il
y a terre ou fief baillé par heritage, celuy à qui il aura
efté baillé, en doit faire l'hommage. Et fi lefdits heritiers font roturiers, ils doiuent tous (attendant le partage) faire la foy : & à ceft effect conuenir de l'vn

d'eux pour la porter au nom de tous. Et neantmoins apres le partage faict, chacun d'eux sera tenu faire la foy pour la portion qui luy sera escheuë, autrement & à faute de ce faire, dans le temps cy dessus ordonné, le Seigneur peut saisir.

Les hommes & Vassaux ne peuuent au preiudice de leur Seigneur, soit par contracts, partages, ou autrement, partir & diuiser les rentes par eux deuës : & nonobstant lesdits contracts & partages, tous les heritages & chacune portion d'iceux, demeureront chargez du tout desdites rentes, comme auparauant ils estoient.

Le Seigneur tenant aucune chose en saisie, n'est tenu durant icelle payer aucune rente ou hypotheque constituez sur icelle, sans le consentement dudit Seigneur.

Le Seigneur ayant mis en sa main par faute d'homme le fief de son prochain Vassal, peut en cósequence y mettre tous les arriere-fiefs dont il se fera ouuerture pendant icelle saisie : & vser des mesmes droits que feroit le Seigneur du fief saisy. Et si c'estoit par faute de rachapt, peut prendre & auoir les sous-rachapts & autres emoluments profitables, deuz à l'arriere-fief, & aduenuz durant l'an du rachapt.

Le Seigneur n'est tenu receuoir son Vassal par Procureur, s'il n'y a cause legitime & necessaire, auquel cas le Seigneur sera tenu le receuoir par Procureur, ou luy bailler sauf respit, iusques à autre temps.

Et si celuy auquel seroit deu la foy & hommage, estoit notoirement roturier, l'homme noble ne sera contrainct luy faire ladite foy & hommage en personne : ains les pourra faire par Procureur.

Apres la lecture duquel article, lesdits Deputez

d'Eglise & du tiet Estat, ont dict & remonstré que le deuoir d'hommage est reel & non personnel deu à cause des terres, les droits & prerogatiues desquelles ne doiuét estre alterez ny diminuez pour estre tenuës par autres que par nobles. Et pour cette cause ont dict s'opposer au contenu dudit article, & demandé qu'il fust rayé, ce que ceux de l'Estat de la Noblesse ont empesché : disant, qu'il doit suffire à ceux qui ne sont nobles, & neantmoins tiénent terres nobles, à cause desquelles leur sont deuës par les nobles foy & hommage, qu'elle leur soit faicte par Procureur : enquoy les droicts & deuoirs desdites terres ne sont aucunement alterez ny diminuez. Aurions ordonné, par prouission, que l'article demeureroit comme il est escrit au Cahier reformé.

Des Moulins, Coulombiers, Garennes, & autres edifices.

LE ccexlviii. commençant, *Et si aucun lignager, &c.* reformé & amplifié comme cy apres.

Et si partage faisant d'vne succession entre freres &sœurs,& autres coheritiers,seroit escheu vn moulin auecques ses moulans à l'vn d'eux, les autres coheritiers ne pourront faire moulin pour y tirer les subiects desquels le district auroit esté baillé à celuy qui auroit eu ledit Moulin. Et si aucun lignager descendu dudit coheritier ainsi partagé, se trouuoit en longue possession desdits moulás, & le lignage fust estoigné, tellement que les hommes & les femmes descendans tant de l'aisné que du puisné, se peussent marier ensemble, encores qu'on ne peust faire prouue que ledit moulin eust esté baillé en partage, il suffira de prouuer le lignage, & la possession du district sur les moulans. Et ne pourroit le coheritier ou defcendant, & ayant caufe de luy, faifant moulin de nouueau, retirer à foy lefdits moulans, finon en cas de reffort: qui eft, quand le moulin efcheu en partage feroit chommät ou occupé. Auquel cas celuy qui voudroit auoir reffort des moulans, bailleroit feureté & obligation de ne preiudicier à l'autre partie au temps aduenir, que les moulás ne luy retournét lors que fon moulin fera en deu eftat: fi autre conuention n'eftoit entr'eux.

Le cccli. & ccclii, ont efté oftez de leur ordre, & mis apres le precedent comme plus à propos, & puis ont efté inferez les cccxlix. & cccl.

Le cccliii. a efté remis au titre des Partages, article vc. xli. qui commence, *Au partage d'entre freres & fœurs, &c.*

Au cccliiii. ont efté adiouftez ces mots, (non preiudiciable au Seigneur.)

Au ccclviii. ont efté adiouftez ces mots, (faict moulin de nouueau, fauf droict de l'amende, &c. de defpens, au cas qu'il obtiendroit,) qui ont efté prins de l'article ccclx.

Le ccccxli. a efté ofté de fon ordre, & mis comme plus à propos, apres le precedent. Et l'article ccclx. rayé par ce qu'il y eft fatisfait par les precedens.

De l'Article ccclxvii. ont efté ofté ces mots, *Piece de drap entiere contenant vingt aulnes, feize deniers. Et de pieces non entieres, vn denier pour chacune aulne, & non plus, s'il n'y a autre argent baillé volontairement, & efcrit pour chacune aulne de drap, trois deniers tournois.*

Le ccclxviii. reformé & declaré comme cy apres.

Il n'eft permis a aucun de faire Fuye ou Coulóbier, s'il n'en auoit eu anciennemét par pied, ou fur piliers, ayans fondemens enlexez fur terre: ou s'il n'ha trois cens iournaux de terre pour le moins, en fief ou dommaine noble aux enuirons de la maison en laquelle il veut faire ladite Fuye ou Coulombier. Et ores que aucun auroit ladite extendue, n'en pourra toutesfois faire baftir de nouueau, s'il n'eft noble. Et ne sera loisible à aucunes personnes de quelque qualité qu'elles soient, d'auoir ny faire faire tries, trappes, ou autres refuges pour retirer, tenir, ou nourrir Pigeons aux maisons des champs, sur peine d'eftre demolies par la iuftice du Seigneur du fief ou superieur, & d'amende arbitraire.

En faisant la lecture dudit article ceux de l'Eglise & du tier Eftat, ont remonftré que l'adionction par nous faicte à iceluy, sçauoir. (Et ores que aucun auroit ladite extendue, n'y pourra toutesfois faire baftir de nouueau, s'il n'eftoit noble) deuoit eftre oftée, comme non demandée par aucuns des trois ordres. Et ne feroit raifonnable que celuy qui n'eft noble, qui ha vne terre de l'extendue, voire plus grande en fief & dommaine noble, que n'eft porté par l'article, fuft empefché de pouuoir faire vn Coulombier, veu que ce droit depend de la terre, & non de la personne. Et ont requis ladite adionction eftre oftée & rayée dudit article, autrement ont dit s'opposer. Aurions neantmoins ordonné par prouision que l'article demeureroit comme il eft escrit audit Cahier.

Le ccclxix. a efté reformé & amplifié comme cy apres,

On ne doit tirer ny tendre aux Pigeons de Coulombier auec filets, gluz, cordes, laçons, ny autrement : ne pareillement tendre ne tirer aux Garennes, ny pefcher eftang, fi on n'a droit de ce faire, sur peine de punition corporelle.

Sur le

Sur le ccclxxi. a esté adiousté à la fin ce qui ensuyt,
(qui ne sera entendu des Coulombiers, retraicte à Pigeons, & Moulins, desquels on pourra demander la
demolition dedans quinze ans.

Le ccclxxiii. amplifié & corrigé comme ensuyt.

Et si la iustice prochaine estoit en defaut de ce
faire, le Seigneur superieur le feroit : & pourroit aussi
pouruoir & cognoistre des bornes ostées & remuées,
& punir ceux qui en seroient coulpables.

Le ccclxxiiii. & ccclxxv. ont esté ostez de cest endroit, & mis cy apres au Titre des Successions, en l'article qui commence, (Quand homme faict edifices
de neuf en son heritage, &c.)

Des Assises, amendes & desdomma-
ges deuz par cause de bestail.

LE ccclxxviii. a esté osté de l'ordre où il estoit, &
mis le premier comme plus propre à commencer
ce Titre.

Au ccclxxvii. au lieu de ces mots, *plege de droit*, ont
esté mis ces mots, *gage mort*.

Du ccclxxx. ont esté ostez comme superfluz ces
mots, *en temps d'iuernage*, qui est.

Au ccclxxxiiii. & au ccclxxxvii. au lieu des mots,
plege de droit, ont esté mis les mots, *gage mort*.

Du cccxcvii. a esté rayé de la fin ce qu'ensuyt, [Et
se pourra prendre aux pleges, & les faire conuenir deuant leurs Iuges.]

Sur le cccxcix. au lieu du mot, *plege de droit*, ont
esté mis ces mots, *gage mort*.

Le cccciii. a esté rayé par ce qu'il y a esté pourueu
par l'article commençant, [Les Seigneurs qui ont iurisdiction,] au Titre des droits du Prince.

g

Des Mariages, douaires, & droicts appartenans à gens mariez.

SVr le ccccv. ont esté à la fin adioustez ces mots, (comme si elle estoit escheuë.

Le ccccvi. & ccccvii. ont esté ostez de leur ordre pour estre mis apres le ccccxxvi. en ce mesme Titre, en l'article qui commence, [Quand noble homme a marié son fils aisné, &c.)

Au ccccviii. a esté adiousté ce qui ensuyt, (L'homme & la femme conioincts par mariage, sont communs en meubles & acquests : pourueu qu'ils ayent esté en mariage par an & iour apres les espousailles. Et neantmoins, &c.] Et apres au lieu de ces mots, *Faisant prouision competente*, ont esté mis ces mots, [entretenant sa femme honnestement.]

Les trois articles cy apres ont esté de nouueau adioustez tels comme ensuyuent.

Rentes constituees sur le dommaine du Roy, maison de ville, mesmes les offices venaux achetez à conditió de raquit perpetuel, au dessous du denier vingt, seront reputees immeubles en deux cas : sçauoir, en donation de meuble, & en partage entre le suruiuant des mariez, leurs enfans ou heritiers : entre lesquels la rente n'ayant esté amortie ny raquittee, ou offices rebboursez constant le mariage, seront censez immeubles.

La femme toutesfois prenant à la communité sera tenuë de payer ou acquitter la moytié des rentes que le mary auroit constitué sur luy, durant le mariage, au dessous du denier vingt.

Les deniers dotaux baillez auec promesse d'assoit ou de rendre, n'entreront en cómunité. Et s'il y a pro-

messe d'assiette, elle sera faicte & prealablemét prinse
sur le tout desacquests, d'autât qu'ils en pourrôt porter:& s'ils ne suffisent, sur les biésdu mary. Et où il n'y
auroit que promesse de rédre lesdits deniers, ils serôt
leuez sur le tout des meubles:& où ils ne suffiroiét, sur
les acquests . & s'ils ne suffisent , sur les propres biens
du mary : le tout au choix du debteur.

Au ccccix, ont esté adioustez ces mots,[depuis les
espousailles, si elle ne decede auant l'an & iour.]

Le ccccxii. a esté reformé & esclarcy côme ensuyt.

Et si la femme estoit obligee à aucun , & eust auparauant se matier,vendu son heritage pour s'acquitter, nonobstant que l'heritage feust conuerti en meuble,ne seront toutesfois les deniers employez en l'acquit des debtes du mary ; encores qu'il fust obligé à
autres auparauant, iusques à ce que la debre à laquelle ladite femme est obligee, fust entierement payée.

Le ccccxlii. a esté aussi reformé & declaré comme cy apres.

Quand femme est obligee pour le faict de son mary, ou pour les prinses qu'ils ont faict ou contracté
en mariage ou auparauant iceluy, & le mary où la
femme sont morts,ou tous deux,le mary ou seshoirs,
sont tenuz à acquitter & desdômager la femme & ses
hoirs,à l'équipolét qu'ils prendrôt aux meubles. Et
au cas que les meubles ne pourroiét fournir à acquitter les debtes,les mariez ou leurs hoirs , y contribueront sur leurs heritages , chacun pour leur part &
portion. Et si la femme ou ses hoirs renoncent aux
meubles de la communité, le mary ou ses hoirs sont
tenuz acquitter la femme ou ses hoirs , des debtes de
ladite communité : laquelle renonciation ils seront
tenuz faire dans trente iours apres ledit deces.

L'article qui enfuyt a esté de nouueau adiousté comme il est cy apres.

Femme qui renonce aux meubles de la cõmunité, ne pourra rien prendre aux acquests & conquests d'icelle, soient appropriez ou nom.

Du xcv. ont esté ostez ces mots, *iusques à ce que l'hoir ou autre pour luy, ait demandé si elle veut rien prendre aux meubles & debtes,* & adiousté ce qui enfuyt, (iusques à ce qu'elle ou son hoir ayent declaré dedans le temps cy dessus, s'ils prendront ou renonceront aux meubles. Et si la femme prend aux meubles de la communité, elle côtribuera aux debtes, à la raison qu'elle est fondee à prendre esdits meubles : & en peut estre directement conuenuë par les creanciers, & pareillement en peut agir contre les debteurs.

Le ccccxvi. reformé & modifié comme cy apres.

Et si elle faict refus de prendre aux meubles & debtes, elle doit auoir son lict garny, & son coffre, deux robes & accoustrements fourniz à son vsage, quels elle voudra choisir : & partie des ioyaux & bagues selon l'estat & qualité de la maison de son mary.

Le ccccxvii. commençant, *Et au surplus, &c.* a esté corrigé & amplifié comme enfuyt.

Et elle ou ses hoirs doiuent rendre le surplus, & se purger par serment de l'outre-plus des choses, au cas que l'hoir du defunct voudroit auoir leur sermét : ou bien auparauant ledit serment pourra ledit heritier en fera prouue par tesmoings, si bon luy semble. Et s'il se trouue qu'auparauant ladite renonciation elle ait touché ou destourné les biens, ou partie de ladite communité, elle sera tenue aux debtes, nonobstant ladite renonciation.

Le ccccxviii. a esté rayé & employé cy deuant en

l'article commençant, (L'homme & la femme conioincts, &c.)

Au ccccxix.a esté adiousté ce qui ensuyt,(Du consentement de la femme ou le mary , ou autrement
alienent au choix du mary ou son heritier.)

En apres ont esté de nouueau adioustez, les quatre
articles qui ensuyuent.

Et aura la femme récompense de l'alienation de
son propre, eu egard à l'estimation des choses vendues , du iour du contract & consentement par elle
presté. Et courra l'hypotheque sur les biens du mary
dudit iour.

Si le mary, constant le mariage, vend son heritage,
& durant le mesme mariage faict acquests, il sera res-
compensé de son heritage alienné sur lesdits acquests,
parauant que la femme y prenne aucune chose.

Donation faicte à l'vn des mariez par le parent, en
contemplation du sang & parenté , ne sera reputé acquest communicable : & n'y aura la femme que son
douaire. Et si la donation est faicte par autre personne estrange sera estimé acquest commun : sinon que
le donateur , faisant la donation , eust expressément
declaré ne vouloir donner qu'à l'vn desdits mariez &
heitiers du donataire.

Si les mariez, constant leur mariage, deschargent & acquittent l'heritage ou chose immeuble, de
l'vn d'eux de droicts naturels, rentes, charges anciennes, & deuoirs reels, deuz sur iceux, autres que
ceux qui auroient esté creez durant ledit mariage : la
moytié des deniers employez ausdits acquests & descharges,sera rendue comme meuble par celuy desdits
mariez ou ses hoirs, duquel l'heritage a esté acquitté
& deschargé.

A l'article ccccxx. a esté adiousté ce mot, [approprier

Le ccccxxiii, commençant, *La femme pour le delict*, *&c.* a esté declaré & reformé comme cy apres.

Les heritages du mary ny de la femme, ne sont confisquez pour le forfaict l'vn de l'autre, és cas où eschet confiscation. Et si le forfaict du mary est tel que ses meubles doiuét estre confisquez, en ce cas (si la femme a esté par an & iour en mariage, & partant y ait communité entr'eux) la femme aura prouision raisonnable, à l'arbitrage du Iuge, pour elle & ses enfans, sur les meubles de la communité, & fruicts des heritages du mary. Et s'il n'y auoit cómunité, elle prēdra ce qu'elle auoit apporté, tant en meuble que autres choses quelconques, si elle n'estoit participante du delict.

Le ccccxxiiii. a esté en partie reformé iusques à ce mot, *Et si le mary*, *&c.* comme il est cy apres.

L'homme n'est tenu ne obligé des contracts que sa femme faict depuis le iour qu'elle est espousee : ny ne peut la femme, depuis qu'elle est fiancee, faire contract par lequel elle puisse obliger la communité du futur mariage : si ladite obligation n'estoit faicte du consentement du fiancé. Et neantmoins où elle se seroit obligee sans ledit consentement, les propres d'elle demeureroient chargez selon la forme de l'obligation. Et quant aux obligations mobilieres passees auparauant lesdites fiançailles, entreront en la communité apres l'an & iour du mariage. Le surplus a esté employé cy apres en ce mesme Titre, article commençant, [Femme marchande, &c.

Le ccccxxv. a esté osté de son ordre, & mis apres au Titre des Crimes, auecques l'article vic.xii. qui commence, (Le mary ne doit estre reprins, &c.

Au ccccxxvi. a esté adiousté la fin de l'article ccccxxiiii. depuis ces mots, (Et si le mary, &c.

Le ccccxxvii. commençant, Et si elle demandoit, &c. & le ccccxxviii. cōmençant, Et où le mary s'en voudroit, &c. ont esté mis ensemble, & reformez cōme cy apres.

La femme est tenuë de requerir l'auctorité de son mary: soit qu'elle vueille cōtraster, ester en iugemēt, ou accepter succession, tant en demande que defence, pour la conseruatiō de ses droicts. Et où il ne voudroit l'hauthoriser, le Iuge ordinaire la peut authoriser. Et en ce cas n'est le mary ne la communité tenuë de l'euenement desdits proces, & autres actes cy dessus, soit en principal oū despens, dont les propres de la femme seulement demeureront obligez.

Le ccccxxix. a esté reformé & amplifié comme ensuyt.

Femme gagne son douaire ayant mis le pied au lict, apres estre espousee auec son Seigneur & mary, encores qu'il n'eust iamais eu affaire auec elle : pourueu que la faute n'en aduienne par impuissance naturelle & perpetuele, de l'vn ou de l'autre des mariez, dont plaincte eust esté faicte durant le mariage par l'vn desdits mariez : & que pour ceste cause le mariage eust esté declaré nul, par Iuge competant, soit du viuant desdits mariez ou apres. Auquel cas, ou que la féme se forferoit en sa personne, dont le mary, durāt le mariage, auroit faict plaincte, elle perdra son douaire, donatiō & autres aduantages prouenās de son mary.

Et apres l'article ccccxxxii. qui commence, Et s'il la recueillist de sa volonté. a esté de nouueau adiousté celuy qui ensuyt.

Femme vefue qui se remarie auec son domestique ordinaire, perd son douaire. Et au cas qu'elle

auroit enfans d'autre mariage, & se remarieroit follement à personne indigne de sa qualité, seront tous
dons & aduantages par elle faicts à telles personnes,
nuls & de nul effect & valeur : & demeurera ladite
femme deslors de la conuention de tel mariage, interdicte de tous ses biens.

Le ccccxxxiii. a esté amplifié & esclarcy comme
cy apres.

Douaire est acquis à femme vefue (encores qu'elle se ramrie) sur les heritages de son Seigneur mary,
pourueu qu'elle se soit portee loyaument en son mariage. Et doit auoir le tier de ce dont son mary a eu
ou peu auoir saisine & possession ou droicture, durant le mariage, s'il n'y a conuention au contraire,
sous & iusques à la moytié de l'vsufruict.

Au ccccxxxv. ont esté adioustez les mots cy apres,
[iardin, & bois de haute fustaye.]

Le ccccxxxvii. a esté osté de cest endroit, & mis a-
pres le precedent, par ce qu'il parle mesme subiect.

Et sur l'instante requeste que nous auroient faicte
& reperee par plusieurs fois lesdits des Estats, à ce
qu'il fust dict & introduict de nouueau par Coustume, que le mary eust iouy par usufuict, sa vie durant,
de la tierce partie de l'heritage de sa defuncte femme,
dequoy ils auroient dressé vn article, requerant qu'il
eust esté inseré & adiousté en ce Titre, Nous aurions,
apres auoir veu ledit article, proposé & faict lire celuy qui ensuyt,] Si la femme qui à l'aduenir se ma-
rira, decede la premiere, le mary aura prouision, &
iouyra du tier de l'heritage d'icelle, par vsufruict : &
à ceste fin seront faictes loties, comme deuant est dict.
Toutesfois au cas que la femme auroit enfans, soit
dudit mariage, ou autre, n'aura ledit mary aucune

prouision ne vsufruict: & s'il se remarie, il le perdra.]
Apres laquelle lecture, nous auroiét lesdits des Estats
remôstré que l'article par eux baillé, n'estoit semblable à celuy que leur aurions faict lire. Et pour ceste
cause, ont requis que celuy qu'ils nous auoient presenté, eust esté leu, mis & adiousté au liure de la presente reformation. Surquoy aurions ordonné que
ledit article tel qu'il est cy dessus, & celuy qu'ils nous
auoient presenté, seroient rapportez & escrits au present proces Verbal: pour, apres en auoir communi-
qué à la prochaine assemblee des Estats generaux de
cedit pays, ordouner ce qu'il appartiendra. Ensuyt la
teneur de leur article.

La femme mourant, le mary aura prouision, &
iouyra du tier de l'heritage d'elle par vsufruict: & seront faictes loties comme deuant est dict.
Toutesfois au cas qu'il y ait enfans du mariage d'eux
deux, ou que le mary se remariast, il n'aura aucune
prouision d'vsufruict.

Apres le ccccxxvi. commençant, *L'hoir du defunct*
n'est tenu, &c. ont esté mis les ccccvi. & ccccvii. reformez & amplifiez comme ensuyt.

Quand noble homme a marié son fils aisné, le fils
aisné ou ses enfans doiuent auoir la iouyssance du
tier de la terre du pere, & le pere doit auoir le meuble qui est promis à la femme du fils. Toutesfois au
cas que le fils aisné auroit biens de la succession de sa
mere, ou d'ailleurs suffisans pour honnestement s'entretenir selon son estat & qualité, le pere ne sera contrainct luy bailler la iouyssance du tier de sa terre : &
aussi ne prendra-il les meubles de la femme dudit
fils.

Et au cas que ledit fils auroit ledit tier, doiuent le

pere & le fils, faire prouifion competente aux autres
enfans, à la raifon & à l'equipolent que le pere & le
fils tiendroient & iouyroient defdits heritages.

Le ccccxxxix. a efté mis en ceft ordre, & y adioufté
ce qui enfuyt. (finon que le fils euft d'ailleurs biens
fuffifans, comme il eft dict cy deffus.

Sur le ccccxl. a efté adioufté, (fur le bien du pere.

Le ccccxxxviii. a efté cy mis àpres le precedent,
comme plus à propos, & reformé comme cy apres.

S'il y a deux femmes vefues qui ayent efté mariees,
l'vne au pere & l'autre au fils, la premiere mariee fera
endouairee premierement, & l'autre au demeurant
de ce que deuroit appartenir au fils.

Les deux articles cy apres ont efté de nouueau adiouftez.

Douaire n'appartient à femme fur les acquefts, foit
qu'elle y renonce ou qu'elle y prenne part.

L'vfufruict des heritages, defquels le mary aura eu
la proprieté durant le mariage, eftant finy & retourné
à la proprieté, le douaire de la douairiere en fera
augmenté.

Du ccccxli. ont efté rayez ces mots, *& n'y a lieu de
retraict à court inferieure*, lefquels ont efté employez au
Titre des Iuftices, en l'article qui commence, [En
toutes actions, &c.

Du ccccxliii. ont efté oftez ces mots, *Si on n'en dou-
noit*, & y adioufté ce qui enfuyt, (des fraiz. Et du fub-
fequent article ont efté prins ces mots, *Et fi le mary
demeure, il auroit le lict de fa femme iufques aux fecondes
nopces.*

L'article cy apres a efté adioufté de nouueau.

Et au cas que la femme confentiroit à l'alienation
du propre mary, elle perdra fon douaire fur les cho-

fes alienees, fans pouuoir pretendre qu'il luy foit
remply fur les biens qui refteront lors du deces du
mary.

Le cccctviii. commencera par ces mots, *La femme,*
&c. parce que le commencement dudit article à efté
employé à la fin du ccccxliii. cy deffus.

Des Baftards & autres illegi-
times.

LE ccccxlviiii. a efté rayé comme fuperflu, & comprins aux precedents & fubfequents articles.

Le cccccl. a efté reformé & amplifié comme enfuyt.

Le Baftard ne fuccede à fes pere ne mere, frere ne
fœur, ne s'accroift fur leurs biens. Et auffi les pere &
mere, frere ne fœur ne fuccedent au Baftard. Pourra
neantmoins le pere dóner à fon Baftard quelque chofe par vfufruict feulement pour fon aliment, nourriture & entretenement.

Le cccccli. auffi reformé comme cy apres.

Baftard peut faire teftament, & donner fes meubles à qui bon luy femble, iufques à la moytié : mais
qu'il ne le face en hayne contre la feigneurie, ou côtre droict & couftume. Et s'il donnoit plus que la
moytié, la donation ne tiendroit que iufques à ladite
moytié, fi ce n'eftoit que fes biés fuffent fi petits qu'ils
ne valuffent que peu de chofe.

Le ccccclii. commençant, *Si le Baftard, &c.* a efté
corrigé, & commence, (Si aucun, &c. Et en ont efté
oftez ces mots, *d'iceluy Baftard,* & adioufté, (de leur
pere ou de leur mere.

Le ccccliii. a esté esclarcy & amplifié cóme ensuyt.

Bastard ne peut faire donation de son heritage, retenant l'vsufruict à sa vie, s'il ne le faisoit par le mesme contract de l'acquisition de l'heritage: ou s'il ne le faisoit par forme de donation, qui fust mutue & egale: qui se pourra extédre sur la tierce partie de son heritage: pourueu que la donation ne soit faicte en fraude du Seigneur.

Du cccliiii. ont esté ostez & rayez ces mots, *Sans en auoir iamais saisine, en vsant comme le Seigneur des choses donnees & aumosnees.* Et y adiousté ce qui ensuyt, (en saisissant actuelement le donataire, sans aucune possession, ne autre chose retenir.

Des Mineurs, & autres à qui on doit bailler administrateurs, & des emancipations.

LE cccclvii. reformé & corrigé comme il est cy apres.

L'homme ou femme qui sont sous l'aage de vingt-cinq ans, sont mineurs: & ne pourront, iusques audit temps accomply, aliener ne disposer de leurs heritages & choses immeubles, constituer hypotheques, ne piendre auance sur leurs biés pour plus d'vn an: vendre ne demolir bois par pied. Pourront neantmoins les nobles auoir la iouyssance de leurs biens, l'aage de vingt ans accóply: ager & defendre pour leurs meubles & iouyssances.

Au cccclviii. a esté adiousté ce qui ensuyt. [Laquelle en cas de defaut en sera respósable, & des cautions non soluables qu'elle auroit receuz.

Les trois prochains articles cy apres, ont esté de nouueau adioustez comme ensuyuent.

Et en procedant à la creation de tuteurs ou curateurs à Mineurs, sera par mesme moyen, en la presence & par l'aduis des parēts assemblez, deliberé sur l'education & entretenement desdits Mineurs, tāt pour l'instruction au faiēt des armes, lettres, qu'autres professions, selon leur qualité, & quantité des biés desdits Mineurs.

La mere, au cas qu'elle viue, ou l'heritier proche presumptif du Mineur, seront tenuz d'aduertir & semondre la iustice dans quinze iours apres le deces du pere, de pourueoir au Mineur de tuteur ou curateur. Et quinzaine apres, feront tout deuoir & diligence vers les officiers de faire pourueoir ledit Mineur : à faute dequoy, porteront tous dommages & interests que souffriroit, à cause de ce, ledit Mineur.

Et si la mere, ayant esté chargee de la tutele ou curatele de ses enfans, se remarie, elle sera tenue les faire pourueoir auparauant espouser : sous semblables peines.

Le cccclix. commençant, *Quand le mineur, &c.* a esté corrigé & esclarcy comme il est cy apres.

Le Mineur se peut pleger en demande de premesse, ou pour interrompre prescription qui courroit contre luy, ou autrement conseruer ses droiēts, ores qu'il ne fust pourueu de Tuteur ou Curateur. Et si celuy contre lequel il se plege, luy debat la premesse ou autre demande, il sera tenu faire pourueoir le Mineur de Tuteur ou Curateur.

Au cccclxiii a esté adiousté ce mot, [erreur.]

Les cccclxiiii. commençant, *Mineur ne peut se pleger, &c.* cccclxv. commençant, *Mineur ne peut ager, &c.*

cccclxvi. commençant, *Et aussi le Mineur, &c.* & cccclxvii. commençant, *Le Mineur peut denoncer le tort, &c.* ont esté rayez, & comprins en l'article qui en-suyt.

Mineur & celuy qui est en pouuoir d'autruy, ne peut contracter ne négocier, conuenir ny estre conue-nu en Iustice, sans l'auctorité de celuy au pouuoir duquel il est, si ce n'estoit contre celuy au pouuoir duquel il seroit : auquel cas sera pourueu par la iu-stice, de curateur particulier audit Mineur, ou autre qui seroit en puissance d'autruy.

Le cccclxx. commençant, *Et ne doit, ne peut, &c.* a e-sté rayé, pour y auoir cy deuant esté pourueu.

Au cccclxxi. au lieu de ces mots, *vingt ans,* a esté mis, [vingtcinq ans.

Le cccclxxii. a esté reformé & declaré comme en-suyt.

L'homme & femme, encores qu'ils solent mariez, s'ils sont Mineurs de vingtcinq ans, ne pourront a-liener leurs heritages & immeubles, constituer rentes & hypotheques, vendre ne demolir grand bois, ny prendre auance pour plus d'vn an, iusques à ce qu'ils ayent lesdits vingtcinq ans passez.

Au cccclxxiiii a esté adiousté ce qui ensuyt, (Les-quels tuteurs ou curateurs seront tenuz bailler cau-tion, & faire inuentaire.

Le cccclxxvi. a esté rayé, parce qu'il y est pourueu en l'article cccclxxvii. commençant, *Et deuant qu'au tuteur ou curateur, &c.* reformé & amplifié comme cy apres.

Tous tuteurs & curateurs seront tenuz faire ser-ment en tel cas requis. Et deuant qu'aucune deliurã-ce leur soit faicte des biens des Mineurs, ils serõt tenuz en faire inuentaire bon & loyal, & bailler bonne & suffisante caution. Et sera ledit inuentaire faict par le Greffier de la iurisdiction, appellans deux parents ou voisins & amis du decedé.

Sur le cccclxxx. a esté adiousté ce qui ensuyt, [ou s'il n'y auoit prouision testamétaire faite par le pere.

L'article prochain apres a esté de nouueau adiousté tel qu'il s'ensuyt.

Et le tuteur ou curateur testamentaire preferera la mere : la mere, les ayeulx & ayeules : & les ayeul & ayeule, tous autres parents : & les parents paternels, les maternels.

Le cccclxxxi. reformé & amplifié comme cy apres.

Tuteur ou curateur ne peuuent vendre ne aliener les heritages du Mineur, sans suffisante cause verifiee par l'aduis des plus proches & plus suffisaus parents & amis, decret & auctorité de iustice : autrement sera le contract nul.

Le cccclxxxii. a esté aussi amplifié & esclarcy cóme ensuyt.

Aussi ne peut ledit tuteur ou curateur compromettre, transiger, deferer serment decisif és cautes heritelles, & de meubles riches & precieux, sans ledit aduis des parents, & decret de iustice.

Le cccclxxxiiii. a esté esclarcy comme ensuyt.

Si le tuteur ou curateur cognoist que son Mineur soit deceu par son faict ou autrement, il peut demander restitution.

L'article vc.iiii. a esté osté de son ordre, & mis apres le ccccxcviii. & au lieu de ces mots, *vingt ans*, a esté escrit, [vingtcinq ans.

Le cccclxxxix. a esté amplifié comme cy apres.

Le Tuteur ne le Curateur ne peuuent contracter & negocier auecques leurs Mineurs pendant qu'ils en ont la garde : & encores qu'ils soient maieurs, ne pourront aussi contracter auecques eux, iusques à ce qu'ils ayent tenu & rendu compte, & resaisi ceux dōt ils ont eu la garde de leurs biens, titres & enseignemēts.

Le ccccxcii. & ccccxciii. ont esté reformez & comprins en l'article qui ensuyt.

En declaration de prodigalité & interdiction de biens, si le defendeur pretédu prodigue defaut à l'adiournement à luy donné, ou s'il compare, & que la cause entre en contestation, & en longueur, le Iuge, information sommaire prealablement faicte, pourra ordonner que l'estat du proces sera banny. Et apres a esté adiousté de nouueau l'article qui ensuyt. Et sera la bannie faicte au marché prochain, & à la parroisse du domicile de celuy qui est appellé en prodigalité, & attachee au post & lieu public dudit marché, ou porte d'Eglise parrochiale & apres rapportée & certifiee en iugement au iour d'audience.

Apres l'article ccccxcv. commençant, *Et s'il est declaré mal-vsant*, a esté de nouueau adiousté celuy qui ensuyt.

Le demandeur & poursuyuant en instance de prodigalité, sera tenu de faire iuger diffinitluemēt le proces, dedans trois ans apres l'introductiō d'iceluy, autrement les contracts faicts par le pretendu prodigue, seront valables.

Le ccccxcvi. a esté rayé comme comprins au precedent article.

Le ccccxcviii. a esté reformé comme ensuyt.

Le pere peut emanciper son enfant, s'il ha vingt
ans passez,

ans paſſez, & ſi l'enfant le requiert. Le ſurplus rayé.

Du ccccxcix. ont eſté oſtez ces mots, *Car le pere ne pourroit empeſcher ladite iouyſſance.*

Apres l'article vc.i. ont eſté de nouueau adiouſtez les deux articles qui enſuyuent.

Si le pere ou la mere, conſtant leur mariage, retiroiét de leurs deniers par premeſſe au nom de l'vn de leurs enfans, les terres par eux vendues ou par autres leurs parents & lignagers, leſquelles terres leſdits pere & mere, comme plus prochés en degré, pourroient en leur nom retirer leſdites terres, ainſi retirees au nom de leurs enfans, ſeront partagees entr'eux comme les autres biens de leur ſucceſſion: ſinon que leſdits pere & mere en euſſent diſpoſé en leur viuant.

Et ſi apres le deces de l'vn ou l'autre deſdits mariez, leſdits pere & mere retiroiét au nom de l'vn deſdits enfans, les choſes vendues en l'eſtoc du decedé, leſdites choſes ſeront propres audit enfant au nom duquel elles auroient eſté retirees: en rapportant les deniers qui auroiét eſté payez par leſdits pere ou mere, pour eſtre partagez comme les autres biens de la ſucceſſion.

Le vc.iiii. a eſté rayé, pour eſtre comprins en l'article cy deſſus, qui cômence. [Femme eſt en aage, &c.]

Sur le vc.v. ces mots, *vingt ans*, ont eſté changez, & eſcrit, (vingtcinq ans.)

Au vc.vi. ont eſté adiouſtez ces mots, [de vingtcinq ans, D'autruy. Au lieu de ce mot, *mais*, a eſté mis, (pourueu.

Le vc.vii. a eſté rayé, parce qu'il y a eſté ſatisfaict par les precedents articles.

Et apres le vc.viii. commençaot, *En cas de crime*, a eſté de nouueau adiouſté l'article qui enſuyt.

h

Pere, mere, & autres personnes se pourront demettre en tout ou partie de la propriété de leurs biens, a-
uecques retention de l'vsufruict d'iceux, en leurs pre-
somptifs heritiers pour leurs portions esperées. Et si
lesdites demisions ont esté bannies par trois iours de
Dimanche consecutifs, à la paroisse du domicile de
celuy qui se demet, en toutes les paroisses ausquel-
les il a maisons, & à vn iour au prochain marché du
domicile. Et lesdites bannies rapportees & verifiees
en iugement, & ladite demision, bannies & verifica-
tions d'icelles, si elles sont faictes deuant vn Iuge nõ
Royal, & ont esté leuës par deuant le prochain Iuge
Royal, & enregestrees au Greffe de ladite iurisdictiõ
Royale, au ressort de laquelle est ledit domicile, en
ce cas, les contracts d'alienatiõs qui seront faictes depuis lesdites demision, bãnies certifiees & regestrees,
côme dessus est dict seront de nulle valeur. Et neantmoins lesdites demisions, le Seigneur iouyra des rachapts & autres profits de fief, par le deces de ceux
qui se sont demis.

Des Successions & Par-
tages.

APres le premier article de ce titre, a esté adiousté
celuy qui ensuyt.

La ligne directe s'entend des ascendans & descendans.

Le vc.xi. a esté ioir ct ar ec l'article vc.lxix. & du
deux cy rapporté l'article qui ensuyt.

En succession collaterale, la iustice de celuy qui
fief & obeissance, est saisie de la succession. Et ou il

PROCES VERBAL.

se trouueroit plusieurs pretendans ladite succession, le Iuge, apres s'estre informé, la baillera au prochain, en prenant caution de la rendre quand & à qui faire ce deura.

Les seze prochains articles ont esté de nouueau adioustez, comme ils sont cy apres.

Les maisons, fiefs, dommaines congeables dependans du fief noble, & autres terres nobles, soit d'ancien patrimoine ou d'acquest, & les meubles, seront partagez noblement entre les nobles, qui ont eux & leurs predecesseurs dés & parauant les cent ans derniers, vescu & se sont comportez noblement, & aura l'aisné par precipu, le Chasteau ou principal manoir, auec le pourpris: qui sera, le Iardin, Coulombier, & bois de decoration, & outre les deux tiers: & l'autre tier sera baillé aux puisnez par heritage, tant fils que filles, pour estre partagé par l'aisné entr'eux par egales portions: & le tenir chacun desdits puisnez comme iuueigneur d'aisné, en parage & ramage dudit aisné.

Et en ce ne sont comprins les anciens Comtes & Barons, qui se traicteront en leurs partages come ils ont faict par le passé.

En successions collaterales, soient de fils ou de filles, entre les nobles, l'aisné ou celuy qui le represente, soit fils ou fille, recueillira seul l'heritage, fiefs, & autres choses qui auront procedé du tige & tronc commun, & qui auront esté baillees par l'aisné, ou celuy qui le represente, par partage à ses puisnez.

Et les autres biens qui se trouueront esdites successions collaterales par quelque moyen que ce soit, seront partagez entr'eux noblement: sçauoir, les

deux parts de l'heritage & meubles à l'aisné,& le tier
aux puisnez, fils ou filles,par heritage.

Et aduenant que l'aisné, ou celuy qui le represente, decedast sans hoirs de corps,l'aisné apres,ou celuy qui le represente,soit fils ou fille,succedera à tout
ce que seroit escheu au decedé, du tige & tronc commun tant paternel que maternel: sans que les puisnez y puissent prendre aucune chose.

Et quant aux acquests & autres biens nobles n'estás
du tige & tronc commun, qui se trouueront esdites
successions collaterales, seront partagez entre l'aisné,
ou celuy qui le represente,& les puisnez ou ceux qui
les representent: sçauoir, les deux parts à l'aisné, &
le tier aux puisnez.

L'heritier masle ou les descendans de luy, en quelque aage qu'ils soient, seront preferez, pour le droit
d'aisnesse,en toutes successions directes & collaterales,aux filles,& descendans d'elles.

Et quant aux terres roturieres qui se trouuerót aux
successions tant directes que collaterales, seront partagees egalement entre l'aisné & puisnez: le choix &
election reserué à l'aisné apres que les lots auront esté
faicts & receuz entr'eux.

Entre l'aisné & les puisnez, faisans leurs partages,
les heritages seront reputez nobles, verifiant l'aisné
qu'ils ont esté possedez par leurs predecesseurs ou autheurs,noblement par quarante ans precedens la succession escheue: sauf aux puisnez à verifier la qualité contraire, si bon leur semble.

Et sera en l'option de l'aisné, de bailler le tier aux
terres & fiefs nobles à ses puisnez, en tel lieu que bon
luy semblera; sans y employer les terres roturieres,
qui seront partagees,comme dict est : sans toutesfois

ledit aisné demolir ne vendre les bois de haute fustaye, sur les heritages dudit tier, depuis la succession
escheue.

Et l'aisné ayant choisi le lieu pour partager lesdits
puisnez, il fera l'asiette dudit tier, & la continuera
de prochain en prochain, sauf vn tressault seulement,
si les parties ne l'accordent autrement.

L'aisné & puisnez contribueront aux debtes mobilieres, personnelles & hypothecaires, des successios
tant directes que collaterales, esquelles lesdits puisnez prendront : sçauoir, l'aisné les deux parts, & les
puisnez le tier, sans consideration de ce que reuient à
l'aisné de l'ancien patrimoine prouenu du tige commun : ne aussi de la portion egale que prennent aux
terres roturieres les puisnez.

Si l'homme noble espouse vne femme de codition
roturiere, les heritages nobles de la femme, seront
partagez noblement entre les enfans & descendans
d'eux, comme les biens nobles du pere.

Et defaillant la ligne descendante, & retournant les
choses à leur estoc premier, seront partagees selon la
condition de la famille.

Et quand la femme noble se marie auec l'homme
de condition roturiere, leurs successions seront partagees entre leurs enfans & les descedans d'eux, egalement : sauf le precipu cy apres aux heritages nobles. Et
defaillant la ligne des descedans d'eux, retourneront
les choses au gouuernement de leur premier estoc.

La femme noble s'estant mariee en premieres nopces auec vn roturier, dont il y ait enfans, si elle se remarie en secondes nopces auec vn noble, dont il y ait
enfans, la succession d'elle ou autre, soit directe ou
collaterale, qui seroit de son estoc, & aduiendroit à

h iii

cause d'elle, sera partagee entre les enfans du premier
lict, comme succession egale sans precipu, sur les portions des enfans du noble : &, leurs portions ainsi distraictes, ce que demeurera pour le droit des enfans
du second lict, sera partagé entr'eux noblement.

Le cccxxiiii. au titre des Donations, commençant,
Pere noble, & de noble extraction, &c. renuoyé a cettre, a esté mis apres le precedent, comme plus à propos, corrigé & reformé comme cy apres.

Filles mariees par pere noble, ne pourront demander autre plus grand partage, que celuy que leur aura
faict leur pere, mariage faisant, encores qu'elles fussent mineures, & qu'elles n'eussent renoncé : pourueu
qu'elles fussent deuement apparagees. Le semblable
sera gardé pour le regard des biens de la mere, quand
les filles auroiét esté mariees par les pere & mere nobles, d'extraction noble.

Les cinq prochains articles ont esté aussi de nouueau adioustez, ainsi qu'ils sont cy apres.

La portion de la fille mariee par le pere noble, à
moindre part qu'il ne luy appartient par la Coustume, ou de Religieux ou Religieuse, ayant faict profession volontaire en aage legitime, accroist & appartient à l'aisné : a la charge des debtes, à la raison de
ladite portion, & payant la pension qui seroit deue
ausdits Religieux ou Religieuse.

Succedera aussi ledit aisné, & recueillira toutes les
parts & portions de ses freres & sœurs decedez, depuis la mort de leur pere & mere : encores que lesdits
lesdits freres & sœurs n'auroient fait action ne demãde de leur partage.

Le pere noble pourueu de sen, pourra par l'aduis
& conseil de quatre parents de ses enfans, deux pa-

ternels & deux maternels, partager sesdits enfans de
son viuant : laissant à son aisné fils ou fille, la principale maison. Et tiendra ledit partage après sa mort,
s'il n'appert qu'il l'ait reuoqué par testament, ou autre declaration faicte par escrit : pourueu qu'aucun de
ses enfans ne soit lezé ne greué outre la sixieme partie de sa legitime. Et s'il veut partager ses enfans aux
biens de la mere, le pourra faire, elle y iuante & con-
sentante, & non autrement.

Les nobles qui font trafic de marchandises & vsent
de bourse commune, contribueront pendant le temps
du trafic & vsage de bourse commune, aux tailles, aydes, & subuentions roturieres. Et seront les acquests
faicts pendant ledit temps, ou qui seront prouenuz
dudit trafic ou bourse commune, partagez egalemét
pour la premiere fois : encores que soient d'heritages
& fiefs nobles. Et leur sera libre de reprendre leur dicte qualité de noblesse & priuilege d'icelle, toutessois
& quantes que bon leur semblera, laissant lesdits trafic & vsage de bourse commune, & faisant de ce declaration deuant le prochain Iuge Royal de leur domicile. Laquelle declaration ils seront tenuz faire in-
sinuer au registre du Greffe, & intimer aux Marguillers de la parroisse du domicile, pourueu qu'après ladite declaration ils se gouuernent & viuent comme
il appartient à gens nobles. Et en celuy cas les acquests nobles depuis par eux faicts, seront partagez
noblement.

Et toutessois si pendãt ledit trafic & vsage de bourse commune, il leur aduenoit quelque succession noble directe ou collaterale, ils la recueilliront & partageront noblement, comme aussi leur patrimoine ancien : sans qu'en ce regard ledit trafic & vsage

de bourse commune, leur puisse prejudicier.

Du vc. xii. ont esté ostez ces mots, *& est sienne*, & y a esté adiousté ce qui ensuyt. (Tant noble que roturier quant à la saisine.)

Au vc. xiii. a esté adiousté, (du noble,) & en a esté osté ce qui ensuyt, *Si ce n'est, des choses dont on peut faire plegement.*

Le vc. xlviii. a esté osté de son ordre. Et les vc. xlix. vc. l. vc. li. vc. lii, vc. liii, vc. liiii. & vs. lv. rayez, pour estre comprins aux precedents, & en l'article cy apres reformé, comme ensuyt.

Quand les puisnez, fils ou filles, demandent leur partage en iustice, ils peuuét faire appeller l'aisné deuant le Iuge du Manoir principal de la succession & demeure plus ordinaire du defunct : & pourra demáder à l'aisné declaration par escrit de tous les biens de la succession : laquelle l'aisné sera tenu de presenter, comme aussi les hommes & subiects contraincts de declarer quelles rentes & deuoirs ils doiuent. Et si le puisné pretend debatre ladite declaration, & que les parties en entrent en contestation, sera l'aisné tenu consigner, par prouision, telle somme qu'il sera arbitré par le Iuge, tant pour aliments que fraiz du prisage & proces, selon le nombre des enfans, grand des biens & valeur d'iceux : dont sera sommairement informé, auparauant que les puisnez soient tenuz respondre sur les distractions & autres moyens dudit aisné, s'il n'y auoit accord par escrit, dont apparust promptement.

Et apres a esté adiousté de nouueau l'article qui ensuyt.

Entre freres & sœurs & autres coheritiers (auparáuant entrer en contestation pour le faict de leur partage) le Iuge les renuoyera par deuant leurs parents, pour amiablement accorder de leur partage, si faire ce peut, sans forme de proces.

Le vc. xvii. a esté osté de son ordre, & mis apres le precedent, comme plus à propos.

Le vc xx. a esté rayé, pour y auoir esté pourueu par les precedens articles.

Les deux prochains articles apres celuy qui commence, (Et aura la femme noble, &c.) ont esté de nouueau adioustez comme ils sont cy apres.

Les enfans des hommes de valeur & merite, qui ont esté & seront par leur vertu, & autrement qu'en faueur d'argét déboursé, annobliz par lettres du Prince deuëment publiees & verifiees, ne partageront noblement iusques à ce que les terres & fiefs nobles soient paruenuz en second partage : comme, si le pere a esté faict noble, sa succession sera diuisee egalement (sauf le precipu de sold pour liure à l'aisné) entre ses enfans : & la succession desdits enfans sera partagee noblement, comme entre les autres nobles : pourueu que ledit annobly & les descédans de luy, ayent vescu & se soient comportez noblement. Et quant aux successions collaterales, elles seront departies egalement, si elles ne prouiennent du tige & souche de celuy duquel la succession doit estre partagee noblement, ou de ses freres.

Nul n'est heritier qui ne veut : & celuy qui se voudroit porter heritier sous benefice d'inuentaire, seroit tenu le declarer dans quarante iours, s'il est au Duché : & s'il est hors, dedans trois mois : à faute dequoy, il sera tenu & reputé heritier pur & simple.

Le vc. xiiii. a esté osté de son ordre, & mis apres le precedent, comme plus à propos, reformé & amplifié comme cy apres.

Il est permis à l'heritier accepter la succession sous benefice d'inuentaire : lequel ne pourra estre exclus par celuy qui voudroit accepter ladite succession purement & simplement : encores qu'il feust en pareil degré soit entre gens nobles ou roturiers.

Les sept articles prochains ont esté de nouueau adioustez comme ils sont cy apres.

Heritier, sous benefice d'inuētaire, doit auparauant toucher aucunement aux biens, faire apposer le seau sur les biens delaissez par le defunct : & faire declaration d'accepter sous benefice d'inuentaire, la succession en iugement, dedans le temps cy dessus dict, à compter du iour de la succession escheüe : &, ce faict, prendre commission du Iuge pour appeller les crediteurs : ce que ledit heritier sera tenu de faire deux assignations à ban, au prochain marché & parroisse du domicile du decedé, aux iours de Dimanche & de marché. Et sera la premiere assignation de quinzaine : la seconde de trois sepmaines, qui seront rapportées en iugement, l'audience tenant. Et sera tenu l'heritier faire conclurre ledit inuentaire dedans trois mois apres la declaration par luy faicte.

S'il se trouue que l'heritier sous benefice d'inuentaire, n'eust faict entier rapport, & eust recelé & retenu quelque portion de meubles, il sera tenu & reputé heritier pur & simple.

Sera l'heritier sous benefice d'inuentaire, tenu bailler par declaration les heritages de la succession, & les baux à ferme d'iceux, s'ils ont esté faicts par le defunct : sinon, les faire faire iudiciellement & solennellement.

L'inuentaire solennellement faict, les creanciers

denuëment appellez, lesdits creanciers pourront, à leur diligence, faire faire l'ordre entr'eux selon la priorité, & posterité, nature & qualité de leurs debtes, Ausquels creanciers ne sera tenu ledit heritier payer plus que l'inuentaire ne se monte : & seront les fraiz d'iceluy inuentaire prealablement payez.

Et l'ordre faict, & les crediteurs payez suyuant iceluy, si les biens de la succession tant meubles que heritages, ne peuuent suffire à l'acquit & payement des debtes, ledit heritier n'en pourra estre conuenu ny appellé, sauf aux crediteurs premiers à repeter des posterieurs ce qu'auroit esté payé.

Pendant la solennité de l'inuentaire & ordre des creanciers, les deniers prouenans de la vente des meubles & fruicts des immeubles, demeureront entre les mains de l'heritier, baillant par luy caution : à faute dequoy faire, seront lesdits deniers deposez en main de personne soluable, comme aussi les credits, scedules, & obligations.

Les meubles estans venduz apres vne bannie solennelle, la vente de immeubles sera faicte à esteincte de chandelle, au plus offrāt & dernier encherisseur, apres trois bannies consecutiues : les deux premieres à la paroisse, la tierce à la paroisse & au marché prochain, qui portera assignation d'huictaine pour le moins.

Le xc.xv. a esté reformé & esclarcy cōme cy apres.

L'heritier, par benefice d'inuentaire, faisant la vente de meuble, sera preferé à tous autres encherisseurs, payant promptement les deniers de la derniere enchere. Et quant à l'immeuble, ledit heritier aura la premesse, remboursant dans quinzaine.

L'article prochain a esté de nouueau adiousté tel comme ensuyt.

PROCES VERBAL.

En attendant la confection dudit inuentaire, le Iuge fera deliurer pour les fraiz des obſeques, aumoſnes, gages, & ſalaires des ſeruiteurs, deniers, s'il s'en trouue en la ſucceſsion ſinon des meubles; pour eſtre promptement venduz, & les deniers mis entre les mains des executeurs teſtamétaires, ſi aucuns y a : ou de l'heritier qui s'eſt preſeté, ou du plus proche parét.

Le vc.xxi. a eſté reformé comme il eſt cy apres.

Les biens meubles des Bourgeois, & autres du tier eſtat, ſeront partagez entre les ſuruiuans & les herities du decedé par moytié : & payeront les debtes de la communité par moytié; & l'heritier les fraiz des obſeques, & legs teſtamentaires.

Les vc.xxii. & vc.xxiii. ont eſté rayez comme comprins au precedent article & autres cy deuant.

Les deux prochains articles ont eſté de nouueau adiouſtez comme ils ſont cy apres.

Le ſuruiuant des mariez, ſoit noble ou du tier eſtat, eſt tenu faire-faire inuentaire s'il y a des enfans mineurs : & iuſques à ce qu'il y ait inuentaire deuëment faict, la premiere communité durera, ſi bon ſemble auſdits enfans du premier lict : demeurera neantmoins en la faculté deſdits enfans & autres qui auróient intereſt, d'informer du plus, ſi le rapport ne leur ſemble entier & veritable.

Et au cas que leſdits enfans acceptent la continuation de ladite communité, ils ſeront fondez à auoir la moytié tant des meubles qu'acqueſts qui ſe trouueront faicts pendant la continuation de communité, iuſques à l'inuentaire.

Les vc.xxiiii. commençant, *Si les Bourgeois, &c.* & vc.xxv. ont eſt en partie reformez, partie expliquez, comme enſuyt.

PROCES VERBAL.

Apres l'an & iour du mariage des Bourgeois ou autres du tier estat, les meubles & acquests seront communs & partagez par moytié entre les heritiers dudecedé & le suruiuant: excepté ceux qui font profession des lettres, l'aisné desquels aura les liures principaux de la profession du decedé.

Les enfans & autres heritiers des Bourgeois & autres du tier estat, partageront egalement, tant en meubles que heritages, en succession directe & collaterale : & choisiront les enfans masles & les masles descendans d'eux, en quelque aage qu'ils soient, les vns apres les autres : apres eux les filles, selon l'ordre de leur natiuité,

Le vc.lxv. commençant, *A Bourgeois & gens de basse condition,* &c. a esté osté de son ordre, mis comme plus à propos apres le precedent, reformé & amplifié comme cy apres.

Entre Bourgeois & autres du tier estat, le fils aisné aura la principale maison & logis suffisant, soit en ville ou aux champs, a son choix selon la quantité des biens : faisant recompense aux autres, s'il la veut auoir : & s'il ne la veut auoir, le prochain apres luy la pourra auoir, faisant ladite recompense. Et où il y en auroit deux, l'vne aux champs l'autre en la ville, ne pourra choisir que l'vne des deux.

Les deux articles cy apres ont esté de nouueau adioustez comme ils ensuyuent.

L'aisné des Bourgeois & autres du tier estat, ou ses enfans, fils ou fille, qui auront terres & fiefs nobles, soit fils ou filles, aura par precipu sur lesdites terres nobles, vn sold pour liure, partage faisant : & ce en la succession directe seulement.

Et s'il y auoit enfans de deux mariages, les premiers fussent du tier estat, & les seconds nobles, comme, si la femme noble auroit espousé vn roturier en premieres nopces, & en second mariage, vn Gentilhomme, les enfans du roturier ne prendront aucun precipu sur le droict & portion des enfans du mary noble.

Au vc.lxvi. a esté adiousté ce qui ensuyt, (En partage entre Bourgeois & gens de basse condition, aux despens du demandeur en receuë.

Le vc.lxii. commençant, *Les fiefs roturiers, &c.* depuis ce mot, *Si le decedé n'a ny pere ny mere, &c.* qui est cy apres employé. Et les vc.lxvii. & vc.lxviii. commençant, *Les enfans d'vn frere, &c.* ont esté rayez & comprins en l'article cy apres, qui a esté plus clairement escrit comme ensuyt,

Entre gens partables, toutes terres doiuent estre departies teste à teste, fors le precipu cy dessus à l'aisné, aux heritages nobles. Et en toutes successiós directes ou collaterales representatió ha lieu, soit que les nepueux concurrent auec leur oncle, ou lesdits neupueux ou cousins entr'eux. Et auront les enfans la portion que leur pere eust recueillie, & la departiröt entr'eux teste à teste : & s'il y a debtes dont la succession fust chargee, chacun en payera selon sa part & portion qu'il prendra en la succession.

Le vc.lxi. a esté mis le precedent, & y a esté mis au lieu de ces mots, *deuront aller*, ce mot, (seront.) Et apres ces mots, *l'eschoiste du noble*, a esté adiousté, (pour estre partagé comme dessus est dict.)

Le reste dudit article vc.lxii. a esté cy mis apres le precedent, & a esté declaré & augmenté cöme ensuyt.

Et si le decedé n'ha pere ny mere, mais seulement ayeul ou ayeules, freres ou sœurs en leur estoc seulement, ou ceux qui les representent, exclurront leurs ayeul ou ayeules auſdits acqueſts & meubles.

Les trois prochains articles ont eſté de nouueau ad-jouſtez côme ils ſont cy apres. Et les vc.xxvi. vc.xxvii. vc.xxviii. vc.xxix. & vc.xxx. ont eſté rayez comme confus auſdits articles.

Et defaillant vn eſtoc, ne ſuccedera l'autre eſtoc: ains ſera le Seigneur du fief preferé à recueillir les choſes par droit de deſherence & reuerſion.

Le coheritier qui preréd part en ſucceſsion quelle qu'elle ſoit, directe ou collaterale, eſt tenu de rappor-ter le meuble & l'heritage qu'il auroit prins, ou eu par aduancement de droit ſucceſsif, pour eſtre employez au partage, auecqves les autres biens de la ſucceſsion.

Ne ſera toutesfois ledit coheritier tenu rapporter les fruicts des heritages, ne intereſts de deniers receuz durant le viuant de celuy de la ſucceſsion duquel il eſt queſtion: ne pareillement liures, nourritures, pen-ſions, & entretenement, ſoit aux armes, eſtudes, ou au-tre vacation. Ne ſeront auſsi ſubiects à rapporter les fruicts & leuees des heritages communs, perceuz par l'vn des coheritiers, parauant la demande du partage faict en iugement: depuis laquelle demande ceux qui ont perceu leſdits fruicts, ſont tenuz les rendre à cha-cun des coheritiers, pour ſa portion.

Le vc.xxxi. rayé, partie comme inutil, & en partie qu'il y a eſté cy deuant pourueu.

Le vc.xxxii. commer çant, *Les inueigneurs &c.* a eſté reformé comme cy apres.

L'aiſné n'eſt tenu bailler partage à ſes puiſnez, fors des heritages deſquels il eſt actuelement iouyſſant, ſi l'empeſchement ne venoit de ſon fait: ſauf, par l'iſ-ſuë des proces, a y auoir leſdits puiſnez leur portion,

contribuant aux fraiz desdits proces, à la raison qu'ils
y prendront.

Le vc.xxxiii. commençant, *Et aussi apres le deces,*
&c. a esté reformé, & le prochain article apres de
nouueau adiousté, Et les vc.xxxiiii. vc.xxxv. & vc.xl.
rayez comme comprins aux articles qui ensuyuent.

Si au temps que l'aisné faict afsiette à fes puisnez,
il fe trouue que les terres foient enfemencees, ou en
gagneries, les puisnez prendront les heritages de leur
afsiette, en tel eftat qu'ils feront lors de ladite afsiette,
remboursant à l'aisné ou à celuy qui les aura enfemencees, les labeurs & femences, par l'aduis des laboureurs du pays. S'il y a douairiere ou autre vfu-
fruictiere decede, & les terres foient enfemencees, le
proprietaire prendra ce que fera en terre, payant &
remboursant les femences, engraix & labourages par
l'arbitrage que defsus.

Le ccclxxiiii. & ccclxxv. renuoyez en ce Titre, ont
efté rapportez apres le precedent, côme plus à propos.
Et audit ccclxxiiii. au lieu des mots, *qui fe gouuernent*
noblement, qui ont efté oftez, a efté mis ce mot, (noble.

Le vc.xxxvi. a efté mis apres le precedent. Et apres
le mot, *edifices,* a efté adiousté ce mot, (de neuf. Et apres
le mot, *la moytié,* ce mot, [par eftimation. Et à la fin
dudit article a efté encores adiousté ce qui enfuyt,
[Et fi l'heritage eft à la femme, les hoirs du mary y
prendront la moytié à la raison cy defsus.) Et le refte
dudit article depuis ce mot, *façon,* iufques à la fin, a
efté rayé comme inutil.

Au vc.xxxvi. a efté adiousté ce mot, (vfufruict.

Au vc.xxxix. ont efté adioustez ces mots, (neceffaires fi lefdits heritages luy echeent : & s'ils ne luy
efcheent, en fera remboursé.

Le vc.xl.

Le vc. xl. a esté rayé, par ce qu'il est employé cy dessus.

Les vc. xli. & vc. xlij. ont esté reformez & mis ensemble en l'article cy apres.

Au partage d'entre freres & sœurs sera rapporté le profit de la moulture des moulans, qui sont subiects par distroict au moulin, comme des autres fruicts depuis la demande de partage. Et des autres moulans volontaires, ne sera faict aucun rapport.

Le vc. lx. a esté osté de son ordre, & mis apres le precedent.

Le vc. x. a esté mis apres le precedent, comme plus à propos, & y adiousté ce qui ensuyt, (seculiers tant à heritage meubles, que acquests.

Les deux articles cy apres ont esté de nouueau adioustez comme ensuyt.

Religieux, & Religieuses professes ne peuuent succeder à leurs parents, oy leurs parents à eux.

Tous les articles cy dessus concernant les partages, seront obseruez en toutes successions qui escherront apres la publication de la presente Coustume: encores qu'il y auroit enfans ou autres heritiers naiz auant la publication.

Des Testaments & Legats.

LE premier article de ce Titre a esté adiousté comme il est cy apres.

Les Testaments seront faicts par escrit.

Sur le ii. de ce Titre, qui est le vc lxx. dudit liure ancien, au lieu de ces mots, *escrit & signé*, a esté mis, (escrit ou signé,) & y adiousté ces mots. (ou Vicaire.)

Le ccc. article de ce Titre commençant, *La cognoissance*

i

& solennité, a esté prins du second article au Titre des
Iustices . Faisant là lecture duquel les deputez de l'e-
stat de la Noblesse ont dict & remonstré qu'estant le
testament signé de la partie , ou de deux Notaires , &
seellé, il estoit assez solênel, sans qu'il soit besoin d'aucune declaration. Et qu'en ce cas, les Iuges d'Eglise ne
doiuét auoir aucune cognoissance de la solennité d'i-
ceux, Requerant qu'il feust ainsi dict. Ce que ceux de
l'estat Ecclesiastique ont dict empescher, & maintenu
que les Euesques, leurs Iuges & officiers , ont droit &
sont en possession d'auoir iurisdictió & cognoissance
des Testaments, & legats faicts par les gens de bien,
pour œuures pitoyables. Et aussi leur appartenir l'audition & examen des comptes des deniers des Fabriques des parroisses, fors de ce que concerne les deniers
Royaux, & autres qui se leuent sur le peuple par prouision du Roy : ausquels droits ils ont requis estre
maintenuz & conseruez. Aurions ordonné que l'article demeureroit comme il est audit Cahier.

Les vc.lxxiiii. cōmençant, Quãd les Testamēts sont ap-
prouuez, &c. & le vc.lxxv. cōmençant, Et aussi ne doiuēt-
ils, &c.ont esté mis apres le precedēt cōme plus à propos, reformez & reduicts en vn seul article qui ensuyt,

Et si les meubles du decedé ne pourroient suffire
pour accomplir son testament, les fruicts & le ues des
terres & rentes , y seront employees : sans toutesfois
vēdre l'heritage, si les crēaciers à qui le defunct estoit
tenu, ou les executeurs pour euiter plus grand peril,
ne les mettoient en vente : ce que lesdits executeurs ne
pourront faire : n'y autrement s'entremettre du testament, fors de l'obseque , iusques à ce qu'ils ayent iuré
& prins la charge du testament, deuant la iustice. Et
aussi ne doiuent ils aucune chose receuoir, fors ce

que leur est estably, soit que les deniers prouiennent de vente d'heritage, ou d'ailleurs.

Au vc. lxxi. mis apres le precedent, ont esté adioustez ces mots,) faict escrire ou suggeré,)

Apres l'article vc. lxxiii. commençant, *Des chofes qui font faictes*, &c. a esté de nouueau adiousté celuy qui enfuyt.

Femme ne peut faire testament sans l'auctorité de son mary, si ce n'estoit pour aumosnes, amendement ou recompense de seruices à elle faicts, Sur lequel article ceux de l'estat Ecclesiastique ont remonstré qu'il estoit raisonnable de laisser l'etiere liberté à vne femme de pouuoir tester, sans la restraindre sous l'auctorité de son mary, côme le porte ledit article: lequel, ayāt lieu seroit luy oster le moyē de pouuoir faire restitution & recompense par testamēt, de ce qu'elle peut auoir de l'autruy ou autremēt charger sa côscience. Et pour ceste cause, ont requis que ladite restinctiō portee par ledit article, feust ostee, autrement ont dit s'opposer.

Des Crimes, amendes, & confiscations.

LE vc. lxxxii. a esté reformé cōme cy apres, (Furt qualifié fera puny à mort.

Au vc. lxxxiii. au lieu de ces mots, *vingt folds monnoye*, ont esté mis ces mots, (dix liures monnoye.)

Au vc. lxxxvi. ont esté adioustez ces mots, [par les pieds.]

Le vc. xc. reformé comme cy apres.

Ceux qui ostent ou arrachent bornes scientement, & ceux qui mettēt faulses bornes, doiuent estre puniz comme larrons.

Au vc. xciii. ont esté rayez ces mots, *le vueille leur en l'annee*, & mis au lieu d'iceux, (en face poursuitte en l'annee.)

Du vc. xciiii. ont esté rayez ces mots, *au cas qu'ils n'ayent esté faits par*, & adiousté ce qui enfuyt, [si aupauâant il n'y auoit eu.]

Le vc. xcviii. a esté reformé & esclarcy côme cy apres.

Si le feu prend en maison & la brusle, celuy qui y demeure, verifiant qu'il n'y ait eu de sa faute, ne sera responsable de la maison, ny des meubles qui y estoiêt. Et si aucuns meubles luy auroient esté baillez en garde, & ne les auroit peu sauuer pour estre trop pesâs & difficiles à remuer & transporter, ne sera tenu en rendre aucune chose : combien qu'il eust sauué tout ou partie des siens.

Le vic. vii. esté reformé & esclarcy comme ensuyt.

Quand aucun est blessé en sa personne, tellemêt qu'il à perdu mêbre, & seroit rendu impotent de pouuoir gaigner sa vie, celuy qui l'ha blessé est tenu le pouruoir de sa vie, tout le temps d'icelle, selon l'estat du blessé, qualité & puissance du malfaicteur : si les exces n'auoient esté faicts en se defendant, de tels ou plus grans exces que ceux qu'il auroit faicts.

Le vic. ix. & cxvi. au Titre des Arrests renuoyé en ce Titre, ont esté mis ensemble, & reformez comme cy apres.

Si aucun Seigneur prend ou saisit aucune chose indeuëment & sans raison, il doit estre arresté par iustice:& luy sera baillé bref terme pour verifier que iustement il a apprehendé la chose, dont est question. Et si audit terme il ne peut monstrer promptement & sans autre delay qu'il l'ait faict pour bonne & iuste cause, la partie aduerse sera rassaisie, & luy condamné aux despens, dommages & interests de la partie, en l'amende la Court. Et ores qu'il fust Seigneur, & eust prins en son fief à tort, il amenderoit, & desdommageroit la partie, auant qu'elle fust tenuë luy obeir. Et ne sera tenu celuy qui aura esté dessaisi & depossedé, d'obeir à soudit Seigneur, iusques à ce qu'il ait esté ressaisi.

Au vci. x. a esté adiousté ce qui ensuyt, [pour la portion qu'ils pretédent aux meubles, pourueu qu'ils soient plainctifs, & ayent fait la poursuytte.]

L'article vic. xii. a esté reformé & y a esté ioinct l'article ccccxxv. Titre des Mariages, qui y estoit renuoyé, & les deux reduicts en celuy qui ensuyt.

Le mary ne doit estre reprins ne accusé des choses que sa femme faict qui eschent en crime, s'il n'en est sçauant & consentant : mais est tenu reparer ciuilement le forfaict que sa femme feroit, sur les biens de leur communité.

Le vic. xxxi. a esté rayé, par ce qu'il y a esté satisfaict par l'article liii. au Titre des Droits du Prince, qui cómence, (Les Seigneurs qui ont iurisdiction, &c.)

Les sept articles ensuyuant ont esté de nouueau adadioustez, comme ils sont cy apres.

Aucune chose ne sera innouee ny vsurpee aux preeminences des Eglises : & n'y sera vsé aucunement de voye de faict, sur peine à celuy qui l'auroit faict, de deschoir du droict qu'il y pourroit pretendre, & de punition corporelle.

Aucun n'vsurpera le nom, titre, armes, preeminences, & priuileges de noblesse : & ceux qui le feroient & en seroient conuaincuz, seront condamnez rayer lesdits noms, qualité, armes & preeminences de noblesse, & en l'amende de trois cens liures, moytié à la parroisse, moytié au delateur, outre l'amende deuë au

ì iii

Roy : & fans prejudice de plus grande peine pour le
crime de faux, si elle y efchet.

Tous Seigneurs, Gentils-hommes, & autres qui
pourfuyuront & contraindront que les fils ou filles de
leurs subiects, ou autres contre leur gré & de leurs parents, soient mariez à leurs seruiteurs domestiques,
pour recompense de seruices ou autres, perdront l'o-
beissance qu'ils ont sur leursdits subiects. Et outre seront puniz selon l'exigence du cas.

Les Tuteurs & parents qui auront prins or, argent,
ou present pour consentir les mariages de leurs parents mineurs, seront, come indignes, priuez de leurs
successions, comme elles escheoiront : & outre puniz à l'arbitrage du Iuge.

Toutes personnes de quelque qualité qu'elles soiét,
qui procederont à departement & egail de deniers &
audition de comptes des parroisses, ne prendront aucune chose pour leur despense, vacation & salaire, sur
peine de concussion : fors le Notaire ou Clerc, qui
escrira ledit departement, egail, & comptes, lequel
sera payé de l'escriture seulement.

Tous Cessionnaires seront tenuz se representer en
iugemét, l'audience tenant, & audit lieu, teste nue, sans
ceincture, faire publiquement ladite cession : l'acte de
laquelle sera banny au prochain marché du domicile
desdits Cessionnaires, à leur diligence, au parauant
qu'ils puissent s'aider du benefice de ladite cession.

Tous faux vendeurs, ou qui auroient vendu mesme chose à deux, seront puniz comme larrons &
falsaires.

Apres le precedent article a esté mis le xlii. renuoyé
du Titre des Iustices, comme plus à propos, auquel au
lieu de ce mot, coulpe, a esté mis, (faulte.)

Du vic.xxxii, ont esté ostez ces mots, *En plusieurs lieux en Bretagne*, & adiousté à iceluy ce qui ensuyt, (& autres de ce Duché, & aucuns d'iceux: desquels ils iouyront, qu'il ne leur pourront preiudicier, sinon en ce que expressément il y seroit derogé.

L'article cy apres a esté de nouueau adiousté, cóme ensuyt.

Tous les articles & chacuns cy deuant escrits, serót entieremét gardez, entretenuz & obseruez de poinct poinct, selon leur forme & teneur: sans qu'aucuns Iuges subalternes, souuerains, ne autres quelcónques, les puissent amplifier, moderer ny restraindre: soit pour tenir les peines y contenuës, comme comminatoires, ou autrement pour quelque cause que ce soit.

Et l'vnzieme iour dudit mois, cóme nous faisions lire en l'assemblee desdits deputez, ce qu'auoit esté par nous reueu & arresté, Maistre Sebastien Caradeu se disant Procureur de Messire Albert de Gódy, Doyen, Baron de Raiz, Mareschal de France, Gouuerneur & Lieutenant general pour le Roy en Prouénce, & premier Gentil-homme de sa Chambre, Auroit supplyé qu'en procedant à ladite reformation, il ne fust rien changé, innoué, ny alteré à ses droits, entre auttes à son Titre de Comté, Doyen, Baron de Raiz aux droits de bris & naufrages de mer, & brieufs de sauueté, aux franchises de ses ports & haures, & droits d'Admirauté, presentation des Abbayes, Prieurez & autres benefices estans de la fondation & dotation de ses predecesseurs Barons de Raiz, ny au rang premier, que de toute ancienneté les Barons ont apres les Ducs, de ne prescrire aucune forme de partage entre les heritiers des Cótes, Barons: & que toutes les causes & querelles de leurs Vassaux soient en premiere instance,

i iiii

Instruictes & iugees deuant leurs Iuges, sans que les
Iuges Royaux en puissent prédre cognoissance, atten-
du que les iurisdictions sont patrimoniales : & qu'ils
ont toute punition, mesmes iusques à la peine de feu.
Protestant, au cas que l'on veudroit y faire où seroit
faict innouation ou derogatió, que cela ne luy pourra
preiudicier, uy à ses droits, desquels il offre deuëment
informer. Et à demãdé acte luy estre deliuré de sadite
requeste & protestation. Ce qu'aurions ordonné.

Le dixhuictiesme dudit mois, comme nous ache-
uions de faire lire en ladite assemblee le Titre des mariages & douaires, ledit Maistre Rolland Bourdin auroit remonstré, cóme les habitás de la ville de Nantes
n'auroiét (à leur tref grand regret) peu enuoyer leurs
particuliers deputez en ceste compaignie, comme ils
auoiét deliberé, à raison des renouuelleméts des troubles, & la surprise faicte n'agueres, dés le lédemain de
l'assignation qui a esté donnee pour proceder à ceste
reformation, de la ville de Montaigu, voisine de six
lieuës dudit Nantes : mais qu'ils luy auoient enuoyé
leur procuration & memoires, par lesquels ils deman-
doient entre autres choses, que les Vsances locales &
Coustumes particulieres de leur ville & forsbourgs,
soient confirmees & approuuees, ainsi qu'elles sont
escrites & inserees au liure de la precedente reformation. Et que le premier article desdites Vsances, sur
l'interpretation duquel se sont depuis trouuees plusieurs difficultés, soit declaré & expliqué cóme ensuyt

Veuës ne esgouts que l'vn des habitans aura sur
l'autre, ne porteront à l'aduenir aucune droicture ny
saisine, s'il ny en a titre: sans lequel n'y aura lieu d'aucune prescription, par quelque laps de temps que l'on
pretende en auoir possession, ores qu'elle excede la

memoire des hômes, à compter du temps de l'an mil
cinq cens trenteneuf, q̃ ledit vſemẽt fut prémieremẽt
mis & redigé par eſcrit: ſans tõutesfois deroger aux
arreſts donnez en ſemblable cas: leſquels à l'aduenir
ne ſerõt tirez à conſequẽce, fors pour l'egard des choſes iugees. Suyuãt laquelle requeſte, apres auoir veu la
procuration ſpeciale des habitans dudit Nantes, con-
ſentie en leur maiſon cõmune, le x. iour de May dernier, ſignee Bizeul Greſſier de ladite cõmunauté: par
laquelle ils donnẽt pouuoir ſpecial au dit Bourdia
de demãder la reformation dudit premier article de
leurs vſances, Auons ordonné qu'il ſera corrigé & reformé ainſi qu'il eſt requis, & eſt cy deſſus eſcrit.

Le xix. iour dudit mois, apres la lecture faicte du titre des Baſtards, Nous auroit eſté preſenté par aucuns
des deputez de la Nobleſſe, vn cahier eſcrit ſur papier,
qu'ils ont dict leur auoir eſté apporté par Maiſtre
Pierre du Freſne, à preſent Procureur fiſcal de iuriſdiction de Rohan, cõtenant les vſances locales & Couſtumes particulieres de la ſeigneurie & Vicõté de
Rohan, daté du xvi. iour de May preſent mois, ſigné
Roger, Bouuin, Gaſchair, Dalbré, Buzaud de Lelmee
& autres officiers de la iuriſdictiõ de Ploermel: Nous
requerant qu'euſsions faict inſerer leſdits articles au
liure de ceſte reformatiõ, au titre des Vſances locales,
pour ſeruir de lóy à l'aduenir. Et apres auoir veu &
faict lire vne requeſte ce meſme iour, preſentee par
Maiſtre Nicolas Vaſſault, & de luy ſignee cõme Procureur du Seigneur Vicomte de Rohan, Prince de
Leon, & Comte de Porhouet: par laquelle il remon-
ſtroit que à cauſe du Vicomté de Rohan, Principauté
de Leon, Cõté de Porhouet, & autres ſes terres & ſeigneuries ſituees en ce pays, il auoit pluſieurs fiefs, dõ-

maines congeables, vsement & autres droits particuliers, ausquels n'a esté touché par les precedentes re-
formations des Coustumes, ains luy ont esté specia-
lemét reseruez, & à ses Officiers, hommes & subiects.
Ce qu'il supplie & requiere qu'il soit faict par la presente reformation, autremét il auroit dict s'opposer.
Protestant que quelque reformation que l'on face de
ladite Coustume, elle ne luy pourra nuire, deroger, ny
preiudicier à ses anciens droits & vsements, de tout
temps gardez, & particulieremét obseruez en ses terres & seigneuries. Et de la presente requeste, opposition & protestation, ordonner luy estre deliuré acte,
pour luy seruir, ainsi que de raison. Aurions ordonné
ledit cahier des vsements du dómaine cógeable, estre
cómuniqué audit Vassault Procureur dudit Seignr de
Rohan, pour luy ouy, ordóner ce qu'il appartiédroit.

Auriós aussi veu & faict lire vne autre requeste pre-
sentee par Maistre Michel du Quellenic, & de luy signee, comme Procureur de Iean Marquis de Couetquen, Comte de Combourg, Baron du Vautifier, Seigneur Chastelain d'Vsel. Par laquelle il requeroit que
les droits & priuileges qui de tout téps ont esté gardez & obseruez en la Vicomté de Rohan, touchât les
vsements des dommaines congeables, & par conse-
quéce en sadite Chastelenie d'Vsel, qui est sous ladite
Vicomté, par luy, ses hómes & subiects, sóiét maintenuz gardez & obseruez en ladite Vicomté de Rohan.

Et le xxi. iour dudit mois, estans en ladite assemblee aucuns desdits Estats nous repeterét la requeste
qu'ils nous auoiét auparauant faicte, qu'eussions veu
les Cahiers & articles qu'ils nous auoient auparauát
presentez, concernans les vsements desdits dommaines congeables, à ce qu'ils fussent rédigez par escrit, &

adiouſtez au liure de la Couſtume, pour eſtre gardez
& obſeruez en cedit pays: ou bien qu'euſsions decerné noſtre cómiſsion au premier des Conſeillers de la
Court, ou autres luges, pour informer de la verité deſdits vſemens, & contenu auſdits cahiers. Sur quoy
Maiſtre Nicolas Vaſſault au nom dudit Seigneur de
Rohan, nous auroit preſenté vn eſcrit ſigné de luy,
lequel nous aurions à ſa requeſte, faict lire. Au cótenu
daquel nous auroit requis vouloir auoir egard, pour
la conſeruation des droits dudit Seigneur de Rohan,
& iceluy rapporter & inſerer en noſtre proces Verbal.
Ce qu'auions ordouné & remis à faire reſponſe ſur
leſdits cahiers faiſans mention deſdits dommaines
cógeables,& remóſtrance dudit Vaſſault, en l'aſſemblee generale deſdits Eſtats, en laquelle ſe feroit la
publication des Couſtumes par nous reformees. Enſuyt la teneur dudit eſcrit. Vaſſault Procureur du
Seigneur Vicomte de Rohan, Prince de Leon, Comte
de Porhóuet, & autres grandes terres & ſeigneuries.
Reſpondant au cahier enuoyé à Meſsieurs les Commiſſaires reformateurs de la Couſtume de ce pays &
Duché de Bretagne, par les luges & Officiers de
Ploermel eſtant en date du xvi. iour de May, 1 5 8 0.
preſenté à meſdits Sieurs les Cómiſſaires, le xix. iour
dudit mois de May, & ordóné ledit iour eſtre cómu-
nicqué audit Vaſſault Procureur dudit Seigneur de
Rohan, ſuyuant l'ordónance de meſdits ſieurs les reformateurs ledit xix. May. Signé Gautier.

Dict & remóſtré n'auoir charge dudit Seigneur de
Rohan, que de s'oppoſer, comme il a faict, à ce que
quelque reformatió que l'on face de la Couſtume de
ce pays & Duché de Bretagne,ǝ ce ſoit ſans preiudice de ſes anciens droits & vſemens particuliers, tant

patrimoniaux qu'autres, de tout temps gardez & obferuez en fes Vicóté de Rohan, Principauté de Leon,
Côté de Porhouet, & autres fes terres & feigneuries, à
laquelle fin ledit Vaffault audit nom auroit cy deuát
prefenté fa requefte, cótenant fon oppofition & pro-
teftation: laquelle il auroit requis & requiert encores
à prefent eftre rapportee au proces Verbal de mefdits
fieurs les Commiffaires reformateurs de ladete Couftume. Et du tout luy en eftre decerné acte.

Difant outre, & remonftrant ledit Vaffault audit
nom, qu'il ne feroit raifonnable d'adioufter foy au cahier enuoyé par les Iuges & Officiers de Ploermel, &
par eux figné: fçauoir eft, par le Senefchal, Alloué,
Subftitut, & quelques Aduocats & Procureurs audit
Ploermel, d'autant qu'ils font parties formelles côtre
ledit fieur de Rohan, pour l'entreprinfe qu'ils font
iournellement fur fes iurifdictions, & fes Officiers en
icelles, dót mefmes y en a proces pédant en la Court.
Et pour bien móftrer leur affectió, & que l'enuoy dudit cahier n'eft pour le zele de la iuftice, ains pour
quelque autre affection particuliere, ledit cahier eft
enuoyé de leur auctorité, & fans cómiffion ne information deuement faicte, & à l'appetit defdits Iuges &
Officiers dudit Ploermel, & quelques autres particuliers qui voudroiét s'attribuer droit au prejudice dudit Seigneur de Rohan, & luy prejudicier & deroger
à fes deoits particuliers, & anciés priuileges de tout
téps gardez & obferuez en ladite Vicomté de Rohan.

De tout quoy ledit Vaffault, audit nom, pareillemét
a requis luy eftre decerné acte, & le tout inferé & rapporté audit proces Verbal, pour feruir & valoir audit
Seigneur de Rohan en temps & lieu, ainfi que de raifon: & qu'il ne foit rien faict en tout & par tout á fon
prejudice. Signé Vaffault.

Nous auroit aussi esté ledit iour xxi. de May, presenté requeste par Maistre   Procureur de Toussaincts de Beaumanoir, Baron du Pont,
seigneur du Besso, Vicôte du Fou, &c. tant pour luy q̃
côme curateur de la Dame de Limoellan sa femme,
par laquelle il requeroit que ce q̃ seroit de nouueau
introduict en ladite reformation, tant pour les partages qu'autres anciens droits particuliers, desquels
eux & ceux de leur maison & famille sont de tout
temps en possession, fust declaré non prejudiciable à
eux ny à leur posterité. Dequoy luy aurions decerné
acte, pour luy seruir ainsi que de raison.

Seroit aussi le mesme iour venu par deuers nous en
nostre salle ledit Messire François Thomé Euesque
de S. Malo, accōpagné desdits Boucher Tresorier de
l'Eglise de Renne, & Fauerel Chantre de Dol, lequel
nous auroit remonstré l'effect & côtenu d'vne requeste, laquelle il nous auroit baillee par escrit. Et requis
que pour la conseruation des droits de l'Eglise elle
fust rapportee & transcrite en nostre procés Verbal: de
laquelle la teneur ensuyt. A Messieurs les Cōmissai-
res du Roy & les deputez par les Estats de ce pays &
Duché de Bretagne, ordonnez tous vniemēt pour la
reformatiō de la Coustume & droits municipaux dudit pays. L'Estat de l'Eglise vous remonstre que de
tout temps immemorial & par Coustume deuement
prescrite, les Euesques ont droit par eux, leurs Vicaires ou Officiers, & en sont en possession, d'auoir iurisdiction & cognoissance des Testaments, legats ordonnez par les gens de bien, pour œuures pies, leur
appartenir aussi l'audition & examen des côptes des
Fabriques, Marguilleries des parroisses, fors & reserué ce qui concerne les deniers des tailles, fouages &

autres qui s'esgaillent & leuent sur le peuple, pour la
seruice & secours de sa Maiesté. Aussi qu'oncques les
Euesques & autres Prelats de cedit pays, ne furent
trauaillez ou chargez pour les fraiz & despenses des
Clercs, Prestres & Religieux, prisonniers quelque part
que ce fust, sinon depuis la denonciation & demande
du renuoy, lequel accordé, le proces sera faict & parfaict ausdits prisóniers, aux prisons desdits Euesques
par leurs Officiers, conioinctemét auecques les Officiers laiz, si le cas le requiert, sans qu'autrement ils
puissent estre tenuz bailler vicariats : sinon au cas de
l'ordónance de Bloys article LXI. Plus auoir mesmes
par les anciénes Coustumes de ce pais, plusieurs droits
tant pour la iurisdictió Ecclesiastique, priuileges, im-
munités, fráchises, & libertés de l'Eglise, que lesdits
Ecclesiastiques desireroient leur estre entretenuz &
mis au corps de la Coustume: ou pour le moins qu'il
ne soit aucune chose innouee & ordónee au cótraire,
de la teneur, effect, & substáce de ladite anciéne Coustume, au prejudice de l'Eglise & desdits Ecclesiastiques, sans aucunement auoir egard à la reformation
de la Coustume faicte l'an 1 5 3 9. lors que la malice
du temps, qui tant de malheur a tiré apres soy en ce
Royaume, & principalement sur ledit estat Ecclesiastique, cómençoit à pulluler : parce que ceux dudit
Estat se confiás en Dieu, esperát que leur Roy & sou-
uerain Seigneur par sa debonnaireté, clemence, pieté,
& iustice, & titre de tres-chrestien, les voudra main-
tenir en tous leursdits droits, priuileges & libertés.
Parquoy, s'il vous plaisoit ordóner quelque chose au
contraire, s'opposent lesdits de l'Estat Ecclesiastique,
& vous suppliét humblemét, mesdits Sieurs, receuoir
& admettre leurdite opposition. Et au cas q voudriez

paſſer outre, s'en portent appellans au Roy, & à ſon
priué Conſeil. Vous ſuppliant humblement faire
faire rapport de tout ce que deſſus en voſtre proces
Verbal, & de faire eſcrire & enregeſtrer par le Greffier de ladite reformation, & leur decerner acte de
leurſdites oppoſitions & proteſtations, à la conſeruation des droits de l'Egliſe.

Et le xx. iour du mois d'Aouſt enſuyuant, 1580.
Nouſdits de Bourg-neuf, Brullon, & Glé, continuant
l'execution des lettres patentes de noſtredite cómiſſion, par leſquelles eſt mandé faire lire & publier ce
qu'auroit eſté par nous faict, aduiſé, & arreſté ſur leſdites Couſtumes, reformatió & redaction d'icelles en
la prochaine aſſemblee generale & ordinaire des trois
Eſtats de cedit pays, Aurions à ceſte fin, & auſſi pour
aduertir ceux qui pretendent aucunes vſances locales, couſtumes, ou droits particuliers contraires auſdites Couſtumes generales, qu'ils euſſent à les venir
propoſer & verifier par deuá, noſ auſdits Eſtats, faict
expedier & enuoyer par tous les ſieges Royaux de cedit pays noſtre cómiſſió, de laquelle la teneur enſuit.

Les Cómiſſaires deputez par le Roy, pour la reformatió de la Couſtume de ce pays & Duché de Bretagne, au Seneſchal de   ou ſon Lieutenant, Salut. Cóme dés le mois d'Auril & May derniers, nous
ayons auecques les deputez des gens des trois Eſtats,
& autres notables perſonnages, qui ſe ſeroiét trouuez
en ceſte ville pour aſſiſter à la reformation de ladite
Couſtume, dreſſé & arreſté en leur preſence, vn liure
Couſtumier, côtenant ce qu'a eſté reformé, declaré &
interpreté des anciennes Couſtumes, ou de nouueau
adiouſté à icelles: lequel, ſuyuát ce que nous eſt mandé par les lettres patentes de noſtre commiſſion, il

soit besoin faire lire & publier à la prochaine assemblee d'Estats generaux de cedit pays. Et pour ce vroir
faire, y appeller derechef tous les Euesques, Chapitres, tant d'Eglises Cathedrales que Collegiales, Abbez & Prieurs conuentuels, les Seigneurs, Barons, Comtes, Vicomtes, Chastelains, & autres Nobles, ensemble
les Procureurs des villes & communautez, & tous autres de cedit pays, qui peuuent auoir ou pretendre interest. A ces causes, vous mandons & enioignons en
vertu du pouuoir à nous donné par sa Majesté, que
vous ayez à faire sçauoir & publier tant à iour d'au-
diéce en vostre siege, qu'à ban, son de trôpe & cry public à iour de marché en vostre ville, que à la prochaine assemblee des Estats generaux & ordinaires de cedit pays & Duché, en quelque ville & lieu qu'ils tien-
nêt, il sera par nous procedé à la publicatiô des Coustumes, ainsi que dict est, de nouueau corrigées, reformees & interpretees. Vous mâdons aussi par ces presentes, qu'ayez à faire publier que tous lesdits Euesques, Chapitres, Seigneurs, Barôs, Côtes, Vicôtes, Chastelains & autres nobles, ceux des villes, cômunautez
& tous particuliers habitâs d'iceluy pays, de quelque
estat & côdition qu'ils soient, qui pretêdent quelques
vsances & Coustumes locales, & particulieres, droits
patrimoniaux ou autres qui ne sont escrits au liure
des anciennes Coustumes, ayent à se trouuer, si bon
leur semble, ou Procureurs pour eux, à ladite assemblee d'Estats, pour ouyr & entendre la publicatiô desdites Coustumes, articuler & verifier leursdites vsances, Coustumes, ou droits particuliers, si aucuns ils
ont, & dire ce que bon leur semble. a, afin d'estre par
nous reglee, ainsi que de raison. Leur intimant que à
faute à eux de le faire, ne seront à l'aduenir receuz à
proposer

proposer ny alleguer autres Coustumes que les generales qui seront publiees ausdits Estats generaux: lesquelles auront lieu & seront loy contre eux, comme
contre les autres habitans de cedit pays. De laquelle
publication & proclamation vous nous enuoyerez
l'acte pour nous seruir au faict de nostredite commission, ainsi que de raison. Vous donnant de ce faire pouuoir & comission. Faict à Rennes le xxi. iour
d'Aoust, mil cinq cent quatre vingts.

Suyuant laquelle assignatió, Nousdits Cómissaires
& Iacques Foucault Conseiller & President aux Enquestes de ladite Court, aussi nommé & commis par
lesdites Lettres patentes de cómission, nous seriós le
xvi. iour d'Octobre oudit an, trouuez en la ville de
Ploermel, en laquelle auoit esté faicte, par commáde-
ment du Roy, la conuention desdits Estats generaux.
Auquel lieu se seroient aussi trouuez lesdits Budes
procureur General, & d'Argentré Seneschal de Rennes, & estás to⁹ ensemble en ladite ville de Ploermel,
seroiét venuz par deuers nous Messire Pierre Poullé
Abbé de S. Iean Desprez lez Iosselin, Pierre de Bardy
Archidiacré de Lamee en l'Eglise de Nátes, les sieurs
Comte de la Maignane & du Plessis Iosso, maistre
Rolland Charpentier, & Yues Tallon procureurs des
Bourgeois & deputez des villes de Nantes & Vénes,
lesquels nous auroient dict auoir esté cómis par les
gens desdits trois Estats, qui estoient assemblez au
Conuent des Carmes dudit Ploermel, & enuoyez par
deuers nous de leur part, pour nous demander le cahier de la reformation de ladite Coustume, qui auoit
esté par nous & leurs deputez arresté & signé à Rennes és mois d'Auril & May derniers, afin d'en auoir
lesdits des Estats communication, & iceluy voir meu-
remét, & que Messire Nicolas l'Angelier Euesque de

k

S. Brieuc auoit esté cõmis par le corps desdits Estats,
auecques aucuns autres particuliers dudit Clergé, de
la Noblesse, & tier Estat, pour veoir ensemble ledit
Cahier, & apres en faire leur rapport en leur dite assemblee generale. Suyuant laquelle requeste nous aurions enuoyé audit Euesque de S. Brieuc, par ledit
Gautier nostre Greffier, vne copie dudit Cahier, par
luy collationnee & signee. Et le xx. dudit mois d'O-
ctobre seroient retournez par deuers nous lesdits deputez, lesquels nous auroiét dit auoir veu la copie du
Cahier de ladite reformatiõ, laquelle leur auiõs faict
bailler par nostredit Greffier, & mis par escrit par forme de remonstrance, ce que leur auoit semblé deuoir
estre changé, corrigé, ou esclarcy sur aucuns articles
d'iceluy cahier. Lequel escrit ils nous auroiét presenté, & requis ꝗ sur lesdites remõstrances leur eussions
faict responfe aussi par escrit auparauant conclure &
publier le Cahier de ladite reformatiõ. Et apres auoir
veu ledit escrit, leur auriõs dict ꝗ lors ꝗ serions lire &
publier en l'assemblee generale desdits Estats, ledit cahier de ladite reformatiõ, ils pourroiét enlendroit de
la lecture des articles, sur lesquels ils ont trouué à dire, pour l'augmétatiõ, eclarcissement ou diminution,
dire & proposer de viue voix leurs raisons, & faire telles remõstrãces & requestes ꝗ bõ leur sembleroit : sur
lesquelles nous leur seriõs respõces & pouruoiriõs sur
le chãp, par l'aduis mesme de ceux de la ladite assemblee, en laquelle leur auriõs dict qu'entédiõs aller sur
les deux heures de l'apres-midy du mesme iour, pour
cõmencer la lecture & publication dudit cahier, afin
qu'ils en eussent aduerty les gens desdits Estats, ce ꝗ
aussi aurions faict publier à cry public en ladite ville.
Et à ladite heure nousdits Cõmissaires & ledit Procureur general, serions entrez en la grand'salle dudit

Conuent des Carmes, où aurions trouué les gens desdits trois Estats assemblez en grand nombre. Et apres auoir faict lire par ledit Greffier les Lettres patentes du Roy, de nostredite commissió, & les nostres particulieres cy deuant inserees, contenant l'assignation par nous donnee ausdits Estats generaux, pour y faire publier le Cahier de ladite reformation. Ledit Procureur general auroit remóstré cóme auecques les deputez desdits Estats il auroit esté par nos dés le mois d'Auril & May derniers, procedé à la reformatió desdites Coustumes, & que pour icelles voir presentemét publier en ceste assemblee d'Estats generaux, tous les Euesques, Abbez, Prieurs, Conuents, Chapitres & autres Ecclesiastiques: mesmes les Ducs, Côtes, Vicótes, Seignrs, Chastelaís, & autres nobles, & les Procureurs des villes & cómunautez de ced.pays, y auroient esté, enuertu de nostred. cómissió du xxj.d'Aoust dernier, assignez par les bánies & proclamatiós qui en ont esté faictes par toutes les villes & iurisdictions Royales de cedit pais. Requerás q̃ ils fussét presentemét appellez en general, & par chacun Euesché: Ce q̃ auriós ordóné este faict par le Herault desdits Estats. Auquel appel ont cóparu pour le clergé de l'Euesché de Rénes, messire Pierre Allain Archidiacre du Desert en l'Eglise de Rénes, & Recteur de Ballazé, Procureur des Euesque, Chanoines, & Chap. de Rénes. De l'Euesché de Nátes Messire Pierre de Bardy, Chanoine & Archidiacre de Lamee en l'Eglise dudit Nátes. De Dol, ledit messire Pierre Allain, aussi Chanoine en l'Eglise de Dol. De S. Malo, Reuerẽd pere en Dieu Mess. Fráçois Thomé Euesque dud. lieu, ledit Mess. Pierre Foulle Abbé de l'Abbaye de S. Iean Desprez De Cornouaille, maistre Yues Toulalen Chanoine & Chantre en l'Eglise dud. Cornouaille: pour les Euesq̃, chanoines, & chap. dudit

k ij

lieu. De Veūnes, Mesſire Iean Guynot Chanoine en
l'Egliſe dudit lieu, & maiſtre Loys Theart, procureur
de meſsiro Hector Paoul Scoti, Abbé cómendataire
de l'Abbaye de S. Saūueur de Redon. Pour le Clergé
de S. Brieūc, Reuerend pere en Dieu meſsire Nicolas
l'Angelier, Eueſque dudit lieu. Pour les Eueſque, Cha
pitré, & autres Ecclefiaſtiques de Leon, n'auroit aucū
cópara. Et pour l'Eueſque & Chap. de Treguer, meſsi
te Guillaume du Helgouet chanoine de ladite Egliſe.

Et pour l'Eſtat de la Nobleſſe dudit Eueſché de
Rennes, ont comparu maiſtre Guy Meneuſt, ſieur de
Brequiny, Aduocat en la Court de Parlement, Con
feiller & procureur General en ce pays, de la Royne
mere du Roy, Dame vſufructiere de la Baronnie de
Foulgeres, & des ſeigńries de S. Aubin du Cormier
& Liffié, maiſtre Guillaume Godet, ſieur de Booz,
Aduocat en ladite Court, procureur du Seigńr Côte
de la Val, Montfort & Quintin, Baron de Vitré, Vi
comte dudit Rennes,&c. lequel audit nom a proteſté
que quelque reformation qui ſe face de ladite Cou
ſtume, elle ne pourra nuyre ne prejudicier aux droits
patrimoniaux, priuileges anciens, vſements locaux &
particuliers dudit Seigńr de la Val, uy de ſes droits de
Preuoſté, exemptions & immunitez de luy, les hom
mes & vaſſaux, ſans prejudice de laquelle proteſtatió
generale, dont a demandé acte luy eſtre deliuré, a dit
qu'il repetoit les oppofitions par luy cy deūant for
mees au nom dudit Seigneur de la Val, côtre certains
articles rapportez en ladite Couſtume reformee, ſur
leſquelles a requis luy eſtre faict droict. Ledit Me
neuſt procureur de meſsire Charles de Coſſé, Comte
de Briſſac, & Seigńr de la Guerche, & de dame Iudith
d'Acigné ſa femme, dame d'Acigné, Maleſtroit, Cha
ſteaugiron, Fótenay, la Greſillonnaye, Chaſteauloger,

Polligné, messire Iean Rosmadec chevalier, seigneur
du Plessis Iosso, procureur de Iacques sire de Seuigné,
encore ledit Menenst procureur de messire René de
Teillac & de dame Loyse d'Espinay sa femme, sieur
& dame du Bois-dulliées, de la Fôtaine, messire François du Gué, sieur Vicomte de Mejusseaume & de la
Gaudinaye, &c. Cheualier de l'ordre du Roy, Capitaine & Gouuerneur de Rennes, & Sous-lieutenant de
cent lances des ordonnances du Roy, sous la charge
de Monsieur le Duc de Montpensier, Pair de France,
Gouuerneur & Lieutenant general pour sa Maiesté
en ce pays, messire Iulien Botherel sieur Vicôte d'A-
pigné aussi cheualier de l'ordre du Roy, Messire René de Lágao, sieur du bois-Feurier, cheualier de l'ordre du Roy, Messire Robert du Bois Cheualier, sieur
du Bois-de Pacé, Noble hôme Antoine de la Bôue-
xiere, sieur de Beauuais Bourg-batré, le sieur du Plessis d'Argétré, messire Iean l'Euesque aussi Cheualier
de l'ordre du Roy, sieur de la Silládaye, & de la ville-
Briéd, Ieã du Han Escuyer, sieur de la Metterie, Guillaume Froumont Escuyer, sieur de la Hallegroyere.

De l'Euesché de Nantes, maistre Loys de Cadillac
sieur de la Marche, licentié aux droits, Alloué & Iuge
ordinaire de la Vicôté de Rohan, & Pierre du Fresne
sieur de Kæruadio, procureur fiscal en ladite Vicôté,
procureurs speciaux du Seigneur Vicôte de Rohan,
Prince de Leon, Comte de Porhouet, &c. Lesquels ont
reperé les precedentes oppositions & protestations
faicte par deuãt nous au nom dudit Seigneur de Rohan Et y ont persisté à ce que par la reformation qui
auroit esté cy deuãt faicte, ou se feroit cy apres, il ne
soit prejudicié, derogé, ne innoué aux ançiénes Cou-
stûmes particulieres & vlemens locaux, droits, libertés, & priuileges qui luy appartiennent, & dont luy,

ses hommes & vassaux ont droit & sont en possession
de iouyr & vser, Messire Claude Anger, Seigneur de
Crapado & de la Chauuelliere, &c. Cheualier de l'ordre du Roy, & Gentilhomme ordinaire de sa chambre, Messire Bonauêture de la Musse Cheualier sieur
de la Musse, de la Chese girault, &c. Messire Charles
de Plouer sieur du bois Rouault, Cheualier de l'ordre du Roy, Messire Claude du Breil sieur de la Mau-
uoisiniere aussi Cheualier de l'ordre de sa Maiesté,
Messire Pierre de la Motte aussi Cheualier de l'ordre du Roy, sieur de Longlee, Montigny, &c. Gentil-
homme ordinaire de la Chambre du Roy, François
du Brue Escuyer sieur de Guilliers.

De l'Euesché de sainct Malo, Maistre Pierre le
Gouesbe Procureur special de Messire Philippes du
Ruffec Seigneur dudit lieu, Baron de Sens, seigneur
de sainct Brice, Vicomte du bois de la Roche, Cheualier de l'ordre du Roy, Conseiller en son Conseil priué, Capitaine de cinquante lances des ordonnances
dudit Seigneur, Gouuerneur pour sa Maiesté au pays
& Duché d'Angoulmois, Iacques Picault sieur de
Morfouace, Procureur special de Messire Amaury
Guyon, Baron de la Moussaye, Comte de Plouer, &c.
Cheualier de l'ordre du Roy, Capitaine de cinquante lances des ordonances de sa Maiesté, Messire Claude Rosmadech aussi Cheualier de l'ordre de sa Maiesté, sieur des Chapelles de sainct Iouan, & de Ros,
Messire Iean d'Auaugour, sieur de sainct Laurens, &
du bois de la Motte, Messire Iean le Bouteiller, sieur
des Landes & de Maupertuys, Cheualier de l'ordre
du Roy, & Capitaine des Gentils-hommes de l'Euesé-
ché de Dol, Messire François de Menterfil sieur dudit lieu aussi Cheualier de l'ordre de sadite Maiesté,
Noble homme Gregoire de Trecesson sieur dudit

lieu, Meſsirs Georges Thomas, ſieur de la Coſnelaye
& de Vauuoiſe, auſsi Cheualier de l'ordre du Roy,
Gentil-homme ordinaire de ſa chambre,& Enſeigne
de cinquante lances des ordonnances de ſa Maieſté,
ſous la charge du Seigneur de la Hunaudaye,Iean du
Guigny ſieur de la Garoullaye & de Bonaban , Gilles
du Guigny ſieur de Queheon, Capitaine de Ploermel, Meſsire François de Tremigon. auſsi Cheualier de l'ordre du Roy, ſieur de Langan, Nobles
homs Loys le Preſtre ſieur de Lezonnet, Capitaine
des ville & Chaſteau de Concq, Meſsire Pierre Bre-
hault Cheualier de l'ordre du Roy,ſieur de la Riuie-
re & de Malle-uille, Noble home Iean Vuiuart ſieur
de la ville Voiſin,   de Plumaugat,
Eſcuyer ſieur de Treueleuc.

    De l'Eueſché de Cornouaille, Meſsire Iean Roſ-
madech,ſieur du Pleſsis Ioſſo , Procureur ſpecial du
ſieur Baron du Pont & de Roſtrenen, Vicomte du Fou
& du Beſſo,Meſsire Troillus du Meſcouet, Marquis
de Coetremoel, Baron de la loueuſe garde, Cheualier de l'ordre du Roy, Gentil-homme ordinaire
de ſa chambre, Capitaine & Gouuerneur des ville
& chaſteau de Morlaix, Meſsire Nicolas de Tiuarlen ,ſieur de Kærharro, auſsi Cheualier de l'ordre
du Roy, Meſsire Iean de Pleuc Cheualier ſieur de
Brignon , Vincent de Rimaiſon Eſcuyer ſieur de
Beaucours.

    De l'Eueſché de Vennes, Meſsire Claude Roſma-
dech Cheualier de l'ordre du Roy, ſieur des Chapelles,Procureur ſpecial de Dame Marguerite de Beaumanoir, tutrice de Baſtien Roſmadec, Seigneur de
Mollac, de Roſmadech, de Tiuarlen. Lequel audit
nom a dit s'oppoſer à la reformatió deſdites Couſtumes,en ce que par icelles ſeroit derogé ou innoué aux

                    k iiii

droits, priuileges, prerogatiues & preeminences dont elle a accoustumé de iouyr & vser. Messire Iean Papin, Cheualier sieur de Pontquallec, de Quisstre, & de Brignac, messire Iean Rosmadec cheualier sieur du Plessis Iosso, & de Lesnehué, messire Vincent de Kæruenno cheualier de l'ordre du Roy, sieur dudit lieu, de Baud, & de Kærlan, Nobles homs Iacques de Rimaison sieur dudit lieu, & du Trest, Tanguy Henry Escuyer sieur de Quingo, Iean du Bodeu Escuyer sieur de Kærgantel,   le Seneschal Escuyer sieur de Kærcado, Loys du Bodeu Escuyer sieur du Kærdreho, Oliuier Ezuenart Escuyer sieur de Kærangat, Iean le Mousnier Escuyer sieur de Gemarut, Abel du Houle Escuyer sieur de Trouscorf, & Guillaume Philippes Escuyer sieur de Resto.

De l'Euesché de sainct Brieuc, sont comparuz maistre Iean le Gascoing, se disant procureur du Seigneur Baron d'Auaugour, de Goello, lequel auroit dict s'opposer pour ledit sieur, à ce qu'il ne soit rien faict ne innoué au prejudice de ses droits patrimoniaux & vsements de sa seigneurie de Goello, Messire Anne de Sanzay Comte de la Maignanne, Seigneur de Mollac, &c. Cheualier de l'ordre du Roy, Gentilhomme ordinaire de sa chābre, Capitaine & Gouuerneur de l'Isle de Narmoustier, lequel a dict s'opposer à la publication que l'on veut faire desdites Coustumes, en ce que par icelles seroit faict aucun preiudice à ses droits & priuileges tāt hereditaux q̄ particuliers, & audit cas a protesté d'appeller & se pouruoir cóme il appartiédra, Messire Thomas du Guemadeuc Seignr dudit lieu, de Quebriac & de Belozac, Vicóte de Rezay, Cheualier de l'ordre, & se disāt grād Escuyer hereditaire de Bretagne, par maistre Georges Bardoul, Escuyer, sieur de la Ville-picault,

PROCES VERBAL.

Notaire Secretaire du Roy, ſõ Procureur, Meſſire Iacques le Vayer Cheualier de l'ordre du Roy, Seigñr de Tregomar, Enſeigne de cent lances des ordonnances de ſa Majeſté, ſous la charge du Duc de Lõgue-ville, Meſſire Chriſtofle de la Roche, ſieur de la Touche-trebrit Cheualier de l'ordre du Roy, noble hôme Iean Maupetit ſieur de la Ville-maupetit Cheualier de l'ordre, Gentil-hôme ordinaire de la Chambre, Capitaine & ſurintendant des pôrts & haures de ſainĉt Brieuc.

De l'Eueſché de Leon, Meſſire Loys Seigñr de Kærmanen & du Serizplous, Meſſite Vincent de Ploduá Cheualier de l'ordre du Roy, ſieur du Tymeur.

De l'Eueſché de Treguer, nobles homs Pierre de Courtadren ſieur dudit lieu, Iean Loz Eſcuyer ſieur de Kærgoenton, & Geoffroy de Lanloup Eſcuyer, ſieur de Kæreabin & de Runezeuſit.

Pareillemẽt auſſi ont cõparu pour le tier eſtat maiſtre Gilles Lezot ſieur de la ville Geoffroy, procureur des Bourgeois manans & habitans de Reñnes, maiſtre Anthoine de Brenezay Maite, & Rolland Charpẽtier procureur des Bourgeois manãs & habitãs de Nãtes, Allain Guillaume, & Iean Ioſſet Procureurs des Bourgeois & habitans de la ville de S. Malo, maiſtre Yues Tillon & Iean Chefdaſne procureurs des Bourgeois & habitãs de Vennes, Michel Perrault procureur des Bourgeois & habitãt de Quimpercorétin, Michel Pômeret Procureur des Bourgeois & habitãs de S. Brieuc, maiſtres Iulien Charpẽtier, & Iean de la Houllé Procureurs des Bourgeois & habitans de Ploërmel, Guillaume Hamõ procureur des Bourgeois & habitans de Dinan, maiſtre Auguſte Bregel procureur des Bourgeois & habitans de Foulgeres, maiſtre Loys Theart procureur des Bourgeois & habitãs de Redõ, Iacques Bellec procureur des Bourgeois & habitãs de Henne bond, Guillaume le Bihan procureur des Bourgeois & habitans de Morlaix, Pierre de Kærandec pour Iean son frere procureur des Bourgeois de la ville d'Auray, Guy de Gennes & Iacques le Faucheux procureurs des Bourgeois manans & habitans de Vitré, maistre Pierre sourin procureur des Bourgeois & habitans de Guigamp, maistres René Roy & Iulien Iouan pour ceux de Iosselin.

Apres laquelle euocation ainsi faicte & côparution des cy deuât nômez, ledit Procureur general du Roy, mesmes ledit Syndic & Procureur des Estats auroiêt demandé default contre les non comparans, & requis que neantmoins leur absence, il fust passé outre à la publicatió du cahier desdites Coustumes par nous reformees. Et dit & ordonné qu'elles seroiêt tant par les côparans que defaillâs, gardees & obseruees pour loy generale du pays, Suyuant laquelle requeste, aurions donné default contre les non comparans, & ordonné qu'en l'absence des defaillans seroit auecques les presens par nous procedé à la lecture & publicatió du cahier de la reformation par nous faicte desdites Coustumes. Et outre aurions dict, que s'il y auoit aucuns qui pretédissent des vsements locaux, ou autres droits particuliers contraires, ils eussent à les dire & remonstrer en l'endroit de la lecture des articles qui les concerneroient: leur declarant qu'à faute de ce faire, ils en seroient par nous declarez decheuz. Les aurions aussi aduertis de nous dire en leur loyauté & côscience, ce qu'ils sçauoient de l'ancienne obseruation & prastique desdites Coustumes, & leurs aduis & opinions sur les difficultés qui s'y pourroient trouuer, sans aucune passion ny affection à leurs interests priuez & particuliers : ayant seulement egard à ce qui est de la iustice, & du bien public.

Faifant faire laquelle lecture par ledit Gautier noſtre Greffier, au Titre des Iuſtices & iuriſdictiós, article x. qui commence, *Pourront toutes perſonnes*, leſdits des Eſtats ont requis q̃ dudit article fuſſét rayez ces mots, *Et au cas que la prorogatió ſoit faicte par côtract, ny aura lieu de retraict de barre*, & au lieu d'iceux ſoit mis, q̃ (le Seigneur du reel pourra neátmoins ladite prorogatió & ſubmiſſion, auoir le retraict de ſes hômes, demandant iceluy retraict auparauant la conteſtation.) Et outre leſdits Meſſire Nicolas l'Angélier Eueſque de ſainct Briesc, & Godet Procureur dudit Seigneur de la Val, auroiét dit s'oppoſer pour leurs intereſts particuliers, & empeſcher que ledit article ſoit publié côme il eſt eſcrit au Cahier de ladite reformatió: nonobſtant leſquelles remonſtráces & oppoſitiôs, & ſans prejudice d'icelles, Aurions ordonné que ledit article demeureroit & ſortiroit effect, côme il eſt eſcrit audit Cahier.

Sur le xiiii. article cómençant, *Si le Seigneur inferieur &c.* ledit Godet a remonſtré que le delay qui eſt baillé aux Seigneurs inferieurs pour informer & decreter contre ceux qui aurôt delinqué en leurs iuriſdictions, eſt trop brief, & que c'eſt vn moyen d'attribuer la cognoiſſance de tous crimes aux Iuges Royaux : & par conſequence priuer les Seignŕs hauts iuſticiers dès amendes & côfiſcations qui leur appartiennét. Et a requis q̃ ledit téps de quinzaine fuſt prolongé. Et ſur le xxi. commençant, (Sergent executât ou exploictant pour ſon Seignŕ,) a auſsi requis qu'en le clarifiant fuſt adiouſté, que, *le Sergent feudé ou ſon commis pourront prendre ſalaire exploictant pour autre que ſon Seigneur, hors ſon fief & bailliage.* Sans auoir egard auſquelles requeſtes, aurions ordonné que leſdits deux articles demeureroient comme ils ſont eſcrits audit Cahier.

Sur le xliiii. & dernier article dudit Titre qui com-

mêce, *Le Seigneur n'a aucune chose, &c.* lefdits de la Nobleffe ont requis qu'à la fin d'iceluy fuft adioufté que
les Seigneurs pourront neantmoins faire exercer leur
iurifdiction & confection d'inuentaire fur leurs hommes conuenanciers, comme au paffé. Et pour ce que
cela depend des vfement & droits de dommaine congeable, leur auons dit qu'en donnant eeglement fur
iceux, feroit pourueu fur leur requefte.

Au titre des droits du Prince & au-
tres Seigneurs.

AV xlix. article dudit Titre qui cômence, *Les Seigneurs qui ont iurifdiction fur les hommes, &c.* y a efté
par l'aduis defdits des Eftats adioufté à la fin ce qui
enfuyt. (Et s'il n'y a deniers d'amendes, pourront les
Iuges defdits Seigneurs contraindre les poffeffeurs
des terres voifines de contribuer à la reparation defdits chemins : fi ledit Seigneur ou autres n'y font
d'ailleurs tenuz ny obligez

Sur le lx. ommençant, *En tous contracts de vente cens,
&c.* audit Titre, aucuns defdits des Eftats ont requis
que ledit article fuft rayé : difans, que ventes ne font
deuës & ne doiuent aftre payees des côtracts de cens:
mais bié des côtracts de feage felon l'article cccxliiii.
de l'ancienne Couftume, au Titre des fiefs. Et neantmoins aurions ordonné que ledit article demeureroit
comme il eft audit Cahier.

Sur le lxi. commençãt *Si le Seigneur proche acquiert,
&c.* Aucuns defdits des Eftats ont requis que, fuyuant
l'ancienne Couftume, il feuft dict que le Seigneur qui
acquiert les heritages de fon hôme en fon fief, ne paye-
roit que le tier des vêtes au Seignr fuperieur. Surquoy
leur auós dict que trouuãs bon que l'acquereur paye
le total des ventes, fans que le védeur en paye aucune

chose, côbien que par ladite ancienne Coustume ledit
védeur en deust payer les deux parts : il est par conse-
quent necessaire que le Seigneur qui acquiert de son
homme, paye le total des ventes audit Seigneur superi-
rieur. A ceste cause auons ordonné que ledit article
demeureroit comme il a esté leu & est audit Cahier.

Sur le lxvii. cômençant, *Quand aucun meurt en quelque*
aage que ce soit, &c. Aucuns desdits des Estats ont requis que ces mots estâs à la fin de l'article, (Et neantmoins quât ausdits bois taillis, & autres de reuenu, le
Seigneur aura le pris de ce qu'ils seront estimez valoir
en chacun an,) fussent rayez & ostez. Et neanmoins
ordonné qu'ils demeureröt. Et en ce que par ledit article est dict que les Seignrs qui ont droict de rachapt,
ne iouyront des Fuyes & Coulôbiers. Messire Pierre
Brullon cheualier Seigneur Chastelain de Beaumont
& de la Muce, tât en son nom que côme garde naturel
de Bastien Brullon escuyer Seignr de Tixuë son fils, a
dict s'opposer : & remonstra qu'il auoit droict & estoit
en bonne & immemoriale possessió, luy & ses préde-
cesseurs Seignrs desdits lieux & Chastelenies, de iouyr
en l'an du rachap des fuyes & coulôbiers de ses hommes & vassaux. Et a requis estre maintenu & gardé en
sesdits droicts, nonobstât ledit article. Auquel aurions
decerné acte desdites oppositiós & remôstrâces pour
luy valoir & seruir ainsi que de raison. Et neâtmoins
ordonné que l'article demeurera ainsi qu'il est escrit.

Au titre des despens & dommages.

SVr le clxxiiii. audit titre, Aucuns desdits des Estats
ont requis que pour euiter aux fraiz dôt les parties
sont vexees, fust ordonné que ceux qui sont côchuz
par deuant les Iuges de la iurisdiction superieure, s'ils
sout par lesdits Iuges côdamnez aux despens, lesdits

defpens ne foient taxez à plus grande fomme, ny les interefts plus e ʃimez que s'ils euffent efté pourfuiuiz & conuenuz que par la iurifdiction inferieure. Sans auoir egard à laquelle requefte, auons ordonné qu'il en feroit vfé comme on auoit faict au paffé.

Au titre des Prifages & appreciations.

EN l'article cclv. cômençant, *Les bois de haute fuʃtayes & e* audit Titre, A efté par l'aduis defʃdits des Eʃtats apres ces mots, *& autres parents,* adioufté (nobles.)

Au cclxvii. cômençât, *Tous leʃdits Seigneurs, leurs Chaʃtelains, & c* audit Titre, A efté auffi à la requefte & par l'aduis defdits des Eʃtats adioufté à la fin ce qui enfuyt, (Si ce n'eʃt en rente de graius payables par deniers feulement à certain iour, qu'on dit, rentes à l'apprecy : defquelles l'apprecy fera faict felon les trois marchez precedens le iour, auquel ledit apprecy fe doit & a accouftumé d'eʃtre faict, faifant defdits trois marchez vn commun pris.

Au titre des Appropriances, bannies & prefcriptions.

SVr le premier article dudit Titre, qui eʃt le cclxix. & commence, *On fe peut approprier, & c.* Leʃdits de la Nobleffe ont requis qu'il fuʃt introduict par Couftume que retraict lignager auroit lieu dans l'an & iour du contract, nonobftant l'appropriemét fait par bannies. Auons ordonné que lefdites bannies, certification, & appropriement, auront leur effect, comme il eʃt contenu audit article, & autres dudit titre.

Le cclxxvi. qui eʃt le viii. dudit Titre, & commence, *La forme cy deʃʃus, & c.* Leʃdits de la Nobleffe ont requis eʃtre rayé, d'autant qu'il contiét derogation aux vfements locaux, qui font commé droicts patrimoniaux des Seigneurs. Et en particulier ledit Seigneur du bois-Feurier a repeté l'opposition cy deuant par luy formee contre ledit article. De laquelle opposition luy auons adiugé acte pour luy seruir ce que de raison. Et neantmoins ordonné par prouision que la forme portee par ledit article sera gardee.

Sur le cclxxvii. audit Titre commençant, *Les banies d'heritages situez,* &c. Lesdits de la Noblesse ont requis que la certification des bänies & appropriemét, se feissent par deuät les Iuges de la iurisdiction, dont les choses sont prochement tenuës, & non de la iurisdiction superieure, Neantmoins auons ordöné que l'article demeurera comme il est escrit audit Cahier.

Sur le cclxxviii, qui cömence, *Action de crime,* &c. au mesme Titre, ledit Godet pour ledit Seigneur de la Val a requis qu'il fust dict par Coustume que l'actió dé crime ne se prescrira que par vingt ans, suyuant là disposition du droict ciuil. Auons neátmoins ordöné par l'aduis desdits des Estats, que la prescriptió qui est introduicte par l'ancienne Coustume, seroit gardee.

Au tit. des Premesses & retraict lignager

SVr le cccvi. qui est le ix. dudit Titre, & cömence, *Et au cas qu'il n'y auroit presme du ramage,* &c. a esté par l'aduis desdits des Estats apres ces mots, *au Seigneur ou son Procureur,* adiousté, (& qu'il eust payé ou offert iudicielemét audit Seignr, son Procureur ou Receueur, la court dudit seignr tenät, le deuoir de lodes & vétes.

Au titre des Fiefs, feautez & hömages.

SVr le cccliiii. article qui est le xxvi. dudit liure, commençant, *La saisie estant apposee,* &c. A esté par l'aduis desdits Estats, la clause qui commence, *Toutesfois,* iusques à la fin de l'article, rayee.

Le ccclvi. qui est le xxviii, dudit Titre, & cömence, *Si*

le Seigneur acquiert de son homme, lesdits des Estats ont requis que les mots qui ensuyuét, *Et si aucun estoit Seigneur des terres roturieres, & depuis il deuint Seigneur du fief, dont elles estoient tenues, demeureront neantmoins lesdites terres roturieres comme auparanant,* fussent ostez & rayez: à tout le moins declaré que cela n'auroit lieu contre les Nobles tenans lesdites terres en leurs mains. Et que sur le ccclv. qui est le xxxvi. dudit titre, & comméce, *Les hommes & vassaux ne peuuent, &c.* fust adiousté que les Seignrs pourrót s'addresser à vn seul tenácier & consort insolidum, pour le payement desdites rentes, sauf son recours contre les autres. Nonobstát lesquelles requestes & remonstrances aurions ordóné que lesdits deux articles demeureroient comme ils auoient esté leuz, & sont escrits audit Cahier.

Au titre des Mariages, Douaires & droits appartenans à gens mariez.

SVr le xxix. article dudit titre cómençant, *Fême gaigne son douaire, &c.* & autres faisans mention des douaires, Lesdits des Estats nous ont faict remonstrer par ledit le Porbeur leur procureur, ḡ ceux qui auoiét de leur part assisté auecques nous à ladite reformation és mois d'Auril & May derniers, auoient requis qu'il eust esté ordóné & introduict par Coustume, que le mary eust iouy par vsufruict, sa vie durát, de la tierce partie de l'heritage de sa femme apres le deces d'icelle. Et en auoient dressé vn article qui nous fut deslors presenté, pour estre inseré au Cahier de ladite reformation. Ce qu'aurions differé, & remis ledit article en la presente assemblee d'Estats generaux: lesquels y ayant deliberé, auoiét accordé que iceluy article, cóme leur semblant bien raisonnable, fust mis & adiousté au liure Coustumier, pour auoir lieu, tant

pour

pour les mariages ia faicts, que ceux qui se seroient
cy apres. A quoy ledit procureur General a dict s'opposer & empescher que telle Coustume qui est contraire à ce qu'a esté obserué tout le temps passé audit
pays, & par toutes les autres prouinces de ce Royaume, fust receue ny approuuee, pour le preiudice que
ce seroit aux enfans & autres heritiers desdites femmes. Lesquelles pour l'esperance dudit douaire plus
que pour autre cause honneste & raisonnable, seroiét
solicitees à conuoler en secondes nopces, & se marier à
hommes inegaux d'aage, biens, & qualité. Et pour
l'instance qu'ont faict au contraire lesdits des Estats,
Auons ordonné qu'ils se pouruoiroient par deuers
le Roy, pour en ordonner selon son bon plaisir.

Au titre des Mineurs.

APrés le ccccxciiii. qui est le dixieme dudit titre,
ont esté du consentement desdits Estats adioustez les trois articles qui ensuyuent.

Les enfans de famille, qui, sous l'aage de vingtcinq
ans, contracteront mariage contre le gré, volonté &
consentement, & au non sceu de leurs pere & mere,
pourront estre par leursdits pere & mere & chacun
d'eux, exheredez & priuez de leurs successions: sans
espoir de pouuoir quereller l'exheredation qui ainsi
aura esté faicte. Pourront aussi lesdits pere & mere
pour lesdites causes, reuocquer toutes donations &
auantages qu'ils auroient precedentement faicts à
leurs enfans.

Le pere estát decedé, les Mineurs de vingtcinq ans,
voulans contracter mariage, seront tenuz requerir &
auoir le consentement de la mere, tuteur, & proches
parens, auecques l'auctorité de iustice.

Et ceux qui seront conuaincuz d'auoir suborné fils

ou fille Mineur de vingtcinq ans , ſous pretexte de mariage, ou autre couleur, ſans le gré, ſceu, vouloir & conſentement expres des pere & mere, & des tuteurs, ſeront puniz de mort.

L'article vc. xxxvii. qui eſt le dernier dudit titre, a eſté plus clairement & intelligiblement eſcrit qu'il n'eſtoit audit Cahier, comme enſuyt.

Pere, mere, & autres perſonnes ſe pourront demettre en tout ou partie de la proprieté de leurs biens, auecques retention de l'vſufruiᶜt d'iceux , en leur heritier preſumptif principal & noble. Et ſera la demiſion bannie par trois iours de Dimanche conſecutifs, iſſues des grandes Meſſes, à la parroiſſe du domicile de celuy qui ſe demet , & autres parroiſſes où il aura maiſons, & par vn iour au prochain marché du domicile. Et ſerót leſdites demiſſós & bannies ainſi faiᶜtes, certifiees par deuant le Iuge du domicile. Et au cas que ledit Iuge du domicile ne ſeroit Royal , ſerót leſdites demiſions & bannies rapportees & leues en iugement du prochain ſiege Royal dudit domicile, l'audience tenant, & enregeſtrees au Greffe dudit ſiege. Et ce faiᶜt en la forme ſuſdite, les contraᶜts d'alienation qui ſeront faiᶜts depuis leſdites demiſion & bannies certifiees & regeſtrees, comme diᶜt eſt, ſeront de nulle valeur. Et neantmoins leſdites demiſions, le Seigneur iouyra des rachapts & autres profits de fief par le deces de ceux qui ſe ſont demis.

Au titre des Succeſſions & Partages.

SVr le vc. xli. qui eſt le quatrieme dudit titre, commençát, *Les maiſons, fiefs, domaines, &c.* qu'au lieu de ces mots, *domaines congeables, dependans de fief noble,* ſerót mis ceux qui enſuyuent, (*Les rentes de conuenant & domaines congeables nobles, &c.*) Et ſur le meſme

article apres ces mots, *Et aura l'aisné par precipu, &c.* seroit adiousté, [en succession de pere & de mere, & en
chacune d'icellelles.]

Sur les vc. xliii. xliiii. xlv. & xlvi. & autres articles
dudit titre, qui disposét des partages entre les nobles,
ledit Georges Bardoul seignr de la ville-Picault procureur dudit seignr du Guemadeuc & de Quebriac, &
Iacques Picault sieur de Morfouace procureur dudit
seignr de la Moussaye & de Plouer, auroient remonstré qu'eux & leurs predecesseurs seigneurs desdits
lieux, & d'autres nobles & anciénes seigneuries qu'ils
tiennent & possedent, se sont de temps immemorial
gouuernez noblement en leurs partages seló l'Asise
& ordonnance du Comte Geoffroy, & Coustume ancienne des nobles: qui est, que l'aisné ait la proprieté
& seigneurie de toute la successió, & les puisnez leur
contingéte portion par vsufruict, & à viage seulemér,
& les filles par heritage : & ɋ l'aisné recueille le tout
des successiós collaterales, sans que les puisnez fils ou
filles y prénent aucune chose. En laquelle Coustume
ont requis estre maintenuz eux & leur posterité : & où
il y seroit derogé, se sont opposez, & ont protesté d'attentat. A mesme fin, & pour mesmes causes, se seroit
aussi opposé ausdits articles maistre Pierre Bleinien
se disant procureur de Lancelot le Chenoir, seigneur
Chastelain de Couatezlan & de Couatcougar. Auriós
ordonné, que, sans auoir esgard aux oppositions desdits sieurs de la Moussaye & du Guemadeuc, & dudit
le Chenoir, les articles disposans des partages des nobles, auront lieu.

Sur le xii. article dudit titre, qui commence, *Entre*
l'aisné & les puisnez, faisant leurs partages, &c. lesdits des
Estats ont requis qu'il fust dict que les heritages qui
ont esté tenuz & possedez par quaráte ans par les ais-

nez ou leurs predeceſſeurs & autheurs nobles, fuſſent
cenſez & reputez nobles: & qu'au lieu de ce mot, *no-*
blement, fuſt mis, (nobles.) Auons dict que ledit article
demeureroit aux termes qu'il eſt eſcrit.

Sur le vic. lxxx. qui eſt le lvii. dudit titre, commençant, *Et ſi le decedé n'ha pere ne mere, mais ſeulement, &c.* a
eſté à la requeſte deſdits des Eſtats adiouſté à la fin ce
qui enſuyt. (Et où le decedé n'auroit frere ne ſœur,
ne autres qui les repreſentent, l'ayeul ou ayeule pre-
fereiôt les oncles & autres collateraux en leur eſtoc.

Au titre des Teſtaments & Legats.

SVr le premier article dudit titre, qui cômence, *Les*
Teſtaments ſerôt faiĉts par eſcrit, &c. leſdits des Eſtats
ont requis que la prouue des Teſtaments faiĉts ſans
eſcriture fuſt receue par teſmoins iuſques à la valeur
de cent liures vne fois payez. Sans auoir eſgard à laquelle requeſte auons ordôné ĝ ledit article demeureroit ainſi qu'il eſt eſcrit, ſans aucune choſe innouer.

Au titre des Crimes, amendes, &
confiſcations.

APres le vic. xxxv. qui eſt le vii. dudit titre, & commence, *Furt qualifié, &c.* a eſté à la requeſte deſdits des Eſtats adiouſté celuy qui enſuyt.

Ceux qui ſeront conuaincuz de larcin de cheuaux,
bœufs, ou autres beſtes de ſernice & labeur, ſeront
puniz de mort.

Sur le vic. xciii. article, qui eſt le penultime dudit
titre des Crimes, commençant, *Pluſieurſ Prelats, Eueſ-*
ques, Comtes, Barons, &c. leſdits des Eſtats ont requis ĝ
les mots adiouſtez à la fin dudit article, contenans,
ſinon en ce que expreſſement il y ſeroit derogé, fuſſent rayez,
diſant ĝ ce ſeroit abolir pluſieurs vſements & droiĉts

particuliers qui font outre & côtre aucuns articles de ceſte reformatió:leſquels toutesfois ont eſté receuz,& en ont ceux qui les pretédent,iouy & vſé de toũt téps, inſques à preſér,& ne peuuét leur eſtre oſtez,ſans leur faire grand prejudice. Et pour ce ont demandé qu'ils leur fuſſent reſeruez & exceptez, comme ils l'auroiét eſté par la reformatió faicte en l'an 1 5 3 9. Ce que pareillement ont ſupplié leſdits Godet au nõ dudit Seigneur de la Val, Theart procureur des Abbé & conuent de Redon, maiſtre Pierre Bleuin procureur des Abbé & conuent de Begar, & ledit ſieur du bois. Feurier & chacun pour leur intereſt qu'ils ont cy deuãt dit & propoſé. Auſſi ont leſdits des Eſtats remonſtré que ſur les articles & requeſtes qui nous auoient eſté preſentees dés le mois de May dernier,pour reigler & rediger en certaine Couſtume les droicts & vſements du domaine congeable,nous auriõs remis à y ordonner en ceſte aſſemblee generale des Eſtats,où ſe feroit la publication des Couſtumes reformees,ce qui eſtoit fort neceſſaire pour retrácher la longueur des proces, & ſoulager le peuple des grans fraiz qu'il eſt côtrainct de porter pour informer chacun iour deſdits droicts & vſeméts,à cauſe de l'incertitude, varieté,& diuerſité d'iceux. Et pource ont requis qu'il fuſt informé tát ſur les articles & memoires qui nous ont eſté cy deuant baillez,qu'autres qu'ils ont offert bailler encores à preſent. Et que l'informatió faicte leſdits droicts & vſeméts fuſſent reglez,eſcrits & inſerez à la fin du liure Couſtumier, auecques les autres vſances locales: leſquelles ils ont auſſi requis eſtre adiouſtees à ce liure Couſtumier, comme elles eſtoiét aux precedétes.

Surquoy apres auoir ouy le Procureur general qui auroit dit que tous ceux qui pretédent aucuns droits, priuileges & vſements particuliers, qui ne ſont com-

coprins en la Couſtume generale dudit pays, auoiét eſté
en vertu de nos cómiſsions enuoyees & publiees par
tous les ſieges Royaux de ce pays, deuémét appellez,
auec intimation qu'à faute à eux de cóparoir & venir
propoſer & verifier leſdits vſeméts, ils en ſeroient declarez decheuz & ſubiects à ladite Couſtume generale. Et a demádé defauts tant contre leſdits pretédans
droicts & vſeméts particuliers, que tous autres ſoient
gens d'Egliſe, de Nobleſſe, ou du tier Eſtat, qui ne ſont
cóparuz à ceſte reformation & publication de Couſtumes, auec tel profit que de raiſon. Auons ordonné
que ces mots, *ſinon en ce que expreſſement il y ſeroit derogé,*
demeureront à la fin dudit article. Et que les vſances
locales de Rennes, Goëllo, Vennes, ville & Comté de
Nantes, ſeront adiouſtees & eſcrites à la fin de ce liure
Couſtumier, comme elles eſtoient au precedent. Et
quant aux droicts & vſements de domaines congeables, que les faicts contenuz aux Cahiers, requeſtes &
memoires qui nous ont eſté preſentez, ſeront arreſtez
par eſcrit, ſous le ſeing du Procureur des Eſtats, ou
autre fondé de pouuoir & procuration valable, &
communicqué au Procureur general, pour ce faict,
y eſtre ordonné ce que de raiſon.

Et ce pendant ceux qui pretendront leſdits droicts
de conuenants & domaine congeable, en vſeront &
iouyront comme ils ont faict au temps paſſé bien &
deuément.

Et au regard dudit Seigneur de la Val, & Seigneur
du bois Feurier, que ſans prejudice de leurs oppoſitions, les articles demeureront & ſortiront leur effect
par prouiſion, ainſi qu'ils ſont eſcrits au Cahier de
ceſte reformatió Auſsi auons donné & deliuré defaut
audit Procureur general contre tous ceux qui n'ont
cóparu à ceſte reformatió, durát le temps des preſens

Estats ny seances, que nous y auôs vacqué à Rennes.
Et pour le profit dudit defaut les auôs declarez estre
subiects ausdites Coustumes:mesmes ceux qui pretédent droits & vseméts, Coustumes locales & particulieres,dôt n'est faicte métion par ce proces Verbal, cô-
traires aux generales qui ont esté par nous arrestees &
publiees. Lesquelles seront tant par les côparants que
defaillants gardees & obseruees pour loy du pays. Et
à ce faire les auons condamnez & cordamnons: leur
faisant & à tous Aduocats; Procureuts, Practiciens,
gens de conseil,& autres de quelque condition qu'ils
soiét,prohibitiô & defence de poser ou articuler d'o-
resnauât autres Coustumes que celles qui sont escrites au liure & Cahier par nous reformé, leu & publié
ausdits Estats : & à tous Iuges Royaux ou autres, les
y receuoir, ne en faire informer, sur les peines qui y
escheent. Et outre auons ordonné qu'aux extraicts
desdites Coustumes prinses du liure & Cahier par
nous arresté & publié , foy seroit adioustee comme à
l'original,sans qu'il soit besoin en faire autre preuue.
   Et depuis, sçauoir le Mardy dernier iour de Iáuier
l'an 1 5 8 1.estás nousdits de Bourg -neuf,Glé & Alixant en ladite ville de Rennes, nous fut par maistre
Iean Sifflet Procureur Syndic & Claude Boussemel
Greffier de la ville & cômunauté dudit Rennes, presenté au nom des habitans d'icelle, certains articles
contenans les vsements & loix particulieres de ladite
ville & forsbourgs, conclutes & arrestees en l'assemblee generale d'icelle ville, le xxx. iour de cedit mois
de Iáuier, signéz dudit Boussemel: & auoir charge les
nous presenter, & supplier suyuant les precedétes requestes qu'ils nous en auoient faict faire par autres
leurs Procureurs & deputez,tát au mois de May dernier en cestedite ville , lors qu'on procedoit à la re-

PROCES VERBAL.

formatiõ des Couſtumes, que depuis à Ploermel lors de la publicátion d'icelle, d'iceux vſements particuliers de leurdite ville & forsbourgs, vouloir inſerer au liure de la reformation de ladite Couſtume, pour à l'aduenir auoir lieu & eſtre gardez cõme loy & Couſtume locale, entre les habitans d'icelle ville & forsbourgs. Suyuât laquelle requeſte, Nous ſeriõs le premier iour de Feurier audit an, r'aſſemblez preſent ledit d'Argentré Seneſchal de Rennes, pour voir les articles deſdits vſements particuliers, leſquels nous auriõs arreſtez de la forme cy deuât, & ordonné qu'ils ſeroient inſerez au liure de la reformation deſdites Couſtumes: pour à l'aduenir auoir & ſortir effeɔt de loy & Couſtume locale en ladite ville & forsbourgs.

Et tout ce que deſſus, nous Commiſſaires ſuſdits, certifions eſtre vray, & auoir eſté faiɔt commé eſt contenu en ce proces Verbal. Lequel en teſmoin de ce, auons ſigné de noz ſeings manuels, & ſcellé du ſeel de noz armes, les iour & an que deſſus.

Ainſi ſigné, R. De Bourg-neuf. P. Brullon. B. Glé
Alixant. D'Argentré. Gautier.

Extraiɔt des Regeſtres de Parlement.

APportees & preſentees en la Court par Meſſire Renè de Bourg-neuf Cheualier, Seigneur de Cucé, Conſeiller au Conſeil priué du Roy, & premier Preſident en icelle, & Bertran Glé ſieur de la Couſtardaye, Conſeiller en ladite Court, Commiſſaires à ce deputez, par le Roy : & mis au Greffe d'icelle, en la preſence de l'Aduocat general de ſa Maieſté. Le dixieme iour d'Auril, 1581. Signé GAYDIN.

www.ingramcontent.com/pod-product-compliance
Lightning Source LLC
Chambersburg PA
CBHW031609210326
41599CB00021B/3114